デカルトと西洋近世の哲学者たち

デカルトと西洋近世の哲学者たち

山田弘明著

知泉書館

凡　例

・デカルトからの引用は*Œuvres de Descartes*, publiées par Ch. Adam & P. Tannery, 11 tomes, Paris, 1897-1913, 1964-1974, 1996を使用し、それをATと略記した。たとえばAT.III,23はその第三巻の二三ページを意味する。ただし、『情念論』は節のみを表記した。

・訳文については、『デカルト』世界の名著・中央公論社一九六七、『デカルト著作集』白水社一九七三年、一九九三年、『精神指導の規則』岩波文庫一九五〇年、一九六五年、『省察』筑摩書房二〇〇六年、『哲学原理』同二〇〇九年、『方法序説』同二〇一〇年を使用した。文脈に応じて筆者が少し変えた点もある。

・デカルトの著作の略記については、『方法序説』を『序説』、『哲学原理』を『原理』、『精神指導の規則』を『規則論』、『真理の探究』を『探究』、『掲貼付文書への覚え書き』を『覚書』とした。

・ライプニッツのテキストはC. I. Gerhardt, ed., *Die philosophischen Schriften von G. W. Leibniz*, Berlin, 1879, Hildesheim, 1965を使用し、それをGPと略称した。著作の略記については『形而上学叙説』は『叙説』、『実体の本性と実体相互の交渉ならびに心身の結合についての新たな説』は『新説』とした。

・パスカルのテキストはL. Brunschvicg éd., *Blaise Pascal, Pensées et Opuscules*, Hachette, Paris, 1897, 1971を使用し、そのページを示した。『パンセ』の断章についてはB72-L199のように、ブランシュヴィック版と同時にラフュマ版の番号を付した。訳はおおむね『パスカル』世界の名著・中央公論社一九六六年にしたがっている。

・西田幾多郎からの引用については『西田幾多郎全集』岩波書店、昭和四〇-四一年からとする。⑱五七九とは第一八巻五七九ページを意味する。

まえがき

筆者はこれまでデカルトを中心に西洋近世の哲学を研究してきた者である。本書は、いろいろな機会に発表した論文を抜本的に見直し、大幅に改稿したものである。雑多な論集であり内容的にも多岐にわたるが、本書の根底には一貫してデカルト哲学への深い関心がある。

第Ⅰ部は「デカルト哲学の形成」を論じた。第一章ではデカルト哲学の形成を歴史的に跡づけてみたいという関心から、その哲学の形成前史として十六世紀のポンポナッツィを取り上げた。このイタリア人はデカルトに先立って近世の合理主義的哲学を準備した人の一人であることを示したつもりである。第二章ではデカルト的「理性」の形成の歴史をたどり、人間における理性の生得性や平等性など、デカルトの考えの独自性を指摘した。第三章ではデカルト哲学内部の問題として、コギト、機械論、心身問題を扱った。コギトについては、とくにハイデガーの解釈を取り上げた。またデカルトの二元論は、その時代において評価されつつも疑問視されていたことを明らかにした。コラムではデカルト哲学の源流の一つにストア哲学があることを示唆しておいた。

第Ⅱ部は「書簡をめぐって」と題し、もっぱら往復書簡に関心を寄せた。第四章ではベークマンとの往復書簡を、第五章では某氏の反論とそれに対するデカルトの答弁を、それぞれ分析した。これらは筆者らが手掛けている『デカルト全書簡集』（知泉書館）のプロジェクトの一環である。書簡には、デカルトの生活の様子とともに哲学論争の細部が描かれていることが多い。それらの分析を通してベークマンなどとの交流の子細を明らかにし、また著作の表面には現れて来ない論点（懐疑や生得観念など）に注目した。第六章では書簡集のテキストと訳書を枚挙したうえで、永遠真理創造説、マキアヴェリ、心身問題など、書簡にしか見られない問題の展開を指摘しておいた。最後にコラム記事として最近米国で発見されたメルセンヌ宛て書簡の解釈を付した。

第Ⅲ部「同時代の人たち」では、デカルトと同時代の哲学者たちの群像を描いてみた。すなわち、第七章ではアルノー＝ライプニッツ論争を分析し、デカルトの残した諸問題がかれらにおいて継承展開されていることを確認した。第八章ではガッサンディの生涯を軸にデカルトとの関係を取り上げた。また、第九章では西田幾多郎との関連でパスカルを、コラムでは老子との対比においてスピノザを取り上げた。論文のなかではデカルトとの関係にあまり言及していないが、パスカルもスピノザも直接デカルトの影響を受けた大思想家である。

第Ⅳ部は「デカルトの受容と哲学の諸問題」と題し、本書のタイトルには収まりきらないものを集めた。第十章では近代日本におけるデカルト哲学の受容史に焦点をあてた。日本人によるデカルト研究の原点を文献学的に見届けておきたかったからである。第十一章、第十二章、コラムでは、西洋近世だけでなく古代から現代にいたる哲学の諸問題として、ことば、生と死、老いに関心を寄せ、そのなかでのデカルトの立ち位置を検証した。

目　次

第Ⅲ部　同時代の人たち

目　次

デカルトと西洋近世の哲学者たち

第Ⅰ部　デカルト哲学の形成

第一章　ポンポナッツィとトマス・アクィナス
――魂の不死性をめぐって――

ピエトロ・ポンポナッツィ（Pietro Pomponazzi,1462-1524）。この人の名はアヴェロエスと並んで「魂の不死」というキリスト教の教義を否定し、いわゆる二重真理説に陥った異端者として知られている。実際、彼の主著『霊魂不死論』（*Tractatus de Immortalitate Animae*,1516）は、出版直後からニーフォやコンタリーニなど多くのスコラ神学者の攻撃に晒され、あげくの果てはヴェニスで焚書されている。しかしながら、実はポンポナッツィが魂の不死を無条件に否定しているかどうかは微妙な問題であって、上記の一般的通念が必ずしも正しいとは思われない。われわれはこの書をテキストとして、彼が「魂の不死」について一体どういう態度をとっていたかを、彼自身重視しているトマス・アクィナス（Thomas Aquinas, 1225-1274）との関連において考え、そこからポンポナッツィにもしオリジナリティがあるならそれは何であるかを見極めてみたいと思う。

筆者がかような哲学史上の一見瑣末な問題に強いてこだわる理由は、ポンポナッツィの思想は中世の側から見ればたとえ破壊的であるとしても、デカルトや近世の側から見れば逆に新鮮であり、建設的であると思われるからである。その意味で、彼は未だ十分な歴史的評価を受けていないにせよ、中世から近世への曲り角に立つ重要な思想家のうちの一人だと言ってよいのではなかろうか。本章はそういう見通しの下に書かれた研究ノートにほかならない。

一　ルネサンスの思想状況

ポンポナッツィが、トマスによって一応終止符が打たれた観のある古来の「魂の不死」の問題を蒸し返したのは決して唐突なことではなかった。一五・六世紀のイタリアでは、とりわけこの問題が好んで論じられていたという。(1) ポンポナッツィの議論に入る前に、彼の時代の思想界の動きを少しく復習しておくのが話の順序であろう。

周知のように、元来異教的なアリストテレスの哲学がアラビアを介して中世キリスト教世界にもたらされた時、そこには単純な移植を許さない二つの問題が残された。世界の有限性と魂の不死の問題とがそれである。後者についてアリストテレス自身は必ずしも「魂は不死である」とは確言していない。(2) 当時の西欧世界に広く知られていたのは、「能動知性たる普遍的魂は不死であるが、個別的魂は肉体の死とともに滅びる」とするアヴェロエス（Averroes, ibn Rushd, 1126-1198）のアリストテレス解釈であった。これに対してトマスは、「個別的魂も不死である」と解し、以って魂の不死というキリスト教の信仰箇条を守ろうとした。それを巨視的に見れば、しばしば指摘されるようにトマスは信仰と理性との総合を図ったことになる。しかし、キリスト教とアリストテレス哲学という互いに異質なものを結合しようとするこの試みは、ある意味で冒険的な危い総合であった。その証拠に、トマスのすぐあとのドゥンス・スコトゥス（J. Duns Scotus, 1265-1308）やオッカム（William of Ockham, 1285-1349）は、信仰と理性とを再び分離する方向でものを考え、たとえば魂の不死については、信仰でそれを信じえてもその哲学的論証の可能性を疑うようになってきている。(3) このように、トマスの説は諸方に絶大な影響を及ぼしながらも、他方でそれに反対する勢力の台頭を押えきれないのである。そして後者の勢力がルネサンス思想開花の一遠因となることは哲学史の教える所である。

さて、ポンポナッツィの時代のイタリアに目を移すと、いわゆる文芸復興の運動は最盛期に達し、新旧思想が入り乱れながら次第にはっきりとした潮流を形成しはじめている。そこには少なくとも三つの流れが認められる。(4) 前代のペトラルカ（F. Petrarca, 1304-1374）以来の人文主義、フィチーノ（M. Ficino, 1433-1499）やピコ・デルラ・ミランドラ（G. Pico della Mirandola, 1463-1494）のプラトン主義、それにポンポナッツィらのアリストテレス主義がそれである。これらの三つはクリステッラーの主張するように必ずしもスコラの伝統と無縁のものではないにせよ、(5) 互いに影響しあって一つの共通した新しい特徴を有している。それは、ギリシア・ラテンの原典をスコラ的解釈を入れずに読み、その結果、そこから何よりも個人としての人間を尊重するという清新な態度を学びとっていることである。人間の本質が魂にあるなら、人間論を重視するということは、とりわけ魂の問題を優位に置くことにほかならない。かくしてなかんずくこの問題が時代の関心事となったのである。たとえば、ペトラルカはすでにフマニタス研究を通して人間の内面の豊かさに気づき、何よりも魂を養い育てることの尊さを説いた。彼にとって哲学とはスコラの自然学でもオッカムの論理学でもなく、「よくかつ幸せに生きるための術」ars bene beateque vivendi にほかならなかった。(6) また、フィチーノはプラトン哲学がキリスト教と一致するという確信から、魂の不死という信仰上の真理を哲学によって証明しようとした。彼によれば、人間の魂が神に向かって永遠の上昇を続ける本性を持つ限り、魂は肉体の死後も存続し、かくして不死であるはずだと言う。(7)

ポンポナッツィのいた北イタリアのパドヴァ大学でも霊魂論は重要問題の一つであったが、この大学には独立した神学部がなく、医学などの経験的諸学に重点が置かれていた。従って、スコラ神学から比較的自由にものが言える土壌が最初から存在し、それゆえにまた理性と信仰とのトマス的総合が少なくともアリストテレスに反するものとみなされていた。実際、十五世紀にはパドヴァはトマス主義のパリやオックスフォードに対抗して、アヴェロエス主義の牙城となっていた。かような背景の下にポンポナッツィが出現するわけだが、彼自身はアリストテレスを他に頼らずに原典で読み、どこまでもこの哲学者に忠実たらんとした。そして魂の問題については、それを絶対的に不死だとするトマス説や普遍的魂のみを不死と解するアヴェロエス説よりも、魂は本来可滅的だが相対的に不死であるにすぎないと見る古代の注釈家アレクサンドロスの説の方が、アリストテレスにより近いと感じていた。かような思想は、トマス主義はむろんのことアヴェロエス主義にとっても全く革新的であるといってよい。しかし、トマスのアリストテレス解釈に疑問を抱いたのはひとりポンポナッツィだけではない。同時代のカエターヌス（T. Cajetanus, 1469-1534）も、はじめトマス主義の徒でありながら後には意識的にそこから離反し、ポンポナッツィと同じく魂の不死は合理的な仕方では論証できないと結論している。また、一五一二年のラテラノ公会議は跳梁するアヴェロイスムに抗して、同じ事柄が理性においては偽で信仰においては真ということはありえないと宣言しているが、そういう布告を改めて出さねばならないほどトマスの伝統的な不死論は揺らいでいたことになる。

以上のように、ルネサンスの思想家たちは新しい人間論的関心から魂の問題を様々な仕方で論じているわけだが、少なくとも魂の不死を信仰によって信じている点ではみな一致している。問題は、「魂が不死であるか否か」ではなく、それが「理性によって証明できるか否か」ということである。ポンポナッツィの問題意識ももっぱらこの点に発しているのである。

二　ポンポナッツィのトマス理解

ポンポナッツィが『霊魂不死論』を著わした直接の動機は、ある日弟子の一人から次のように質問されたことによると言う。すなわち、先生は魂の不死についてアリストテレスとトマスとの間に不一致があると言われたが、先生自身は「啓示と奇蹟から離れ、純粋に自然的限界の内に infra limites naturales 留まって」(8) それについてどう考え、アリストテレスをどう解釈するか、と。この問の出し方は、ポンポナッツィの主題をすでに明確に規定している点で重要である。つまり、先に触れたように、彼の関心は「魂の不死」を頭から否定することではなく、自然理性の枠内でその論証可能性を吟味することにあり、またトマスの不死論そのものを拒絶することではなく、それがアリストテレスの解釈として妥当か否かを問うことにあったからである。

そのための準備として、ポンポナッツィは「人間の本性は二重であって、不死的なるものと可死的なるものとの中間 medium に位置する」(*Tr.* p.3) という存在論をあらかじめ敷いている。そして、人は中間者であるがゆえに不死性と可死性という二つ性質を兼ね具えており、しかも人はそのいずれをも選ぶ力を自ら持っていると言う。この考えはフィチーノやピコにも共通している。ところで問題はその相反する二性質の人間における在り方である。同じ一つの本性が同時に絶対的に simpliciter 不死的かつ可死的であることは論理的にありえないから、人が同一の本性を持つとした場合、この二性質のうちのいずれか一方が相対的 secundum quid でなければならない。たとえば人間の魂は「絶対的には不死的だが、相対的には可死的である」simliciter esse immortalis, secundum quid vero mortalis (*Tr.* p.25) とする見方がありえる。

この見方こそポンポナッツィが最も問題視したトマス的命題にほかならない。実際トマスは、人間の魂が非可滅的 incorruptibilis ないし不死的 immortalis であると明言している（*Summa*, I. Q.75. a.61; *Quaestiones Disputatae*, II. Q.1. a.14）。その論拠は、魂の実体性（自存性）、魂の永遠志向性など様々であるが、ポンポナッツィにとって最も疑問な点は、トマスが魂を可滅的肉体から分離されても自存する実体であるとみなし、まさにそのことによって不死であると結論した点である（*Tr*. p.31- ; *Summa*, I. Q.75. a.6 ad tertium）。これはジルソンも指摘する所であるが[9]、トマスは、肉体から分離された知性的魂 anima intellectiva は表象像 phantasma という肉体的器官を使わずとも知性認識 intelligere できると考えている。ところが、アリストテレスは必ずしもそうは考えておらず、それどころか各所で「魂は表象像なしには知性認識しない」（*De Anima*,431a.17, 403a.8）と言っている。それゆえにポンポナッツィはトマスの論に疑問を持ったのである。むろんトマスとてアリストテレスのこの命題を知らない訳ではなく、『デ・アニマ注解』において、魂はその働きにおいて対象 objectum としての表象像を必要とする（L. I, LectioII. 19）と解している。それではトマスは矛盾したことを言っているのか。否、彼によれば魂が表象像を必要とするのはそれが肉体と結合している場合であって、肉体から分離されている場合は表象像を使わない「別の知性認識の仕方」がありえる（*Summa*, I. Q.75. a.6 ad tertium）と言う。では「別の仕方」とは何であろうか。Q.89. a.1. の説明によれば、魂は肉体から分離されると直ちに「神的な光の流入」influentia divini luminis によって物体よりも上位のもの、絶対的に可知的なものへと向かうという仕方で知性認識する。しかも、トマスにおいては、かような認識は決して恩寵による認識ではなく自然の光による認識であるとされている（Q.190. a.1 ad secundum）。かくしてトマス自身は、少なくとも知性的魂は絶対的に不死であり、しかもそれは自然理性の枠を超えたことでもアリストテレスに矛盾したことでもないと考えているのである。ただ彼は、魂が単に感覚的魂 anima sensitiva にとどまる場合は質料的に materialiter 働くので可滅的だとしている（Q.76. a.3. ad primum）。それゆえ人間の魂は絶対的には不死だが、相対的には可死的だということになる。

これに対してポンポナッツィはどう考えているか。彼によれば、経験的に見ても人間の本性は知的であるよりも感覚的である（*Tr*. p.32）。そして、魂の感覚的・栄養的性格を重くみればそれは可滅的肉体と密接に結合しているゆえに、トマスの説とは反対に「魂は絶対的には可死的であるが、ただ相対的にのみ不死である」（*Tr*. p.31）ことになる。ポンポナッツィがそう考える理論的背景には、むろん「魂は表象像を必要とする」というアリストテレスの命題がある訳だが、彼はそれを楯としてトマスに反論して行く。すなわち、先に触れたように人間の魂は肉体から全く離在した（天使の）魂でもなければ、全く肉体に埋没した動物の魂でもなく、まさにその中間に位置するものである。中間者としての人間の魂は表象像という肉体的器官を必要とする。離在的実体はそれを基体 subjectum としても対象 objectum としても要しない。動物はいずれにおいてもそれを要する。だが人間の魂の場合は基体としては表象像を要しないが（たとえば「知る」場合には特定の肉体的器官を要しないが）、対象としてはそれを必要とする[10]。つまり対象に関しては肉体は魂から分離されないのである。そして、かように「表象像によって知性認識する仕方が人間に本質的なこと」（*Tr*. p.49）なのである。それゆえ、人間の魂は離在的実体ではなく表象像と不可分であるがゆえに、アリストテレスに従って、魂は絶対的な意味で可死的だとしなければならない quare anima humana apud Aristotelem absolute pronuntianda est mortalis（*Tr*. p.50）。ただ魂は中間者であるから、それが能動知性として働く場合には不死性に与る（*Tr*. p.39）。従って、魂は相対的にのみ不死であるとポンポナッツィは解するのである。

以上の議論からすれば魂の不死についてのアリストテレス解釈をめぐるトマスとポンポナッツィとの隔たりは

紙一重であり、結局、人間の魂の本質を何処に求めるかという力点の違いに帰するとも考えられる。つまり、トマスは魂が肉体との結び付きを離れて知性認識できる点を強調し、他方ポンポナッツィはそれを一応認めながらも、肉体と共にあることこそ人間の魂の本来的姿であるとしたのである。だがこのトマス批判には、アリストテレスと一致するか否かという着眼点のほかに、自然理性の枠を越えていないかどうかという、もう一つの重要な着眼点があったことを想起しよう。結論を先に言えば、トマスはその枠を越えてしまっているとポンポナッツィは感じている。その理由の一つは、トマスのいう離在的魂 anima separata は一つの可能性として考えることはできても、実際には in re 人間の魂は肉体と共にあるという、ただ一つの在り方しかありえない。それゆえ、それは「いかなる理性や経験によっても証明されず、ただ恣意的に想定されている」（*Tr.* p.53）にすぎないからである。実際、合理性と実証性とを尊重する立場からすれば、離在的魂という発想はまさにその超越的性格のゆえに「非合理的」（*Tr.* p.54）な仮説にほかならないのである。同じことは、トマスが魂の由来を生成 generatio ではなく神の創造 Creatio に求めた（*Tr.* p.26）ことについても言える。それは理性や経験によって証明されないばかりか、「アリストテレスは何ら創造については言及していない」（*Tr.* p.41）。それゆえ、トマスが自然理性の枠を越えて何かを前提しており、アリストテレスと一致していないとするポンポナッツィの立論には十分根拠があると言わなければならない。もっとも、トマスのアリストテレス解釈が果たして非合理的なものであるか否かは微妙な問題であって単純には決定できないが、上述の立論にはトマスの権威を介さずにアリストテレスを直接読もうとする果敢な意図が投影されており、少なくともポンポナッツィの着眼の新鮮さは十分評価されてよいのではなかろうか。

三　ポンポナッツィのオリジナリティ

ポンポナッツィのトマス批判の検討は以上で一応なされたものとしよう。次に、そこから生起する諸問題の考察を通してポンポナッツィのオリジナリティを探ってみよう。

彼が無条件にではないにせよ、トマス的な不死論に否定的な態度を取ったことはキリスト教道徳の根本に関わる重大問題であり、彼自身も無論それを承知の上である。たとえば、もし人間の魂が可死的であるなら人間の究極目的が与えられず、死後の報いや罰も考えられなくなってしまう、という反論が当然予想される（*Tr.* pp.84-88）。これに対してポンポナッツィは独特な倫理で以って「大胆に」（*Tr.* p.91）答えている。すなわち、人間は誰しも実践的知性によって事の善悪を知ることができる。善とはそれ自体において善きものであり、人間の究極目的（幸福）はたとえそれが有限であろうとも善の実現すなわち道徳的行為そのものの内にある。来世の報いを恃んで善を行うのは不純である。従って、魂が可死的であっても人はその本性に適合した目的を持つことができ、死すべきものが永遠の幸福を得たいと思うのはかえって節度を逸した欲求と言わなければならない。さらに、魂の不死の否定は決して神への不信を意味しない。神を全霊を以って讃えることこそ最も有徳な行為であるからである（Tr.14章）と論じる。かような考えはソクラテス的とも形容できようが、その特異性は先述したフィチーノの不死論と比べればより鮮明になるであろう。フィチーノは、人間の究極目的を神を観照することの内に求め、魂は神に向かって永遠の上昇を続けるがゆえに不死だとした。しかしポンポナッツィは、人間がこの世において道徳的実践を行う点に人生の意義を認めている(11)。これは極めて地上的・現世的倫理である。なぜなら、フィチーノとちがって、死すべきものは有限な生における有限な幸福で満足すべきだとしているからである。またこれはすぐれて自律的な倫理でもある。なぜなら、人は自ら善を選び、他を恃むことなく自分で自分の行為を律すべしとしているからである。かような倫理には、後のデカルトやカントの道徳にも通じる新しさがあるとも言えよう。いずれにせよ、魂の不死の否定から招来される倫理的困難を、キリスト教道徳とは少しく異なった現世的・自律的なモラルによって解決しようとした点に、ポンポナッツィの近世的と言ってよいオリジナリティの一つがあると思われる。

ポンポナッツィは、魂の不死性ということがアリストテレスに従えば否定されると解したわけだが、彼自身がどうであったかは判然としない。少なくともテキストの上では、どこにも魂は可死的であるとは言われていない。ただ可死説の方により同感的であったにすぎない。それでは彼の真意は何処にあるのか。『霊魂不死論』の結論である第一五章によれば、魂の不死の問題は世界の永遠性のそれと同じく中立的問題 neutrum problema であって、如何なる自然的理性によっても不死か否かは証明できない（*Tr.* p.124）と言う。つまり、この問題は経験と理性によっては蓋然的に論じられるのみで、決定的に論証できる類いの問題ではない。それは信仰箇条 articulus fidei であって、ただ啓示や聖書に基づく信仰によってのみ証明される（*Tr.* p.126）。そして、信仰の次元においては「不死性は疑いもなく確信されるべきである」（*Tr.* P.128）と結論している。

この結論をどう受けとめるべきであろうか。諸家の註する如く(12)、多くの人はこの結論に戸惑いを感じてポンポナッツィの知的誠実さを疑うかもしれない。なぜなら、彼は魂の可死性を長々と弁明したあげく、期待に反してそれは結局理性では証明できないとするからである。だが、書かれたテキストが著者の真意を伝える唯一の手がかりであってみれば、われわれとしてはポンポナッツィの誠実さを信じて、この結論を彼の率直な告白と見るほかはない。つまり、アリストテレスに従えば魂の不死性はトマスの解釈とは逆に否定されるが、信仰上の真理としては十分肯定できる、と彼は告白しているのである。この限りでは彼は決して不信を表明しているわけではないのだが、彼は何故か二重真理説という不信の隠れ蓑をまとった異端者とされてしまっている。その説が、信仰と理性とは別次元の事柄であり両者の示す真理は矛盾して差しつかえないと解されるなら、ポンポナッツィの論は明らかに二重真理説ではない。なぜなら、彼は魂の不死という信仰上の真理は、理性つまりアリストテレスの哲学では証明できないとしたまでであり、決して両者が矛盾しているとは言っていないからである。またビュソンも指摘するように(13)、このように二つの次元を区別する態度そのものが不信の隠れ家であるとされていたわけだが、ポンポナッツィの立場は必ずしも不信の隠れ家ではないだろう。もしそうなら、信仰の領域と理性のそれとをわきまえていたトマスまでもが同じことになってしまうであろう。

ポンポナッツィがその時代のトマス主義者から反感を買ったのは当然としても、彼の議論が、信仰と理性とのトマス的総合を再検討した上で改めて両者の共存を計ろうとする真摯な試みであると見るならば、クリステッラーの解する如く(14)ポンポナッツィの歴史的価値は大きいと言わなければならない。というのは、この共存という思想の中には理性の信仰からの分離意識がトマスよりもより鋭い形で現われているのであって、この点に彼の卓越したオリジナリティがあるからである。すなわち、魂の不死をどう取り扱うかという問題を介して、ポンポナッツィは哲学の対象を理性と経験とに叶うものに限り、啓示や奇蹟といった自然理性を越えたものは、信仰として保存しつつも哲学から追放しているのである。こうした態度は中世以来のトマス主義者から見れば破壊的であろうが、すでにスコトゥスやオッカムによって打ち出されていた姿勢(15)であり、ポンポナッツィは彼らの延長線上に位置すると言えよう。しかも、彼の思想は近世の合理主義的哲学へと大きく一歩あゆみを進めており、ヴァニーニ（L.Vanini,1585-1619）を始めとする十六・七世紀の自由思想家に与えた影響は少なくない。実際、ポンポナッツィの表明した理性の道徳的自律と、理性の信仰からの徹底的分離という二つのイデーは、近世哲学において太い線となるのである。もとよりその思想内容はデカルトとは異質である。だが巨視的に見れば、彼は中世から近世への道を作った思想家の一人と言ってよいのであって、彼の哲学の建設性は十分な歴史的評価を与えられてよいと思われる。

註

（1）A. H. Douglas, *The Philosophy and Psychology of Pietro Pomponazzi*, 1962, p.74.

（2）魂（理性）がおしなべて不死であるわけではない。「理性は分離されているときに、ただまさにそれであるところのものであり、それだけが不死で永遠である。……しかし作用を受ける理性の方は滅びるものである」（Ar. *De Anima*, III-5 430a23~）。前者の理性は、後者の受動的理性に対してしばしば「能動知性」と言われる。

（3）L. A. Kennedy ed., *Renaissance Philosophy*, 1973, p.42.

（4）この三つの区別は、E. Cassirer, P. O. Kristeller & J. H. Randall, Jr. ed., *The Renaissance Philosophy of Man*, 1948 の序文による。

（5）P. O. Kristeller, *Medieval Aspects of Renaissance Learning*, 1974.

（6）E. Cassirer, P. O. Kristeller & J. H. Randall, Jr. ed., *Op.cit.* p.24.

（7）R. Marcel éd., *Marsile Ficin, Théologie Platonicienne de l'Immortalité des Ames*, tome,1,1964, pp.38-39.

（8）*Tractatus de Immortalitate Animae*, Bologna, 1516 (= 以下 *Tr.* と略記), Prooemium, p.2. われわれが使用したのはリヨン大学図書館所蔵の初版本（Code.49.613）である。注（4）の英訳 1948 や G. Morra のイタリア語対訳 1954 があるなかで、近年、邦訳（部分訳）が出ている。根占献一・伊藤和行・伊藤博明・加藤守道『イタリア・ルネサンスの霊魂論』（三元社一九九五年、一五九—一七九ページ）。

（9）E. Gilson, Autour de Pomponazzi, problématique de l'immortalité de l'âme en Italie au bébut du XVIe siècle, in *Archives d'Histoire*

Doctrinale et Littéraire du Moyen Age, 36, 1961, pp.187~.

（10）魂が objectum として phantasma を必要とするという点では、トマスもポンポナッツィも同じである。E. Gilson, *Ibid*. p.190.

（11）野田又夫編『ルネサンスの人間像』（平凡社一九六五年、一五七―一五八ページ）。同『ルネサンスの思想家たち』（岩波新書一九六三年、七一ページ）

（12）E. Garin (P.Munz tr.), *Italian Humanism*, Oxford,1965, p.142; E. Gilson, *Op.cit*. p.193.

（13）H. Busson, *La pensée religieuse française de Charron à Pascal*, 1933, p.117.

（14）P. O. Kristeller, *Eight Philosophers of the Italian Renaissance*, 1964, p.86.

（15）ポンポナッツィを近世合理主義の一源泉とする見方については H. Busson, *Le Rationalisme dans la littérature française de la Renaissance*, 1957, p.44 を参照。

第二章　デカルトと理性

周知のようにデカルトが近代合理主義思想の祖の一人であることは、哲学史上の疑いえない事実であろう。しかし、まさに合理主義であるところのものは一体何であるか、どういう意味でとりわけデカルトがその祖といえるのかという問題については、いろいろな解釈がある。かつてラポルトがデカルト即合理主義者という従来の考え方に疑問を提出して以来、その問題はいろいろな立場から多様に論じられているところである。[2] それをデカルト流に言うならば、「意見の多様性というものは……われわれが様々な道によって思考を導き、同じことがらを考察しているのではない、ということだけから由来する」（『序説』AT.VI, 2）のである。実際、合理主義という言葉で論者が理解するところのものが必ずしも一致しておらず、様々である点に問題があると思われる。さらに、言葉という面に引きつけて考えるなら、合理主義という言葉は当然のことながら、デカルトの、どの著作の中にも見当らない。ところで、デカルト自身の忠告に従えば「私の著書の中に、はっきりと示されていないどのような意見も、決して私に属させてはならない」（『原理』仏訳序文 AT.IX-2, 20）のである。

われわれとしてはデカルトの合理主義うんぬんを語る前に、テキストそのものに帰り、合理主義と深い関係を持ったイデー、しかも同じことがらを指し示し、テキストの文面にはっきり示されているイデーを探し出さねばならない。「理性」ratio, rasion が、その最も重要なイデーの中の一つであることに直ちに気づくであろう。なぜなら、それは合理主義 ratio-nalisme の語源であり、テキストの中に形を変えながら幾度となく、はっきりと示された言葉であるからである。そして、そうである以上「理性」という明晰に規定された語について、ある程度普遍的に語ることが可能であるからである。本論では、まず問題を歴史的に考えて、十六・七世紀の思想的状況に視点を置き、そこからデカルト的理性がいかに形成されたか、なぜデカルトがとりわけ理性を哲学の前面に押し出す必要があったのかを読み取りたい。次に、テキストに従って、理性の定義内容を分析し、そこから生起する諸問題を考察する。このような準備をしておけば、デカルトの合理主義を理解する新たな地平が開けてくると思われる。

一　デカルト的理性の形成

周知のように『序説』冒頭において、デカルトは理性の存在と平等とを極めて印象的に提示した。「良識（すなわち理性）はこの世で最もよく配分されたものである」（AT.VI,1）と。だが、彼はなぜことさらこのような理性宣言をしなければならなかったのか。この問に答えるためには、デカルトの理性がいかに形成されたか、その由来を調べてみることが有益であろう。さしあたってわれわれは、ルネサンスからデカルトの時代にかけての思想的状況を想い浮かべよう。十六・七世紀のヨーロッパは実に様々な思想家が輩出した時代であり、渾沌としながらも百花繚乱の盛況を呈していた。そこには少なくとも三つの際立った潮流が認められる。

その一つは、イタリアのパドヴァ学派の祖、ポンポナッツィ（P. Pomponazzi, 1462-1525）を中心とする合理主義的傾向の思想である。この人については本書の第一章で述べたところであるが、それはデカルト的精神の最も大きな源流の一つであるとも思われる。デカルトはポンポナッツィの名をどこにも引用していないし、両者の間には大きな思想の違いがあるにも拘らず、一つの歴然とした基本的対応がある。それは人間理性を信仰の権威から独立させたということである。(4)

すでに述べたように、『霊魂不死論』においてポンポナッツィは魂の不死を問うたが、それは「啓示や奇蹟を問題とせず、ただ自然的理性の限界内において」(5)問うたのである。彼の結論は「いかなる自然的理性も魂が不死なることを論証できないし、また魂が死すべきであることも論証できない」(6)というものであった。彼にとってこの問題は、理性の限界を越えるゆえに、理性によって解きえないのである。同じ問題についてデカルトはどう考えたか。彼はメルセンヌに宛てた手紙の中で、『省察』において「私は魂の不死について一言も触れていないが、(7)それは驚くにはあたらない。なぜなら私は神がそれを抹殺するはずがないと証明することはできないが、ただ魂の本性が身体のそれとは全く区別され、従って魂は本性的に身体と共に死に服するのでは決してないことを証明することはできるから」(1640.12.24. AT.III,266)と言っている。すなわち彼は魂の不死性を神の意図において直接知ろうとはせずに、問題を理性の地平に置き、心身の実在的区別という原則から間接的に論証しようとするのである。実際、魂の問題は「神学よりもむしろ哲学の論拠によって証明されるべき」(『省察』ソルボンヌ宛書簡AT.VII,1)なのである。さもなければ無神論者を説得できないからである。

ポンポナッツィの結論はデカルトのそれとは明らかにニュアンスのちがいがある。しかしながら問題に対する両者の態度は、スコラの教理や信仰の権威から理性を解放し、人間理性の地平で議論をするという点でその軌を一にするのである。ポンポナッツィのこうした合理的傾向は、その後デカルトの時代にいたるまで、大きな思潮を形成している。すなわち、同じパドヴァ学派の一人であったカルダーノ（G. Cardano, 1501-1576）は、神秘主義者とされながらも理性の解放を用意した人であり、ラムス[8]（P. Ramus, 1515-1572）はアリストテレス論理学を理性の名において拒絶した。ブルーノ[9]（G. Bruno, 1548-1600）はアリストテレス・スコラの伝統に抗して宇宙の無限性を唱えた。スアレス[10]（F. Suárez, 1548-1617）はこうした思潮とは反対の立場にあるにも拘らず、後にデカルト哲学に様々な合理的根拠を提供することとなった。ベーコン[11]（F. Bacon, 1561-1612）は新しい学問を再構築するに際し、古代の権威を否定することから始めた。感覚主義者と目されるカンパネルラ[12]（T. Campanella, 1568-1639）は、その学説においてはデカルトと意見を異にするが、アリストテレスを攻撃した点では同じであった。自由思想家ヴァニーニ[13]（L. Vanini, 1589-1619）やテオフィル・ド・ヴィオ[14]（Théophile de Viau, 1591-1626）はポンポナッツィを祖とし、同時代のデカルトに少なからぬ影響を与えたと思われる。

こう見てくるとデカルトは、メルセンヌ[15]（M. Mersenne, 1588-1648）、ホッブズ[16]（T. Hobbes, 1588-1679）、ガッサンディ[17]（P. Gassendi, 1592-1655）などの同時代の思想家とともに、ポンポナッツィの創始した知的風土（理性を信仰や古代の権威から独立させ、理性を唯一のより所として自由にものを考えるという合理主義の風土）の中にあることが認められる。そしてまた、デカルトの理性もこうした風土に培われたものであろう。実際、デカルトにおいてはアリストテレスの学説よりも理性が人間的認識の基準となるのであり、「権威に譲歩するよりも理性の声にのみ耳を傾ける」（ポロ宛 1642.10.6.AT.III, 577）べきなのである。彼が哲学において理性を前面に強く押し出したのは、理性が古い意見に代わる新しい「権威」（『探究』AT.X, 523）であったからにほかならない。

第二の潮流は十六・七世紀におけるいわゆる科学革命の思想である。その担い手であるコペルニクス（N. Copernicus, 1473-1543）、ティコ・ブラーエ（Tycho Brahé, 1546-1601）、ガリレイ（G. Galilei, 1564-1643）、ケプラー（J. Kepler, 1571-1630）、ベークマン[18]（I. Beeckman, 1588-1637）たちは、いわゆる古典力学の礎を築き、アリストテレスの自然学に代わる新たな科学的世界像を描いた。[19] ところで、この科学革命の成功の原因の一つに数学的方法の導入が挙げられる。たとえば、ガリレイ（彼にとって自然という大きな書物は数学の言語で書かれていた）は、物体落下の法則を数学的方法によって考えた。つまり、彼は物体がなぜ落ちるかというその原因ではなく落下運動の本質を分析せんとした。そして起動力 impetus という質的概念を追放し、それに代えて速さと運動という量的に計算できる概念を導入した。ガリレイの分析そのものの結果は誤りであるにせよ、[20] ともかくも彼はこうして「自然学を数学化した」[21] のである。他方、青年デカルトもベークマンの強い影響を受けて、一廉の数学的自然学者として同じ物体落下の法則に手をつけた。彼らの分析は現代力学の厳密さには達していないが、三者ともに問題を扱うに当って数学的方法を用いたという点は注目に値する。若いデカルトが「その根拠の確実さと明証性のゆえに」（『序説』AT.VI, 7）数学を愛したことはよく知られている。おそらくクラヴィウスの影響下にあった[22] 彼は、後に「真理の正道を探るものは数論と幾何学の証明の確実性に等しい確実性を得られる対象にのみ関わるべきである」（『規則論』AT.X, 366）と言っている。こうした数学主義はデカルトの自然学に正確に反映している。たとえば『原理』において彼が扱う物体的事物は「幾何学者が量と呼び、論証の対象として取りあげるもの」にほかならず、そこにおいては「その分割、形、運動のみを考察」し、そこから数学的論証と同じ程度の明証性を以って引き出せるものでなければ真と認めない（『原理』第Ⅱ部 64）のである。デカルトは、こうして実体的形相や感覚的性質の概念を、粒子の運動という量的概念で置き換え、機械論的自然観を採るにいたるのである。

すでに明らかなように、デカルトとガリレイは自然学の数学化という点で軌を一にしており、デカルトがガリレイを高く評価したのは当然であった。ガリレイは「自然学の題材を数学的根拠によって吟味しようとした。この点で私（デカルト）は彼と全く一致し、真理を発見するにはそれ以外の方法は決してないと見なす」（メルセンヌ宛 1638.10.11.AT.II, 380）からであった。しかし、それにも拘らず両者の間には大きな相違がある。デカルトはガリレイを駁するに吝かではなかった、「ガリレイは順序に従ってその題材を吟味しておらず、自然の第一原因を考えずに、ただいくつかの個々の結果の諸理由を探求したにすぎず、かくして基礎なしに建てた」（同）と。自然学を基礎づけるためには、ガリレイにおいては様々な科学的実験をすることで十分であった。しかし、デカルトはそのためにより堅固で順序立った基礎、すなわち形而上学を必要とした。デカルトの独自性はひとえにこの点にある。

いずれにせよ、デカルトが科学革命の波に大きく動かされたことは否めない。彼はガリレイの動静に無関心ではいられなかったように、コペルニクスの地動説(23)にも、ティコ・ブラーエの彗星生成説(24)にも、はたまたケプラーの光学(25)にも甚大な関心を寄せていたことは事実である。デカルトの理性は、こうした科学思想との深い関わりの中において醸成され、数学的構造を持つにいたったと思われる。なぜならデカルトにおいて、そもそも推論 raisonner するとは数学をモデルにしてものを考えることであり、(26)数学の確実性に劣る知識はこれみな蓋然的にすぎず、「理性という水準器」（『序説』AT.VI, 14）によって再吟味しなければならないからであった。そして、測られるものが数学に準拠した知の体系であってみれば、それを測るもの（理性）もまた数学的構造を持つはずであるからである。かくして数学的理性は、科学革命の影響の下にアリストテレスの質的自然学を克服して新しいデカルトの機械論的な量的自然学を形成するために強く要求され、ひいては諸学問の数学的統一（普遍学 mathesis universalis）(27)のために不可欠なる要請である。こうした意味で、デカルトは理性をまっさきに強調する必要があったのだと思われる。

ルネサンス思想の際立った潮流の第三は、いわゆる懐疑論である。たとえばモンテーニュ（M. de Montaigne,

1533-1593）やシャロン（P. Charron,1541-1603）は古代思想を批判的に学びながら、理性の独立性と確実性とを疑った人である。これはデカルトにとって大きた脅威であったにちがいない。

モンテーニュは当時の諸思想を総合した点で合理主義精神の偉大な代表者であり、シャロンと共に十七世紀の人たちに大きた影響を与えたことは周知の通りである。むろんデカルトもその例に漏れない。彼はモンテーニュについてあまり言及していないが、[28]「理性」についての両者の親近性を示すには、ジルソンが考証した如くただ『序説』冒頭と『エセー』の相当箇所とを並べるだけで十分であろう。[29]おそらくデカルトはモンテーニュのテキストの中に彼自身の思想を読み込んでいるのであろう。しかしながら、文章の相似は常に思想の相似を意味するわけではない。実際、デカルトにおける「理性」ないし「良識」はモンテーニュのそれとは大きく相違している。ピュソンによれば、モンテーニュの哲学の根底には「理性と信仰との分離、霊的信仰を確立するに際しての理性の無力、信じるために理性を信仰に連れ戻すことの必要性[30]」があると言う。デカルトはこの信仰絶対論 fidéisme に原則的には賛成であろう。だが、彼の関心は信仰の前における理性の無力を強調することよりも、理性の無限の拡張を認めることにあった。ところで、この拡張は信仰と矛盾する性質のものではない。なぜならそれらは、知性と意志という別々の原理の上にそれぞれ成り立っているからである。そして理性はむしろ信仰を準備するのである。このように、信仰の問題についてデカルトはモンテーニュのように理性の力を矮小化せず、逆に積極的に評価している。

他方、ピュロニアン（懐疑主義者）としてのモンテーニュは「学問の道具としての理性の空しさ[31]」を唱えた。なぜなら、彼にとって理性は、その上に学問が成立するところの堅固不動の諸原理には決して達しない[32]からである。この言明はデカルトの理性にとって大きな脅威であり、ジルソンの指摘する如く「デカルト哲学はモンテーニュの懐疑論から脱するための必死の戦いであった[33]のかも知れない。実際、デカルトの思想の歩みがそのことを暗示している。というのは「われわれが真理の認識に達することを妨げるあらゆる誤謬や困難な問題を征服せんとすることは、まさしく戦いを挑むこと」（『序説』AT.VI, 67）であってみれば、コギトはモンテーニュの「私は何を知るか」Que sais-je? と、シャロンの「私は知らない」Je ne sais pas に対する理性の一連の戦いにほかならないであろう[34]。デカルトは方法的懐疑という、いわば形而上学的還元によって懐疑論の矢を巧みにかわし、その結果「私は考える、ゆえに私は在る」という真理を、「いかなる懐疑論者の常規を逸した仮定もそれを揺るがしえないほどに堅固確実な」（同34）ものとして獲得するにいたるのである。その場合、理性が明晰判明に認識するものはこれすべて真であるという、後に一般的規則とされる信念がデカルトの内部に強く意識されていることは言うまでもない。こう見てくるならば、ルネサンスの信仰絶対論や懐疑論は、多かれ少なかれデカルト哲学の内的発展のための跳躍板であると言えるであろう。デカルトの理性はモンテーニュによって鍛えられ、逆に強化されるのである。つまり、信仰からの独立を意識しつつ、理性は形而上学と連絡を保ちながら、あらゆる懐疑論に抗して「諸学問において真理を探求するため」（同1）の堅固たる原理であり、強力な武器となる。こうした意味でデカルトは、理性の力と確実性を強調する必要があったと思われる。

かくしてデカルトの理性は、ルネサンス以来の諸思想に涵養されながら、古代・中世の権威に代わる新しい権威として、諸学の数学化の機軸として、そしてまた懐疑論を凌駕する新学問の武器として強く要請されたと考えられる。

二　デカルト的理性の意味

周知のように「理性」ratio, raison は哲学の重要な概念の一つであり、古来多くの人によって様々な仕方で解せられてきた(35)。最も一般的に言えば、理性とは「論理的に推理 raisonner したり、概念や命題を結合する能力(36)」のことであり、その意味で人間は理性的動物であると古くから言われてきた。だが、デカルトの理性は、この一般的定義に尽きるものではない。デカルトにおいて理性とは一体何であったのか。彼自身の与えたその定義や、反意語の検討を通して、デカルト的理性の特殊性と問題性とを考えてみたい。

よく判断し真と偽とを区別する能力、それはまさしく理性あるいは良識と呼ばれるものだが、そうした能力はすべての人間において生まれながらにして平等である。La puissance de bien juger,et distinguer le vrai d'avec le faux, qui est proprement ce qu, on nomme le bon sens ou la raison, est naturellement égale en tous les hommes.（『序説』AT.VI, 2.）

このよく知られた理性の定義については、様々な内容分析が可能であろう。われわれとしては、さしあたって次の四つの点を問題としよう。良識 bon sens と同一視された理性は、どういう拡がりを持つ言葉であるか。そうした判断の能力（理性）が人間に具わっていることがいかにして知られるか。「生まれながらにして」naturellement とは何か。どういう意味で理性が「平等」égale であるのか。

第一に、デカルトは理性を良識と同一視することによって、理性にかなり広い意味を与えていると思われる。彼によれば、それはまず知性的認識の原理である。というのは、知性 intellectus とも言い換えられる理性（『省察』AT.VII, 27）は、「純粋に知性的である自然の光、つまり精神の直観 intuitus mentis 」（メルセンヌ宛 1639.10.16. AT.II, 599）にほかならず、しかも「何ものも知性に先立っては知られえず、他のすべてのものの認識がひとえに知性に依っているから」（『規則論』AT.X, 395）である。ところで、良識は判断と同義であってみれば、理性とは「生のそれぞれの状況において知性が何を選ぶべきかを意志に示す」（同 361）ところの自然の光 lumen naturale であり、その意味で理性は意志的判断の原理でもある。そればかりではない。良識は真偽判断の能力という意味の他に、知恵 sagesse という意味を持つ。(37) すると理性も当然、知恵という性格を帯びてくる。というのは、「われわれの意志があるものを追求したり忌避したりするのは、もっぱらわれわれの知性が意志に事の善悪を示すに従ってであるから、よく行うにはよく判断すれば十分である」（『序説』AT.VI, 28）が、判断能力としての理性は、よき行為の前提条件を作り、「人が獲得しえる限りのあらゆる徳と、他のすべての善の総体、つまり知恵」（同）の獲得を準備するからである。理性なくして知恵は達成されず、逆に知恵は完全性の高みに達した理性にほかならない。かくして、デカルトの理性は単なる受動的知性であるにとどまらず、ものごとを選びとるという能動的意志であり、知恵に達する可能態でもあるというダイナミックな拡がりを持った言葉だと言えよう。

第二の問題は、人間の内に理性なるものが存在することがいかにして証明されるかということである。ここで、デカルトにおいて動物とは理性を持たぬ機械にすぎなかったことを想起しよう。逆に言えば理性は「われわれと動物とを区別する唯一のもの」（同 58）である。それゆえ、人間と動物との違いを具体的に示せば、それが理性の存在の傍証になるであろう。『序説』第五部の末尾（同 56-57）で、デカルトはその相違を示すための「きわめて確実な二つの方法」を語っている。そのうちの一つは、人が「話の内容を意識 penser していることを示しながら」、「言葉を使うこと」ができること（同 57）であった。人間に固有なものとしての言葉の使用のうちに理性を認める、というこの思想は古くからあるものであり、理性の語源からしても正当なものであろう（ギリシア語の logos は理性とともに言葉の意味である）。だが、ここで少なくとも二つの疑問が直ちに湧いてくる。ある種の動物は言葉を使って思考しているではないか。ある種の人間は話す機能を欠いているではないか。

最初の疑問については、たとえばルクレティウスが考えたように[38]「動物は人間には分からない言葉で話している」（同 58）のかもしれず、「オームはわれわれと同じように言葉を発することができる」（同 57）とも考えられる。しかしデカルトは先刻答えを用意している。すなわち、もし動物が彼らのことばを使っているなら、「動物はわれわれと同じような器官を多く持っているのだから、彼らは自らの言葉を同類に対してと同じくわれわれに対してもよく理解させえるであろう」（同 58）。また、オームの発声は機械的反応にすぎないのであって、人間のように意識しながら話しているのではない。もしかりに話すことができたとしても、それは「知識によるのではなく、ただ単に彼らの器官（装置）の配置による」（同 57）。だが、この答えはやや強引な推定にすぎない。デカルトは後にそれを修正して「動物が思考するということは証明不可能だが、思考しないということも同じく厳密には証明不可能である」（モア宛 1649.2.5. AT.V, 276）と、正直なところを述べている。しかし、彼は同時に「この第二番目の仮説（動物不思考説）の方にきわめて高い蓋然性がある」（同 277）と付け加えることを忘れなかった。思考するものとしての人間と、単なるものとしての動物とを区別する立場にある以上、「理性がわれわれを動かし」（『序説』AT.VI, 57）、「自然が動物において働く」（同 59）という原則は一歩も譲れないのである。

二番目の疑問については、「生まれながらにして聾唖であるため、他人に話すのに役立つ器官を欠いた人」（同

57-58）たちを例に挙げうるであろう。だが、「彼らは彼ら自身である符号を発明する習慣をもち、それによって、彼らと通常一緒にいてその言葉を習う暇のある人たちと意思を通じ合うのである」（同58）。このように、他のコミュニケーションの手段を持つ以上、彼らが話す機能を持たないとは言えない。言葉は人間に本質的なものであり、人間である限り「どんなにぼんやりした愚鈍な人でも、狂人でさえも例外とせずに、言葉をいろいろに組み合わせてそこから話を構成することができる」（同57）からである。

デカルトのこれらの答えは、現代の動物行動学からすれば問題を含むかもしれないが、動物機械論の立場からは首尾一貫している。ただ、デカルトの強調点は動物は単なる機械にすぎないということではなく、人間に理性が与えられていることの意味にあると思われる。つまり、言葉の使用という特権を人間が持つ限り、それは人間の内に正《まさ》しく理性があるということを証明するのだが、重要なことは、ひとり人間のみが理性を持ち、理性が「われわれを人間にする唯一のもの」（同2）であることである。内なる理性の発見とその涵養という主題が、後に形而上学や道徳を考える上で基本的なテーゼとなるのである。

第三の問題は、理性がいかなる仕方で人間の内にあるのかということである。それは「生まれながらにして」ある、すなわちそれはわれわれに生得的 inné なものである。そこには二つの意味が含まれている。一つは、理性は外界との接触を持たずに「私が創られた時に、私と共に生まれ産出された」（仏訳『省察』AT.IX-1, 41）ものである。それゆえ理性はア・プリオリな、つまり感覚的経験から独立な被造物である。他の一つは、胎児は理性を持つかという論難に対する答えであるが、理性あるいは自然の光は「われわれの内に可能態 potentia としてある。なぜなら、一つの能力の内に生まれながらにしてあるということは、そこに現実態 actus としてあるのではなく、単に可能態としてあることを意味するから」（『覚書』AT.VIII-2, 361）である。すなわち人は理性の光を潜在的に持っている。ところが「自然の光によって知られるもので人がまだ顧みなかったものが無数にある」（メルセンヌ宛 1639.10.16.AT.II, 598）にもかかわらず「この光をよく使う人は殆どいない」（同）。それゆえ理性をよく使い、よく涵養して内なる理性を顕在化すべく心がけねばならない。

ところで、デカルトはなぜ理性を生得的なものと考えざるをえなかったのか。一般的理由としては、外界を疑っている以上、認識の起源をロックのように彼自身の外にも、マルブランシュのように彼自身を越えた神にも求めることができなかったからであろう。さらに、上述した理性の二つの含意に引きつけて特殊的理由を考えるなら、まず理性の純粋さを保つために、それが生得的である必要があったからであろう。なぜなら、もし理性が感覚的経験から汲み取られたとするなら、経験はしばしば誤り不確実であるゆえに、理性も誤謬に晒されるからである。次に、人が理性を有しているにも拘らずその正しい使用を知らないという事実を説明するためには、理性の潜在性というイデーが必要であった。というのは、理性は幼時の偏見によって鈍らされていたのだが、一たんそれが顕在化されれば「私が何か新しいものを学ぶというよりも、以前から……私の精神の内にあると知っていたもの（それに私はまだ思考を向けていなかったのだが）を想起すると思われる」（『省察』AT.VII, 64）からである。ある人が理性を持たないのではない。ただ、その人が理性の顕在化の努力を怠っているだけである。[40]

結局、理性の生得性は理性が純粋にして豊穣なる概念であることを示している。それは誤り多き経験からも不確実な偏見からも独立しているがゆえに純粋である。それはまた「その内にわれわれの全認識が宿る」（『探究』AT.X, 505）ところの「宝庫」（『省察』AT.VII, 67）であるがゆえに豊穣である。理性の「真なる豊かさ」（『探究』AT.X, 496）は人が生を導くのに必須のあらゆる知を自ら発見する道を切開する。理性の内なる種子を育成し発展させ、以ってその光を増さしめる根拠がここに横たわっている。

第四は理性の平等性である。デカルトによれば、理性は「この世で最もよく配分されたもの」（『序説』AT.VI, 2）であり、「理性全体が各人の内にある」（同2）と言う。なぜなら、だれも自分が持っている以上に理性を欲しがらぬし、たとえ子供でも算数の加算を行う場合「人間精神が発見できるすべてのことを発見したと確信できる」（同21）からである。従って、人は人である限り平等かつ完全な一つの理性を分有している。しかし、実際には理性の不平等性を示すと思われる若干の事実がある。もし理性がすべての人において平等であるなら「同一事物について真理は一つしかない」（同）のだから、日常目にする意見の多様性や論争は起こりえないはずである。さらにデカルト自身、「よい判断をする人」（モラン宛1638.7.13.AT.II, 213）、「よりもの分かりのいい人」（シャルレ宛1644.10.AT.IV, 141）、「真偽判別の能力が他人より劣ると思っている……人」（『序説』AT.VI, 15）といった理性の平等性と矛盾した言明をしている。ところで、意見の多様性については「ある人が他の人よりもより多く理性を持っていることからではなく、われわれが別々の道によって思考を導き同じ事柄を考察していないことからのみ由来する」（同2）と一応答えることができる。しかし、たとえ同じ事柄を人が考察しても、そこには人によって理解の程度に差があり、いつも同じ結論に達するとは限らないことは、われわれが日常経験するところである。[41]それゆえ、理性の分有には程度差があるかと思われる。この問題については先述した生得説を以って答えられるであろう。つまり理性はわれわれの内に可能的にあり、ただわれわれがそれを現実化しておらず理性の正しい使用を未だ知らないからである。人は等しく理性を持つ。だが、理性を単に持っているだけでは不十分であり「肝心なことはそれをよく用いることである」（同）。そして、その使用に個人差や程度差があると考えるべきである。たとえば、理性の使い方が上手な人がもの分かりのいい人であり、下手な人が真偽判別力に劣る人と言われるのである。その意味で「よく判断する能力を行使する場合、結果として不平等があることを説明するのは、その現実化において一連の程度があることである」[42]というG・ロディス＝レヴィスの指摘は当たっている。それゆえ、理性そのものの平等性には一点の矛盾もないと言うべきである。

平等なる理性というイデーは、われわれをその正しい使用へと誘うだけでなく、学問一般の定立可能性を約束する。すなわち理性の平等とは、同時にその普遍性、同一性、同質性を意味する。つまり「われわれと気心をまるで異にする人でも、われわれと同程度または、われわれ以上に理性を使っている」（『序説』VI, 16）がゆえに、理性は普遍的である。また、理性全体が多寡なく各人の内にあるがゆえに、それは同一かつ同質的である。そして、同じ一つの理性しかない以上、一つの事柄については一つの認識しかありえない。「すべての人は同一の自然の光を持っているので、みな同じ概念を持つはずだと思われる」（メルセンヌ宛 1639.10.16.AT.II, 597）。従って、理性に訴えることによって人間は少なくとも原理的に共通に了解し合うことができ、ここに客観的認識たる学問の地平が開けてくるであろう。

以上で理性の定義分析はなされたとしよう。次にわれわれは見方を変えて、もっぱら認識論的関心から、理性（自然の光）の反意語である「自然」natura および「臆見」opinio の二つを取り上げ、それらの考察を通して理性が果して定義に示された如く真偽判断の基準となりえるか否かを検討してみたい。『序説』第二部で、デカルトは臆見と理性とを並置して「かつて理性によって導入されずに私の信念の中に滑り込んできた臆見のすべてを、きっぱりと拒否する」（AT.VI,16）と言っている。臆見とは何か。なぜそれは拒否されるか。理性による導入がなぜ正しいとされるか。

デカルトによれば臆見の多くは幼年時代の偏見に根差している。なぜなら、自らの理性使用をまだ知らないために「感覚の弱さと教師の権威とに支えられたのみ」（『探究』AT.X, 496）であったからである。感覚については、たとえば単にそう目に見えるからという理由で、星は極めて小さいと思い込む如くである。感覚に基づく臆見は、あとになっても根絶し難く「われわれは常に何か間違った臆見に陥る危険性がある」（『原理』第Ⅰ部72）。教師の権威（アリストテレス＝スコラの権威）については、たとえば空気の上部には空気よりも希薄なエーテルがあるとする如くである（『規則論』AT.X, 424）。デカルトによれば、それは確実不可疑の論拠にではなく学者たちの蓋然的な推測にしか基づいていない臆見である。そうした臆見は明晰な真理に達するよりも容易であり、学者たちは敢えて不明なものを推測によって断定しようとする。「光よりも闇を好むとは、実際何という無分別な人たちであろうか」（同401）。それゆえ臆見の温床は、子供のころからの感覚への信頼と、学者の蓋然的推測への盲信とにある。いずれの偏見も抜き難く、長い間の習慣で、主《ぬし》の如くわれわれの精神を占めてきた。もし生まれた時から理性を使っていたなら、われわれの判断はもっと純粋で堅固であったろう。ゆえに人は「知識の年齢」（『探究』AT.X, 508）に達するや否や、それまでに入りこんできたすべての臆見を拒否し、自らの理性で事物を判断すべきである、とする。ところで、デカルトは真理の基準に「満場一致」consentement universel を採らず「自然の光」lumière naturelle を採用する（メルセンヌ宛1639.10.16. AT.II, 597）と言う。なぜなら、多くの人の臆見は、一人の良識人の自然の光に照らされた単純かつ純粋な判断にも劣るからである。それゆえ真理の基準を、臆見よりも理性の明証性に置き、ただ「理性の声のみに耳を傾け」（『探究』AT.X, 523）なければならない。この意味で理性によって導入され、「理性という水準器で正された」（『序説』AT.VI, 14）かぎりで、臆見は真にして正当なものとなる。かくして理性は臆見と比較された場合、後者をはるかに凌ぐ真理基準とされるのである。

だが、理性の明証性がなぜそのまま真を示すと言えるのか。その形而上学的な根拠については何も語られていない。それが明らかでない限り、理性は真理の相対的基準ではあっても絶対的基準とはならないであろう。この点を掘り下げるべく、今度は自然と理性との関係を考えてみよう。「第三省察」においてデカルトは自然の光の教えと自然の教えとを比較し、前者は疑いえないが後者すなわち「自然的傾向」impetus naturalis には従わない方がよい（AT.VII,38-39）と述べている。ここに自然の教えとは何であり、自然の光とは何であるか。自然とは「ある種の傾向」（同 38）であり、より正確には「精神と身体とから成る私に神が与えたすべて……の集合体」（同 82）のことである。この自然が、たとえば、われわれが渇きの感覚を持つ時、身体は飲料を必要としていることをわれわれに教える。それゆえ自然の教えとは、われわれが動物である限りわれわれの内にある「本能」の一つであり、身体保存のための衝動である。他方、先述した如く、自然の光とは精神の直観であって、われわれが人間である限りわれわれの内にある純粋に知的な本能である（メルセンヌ宛 1639.11.13.AT.II, 599）。この光の教えによってコギト・エルゴ・スムが示され（『省察』AT.VII, 38）、単純本質や単純本質相互の必然的結合が直観される（『規則論』AT.X, 425）のである。ではなぜ自然の教えが疑わしく、自然の光の教えが不可疑であるのか。それは自然の教えが誤謬を含むからである。たとえば水腫症の患者は、それが身体に毒であるにもかかわらず水を欲しがる。自然はこのように理性の教えとは反対の方向へわれわれを駆り立てるゆえに、自然の教えをあまり信用すべきではない。だが、自然の光については、その教えるところが偽であることを証明するいかなるア・ポステリオリな手段もわれわれの内にはない（『省察』AT.VII,38-39）。この光からのみ、精神の純粋で疑うべからざる認識たる直観が生まれる（『規則論』AT.X, 368）。そして、その光の対象たる単純本質もその単純さのゆえにいかなる虚偽も含まない（同 420）。それゆえ自然の光の教えは常に真であり、それが真理の基準になりえると思われる。

しかしながら、実は、自然の教えが偽で自然の光のそれが常に真である、と無条件に言うことはできない。なぜなら、神の誠実という形而上学的条件をそこに入れて考える時、問題は複雑な様相を呈してくるからである。たとえば「第六省察」で、神は欺かぬという確信から感覚的世界を復権させた後で、デカルトは上述の証明とは裏腹に「自然が私に教えるすべてが何らかの真理を含んでいることには一点の疑いもない」（『省察』AT.VII, 80）と言っている。というのは、自然は神の善性にも拘らず時として誤るにせよ、痛みの感覚が身体に有害なものの存在を精神に示す切実なシグナルである如く、自然はわれわれに「身体の好・不都合に関する事物について最も普通の場合、偽よりも真を」（同 89）示すからである。従って、自然の教えるところを全部認めてはいけないが、全部疑ってもいけない（同 77-78）、とデカルトは率直なところを告白している。自然の光についても、その明証性を絶対に真とする究極の形而上学的根拠は「神の誠実」veracitas Dei にほかならないと思われる。なぜなら、神の誠実を想定しなければ、「私が最も明証的かつ確実に理解しているつもりのものにおいてさえ、私がたやすく誤るように自然によって仕向けられたと考えうる」（同 70）のであるから、いかに明証的な直観であろうとも疑いの余地があるからである。デカルト自身、「自然の光いいかえれば神からわれわれに与えられた認識能力が、真でない対象をとらえるようなことは……決してありえない」ということが帰結するのは、神が誠実であるということからである（『原理』第I部 30）と言っている。こう考えてくると、自然の光（理性）が真理の基準であると単純に言うことはできなくなる。一方で理性を独立した不可疑の真理基準として使いながら、他方でそれは神の誠実に依存しているとするのは、いわゆるデカルトの循環の所在を暗示しているようにも見える。だが、それは論理的な循環ではなく、理性がもはや素朴な主知主義的認識論の立場を越えて、存在論の立場から形而上学的に問い直されていることを意味すると解釈されよう。この点に古典的な数学的理性とは異なる、デカルト的理性の特徴があると思われる。

すなわち、デカルトの理性は、最初、人間のみに等しく潜在する生得的判断力という独特な形で提示された。そして理性の純粋さは、理性が臆見を越えた高い真理基準になるという確信を生み、理性の普遍性は他の諸性格と相俟ってデカルト的学問の基礎を形成し、その発展を約束している。しかし、形而上学の側から理性の存在論的根拠を問う場合、理性そのものは必ずしも真理の絶対的基準ではなく、自然の光の問題がそうであったように、神の誠実との間に一種の緊張関係が認められるのである。これは、理性に素朴な確信を置く数学的合理主義でもなければ、すべてが人間理性によって解明できるとする汎合理主義でもない。デカルトが懐疑を重ねて辿りついたのは形而上学的な奥行きを持った、すなわち神の誠実を根拠とした合理主義である。そこにおいて理性は神の誠実と深く結ばれ、神をぬきにしては理性といえども真理に達しないという立場なのである。だが、神の誠実ということを理解するのは、現代人にとって困難であるだけでなく、当時の人にとっても容易ではなかったようである。神を根本に置く合理主義の意味や妥当性については、稿をあらためて吟味する必要があろう[43]。

註

（1）Jean Laporte, *Le rationalisme de Descartes*, 1945, p.VII.

（2）ラポルトが、心身論や無限論においてデカルトの非合理性を強調したのに対して、メナールは、デカルト的合理主義の本質は理性に大きな力を認めた主意主義だとした（P. Mesnard, Le rationalisme de Descartes, in *Les Études Philosophiques*, 1950）。アルキエはラポルトの議論を一応認めながらも「デカルトの関心事は、そのような非合理性の強調にあるのではなく、可知的自然と形而上学という二つの相容れぬプランの二元性によって非合理性を説明することにある」とした（F. Alquié, *La découverte métaphysique de l'homme chez Descartes*, 1950, p.8）。他方、シュヴァリエはラポルトを強く支持したうえで、デカルトの合理主義はトマスのようなキリスト教的合理主義だと結論した（J. Chevalier, La spiritualité de Descartes, in *Le Dix-septième siècle*, 1953）。ゲルーはデカルトの合理主義の厳格さを認めるが、ただそれが絶対的であるという意味においてではなく、非合理的諸要素を理性によってすべて決定するという意味においてである、とした（M. Gueroult, *Descartes selon l'ordre des raisons*, 1953, II, p.299）。われわれはゲルーの見方に原則として賛成である。その他、デカルトの合理主義を論じたものに、L. Prenant, Les moments du développement de la raison chez Descartes, in *Europe*, 1937; A. Koyré, Le rationalisme de Descartes,in *Europe*, 1946などがある。

（3）その一般的意義は「在るものすべてをこれ可知的とする説、あるいはすべての確実な認識はア・プリオリな諸原理から来るとする説」である（A. Lalande, *Vocabulaire technique et critique de la philosophie*）。Robert仏語辞典によれば、「合理主義」という言葉は、十六・七世紀においては、医学・及び神学用語であった。それが哲学用語となったのは十九世紀においてである。主に、その世紀の哲学史家たちが、デカルトにその名を冠したと思われる。しかし、英語でrationalismという言葉は、十七世紀すでにフランシス・ベーコンの著作の中に見える。「経験論の哲学者たちは、アリの如くであるが……合理主義者たちはクモの如くである」（*Oxford English Dictionary*）。

（4）ポンポナィツィとデカルトとの違いは容易に看取される。たとえば、前者は魂の不死と自由意志の否定に傾き、また哲学を信仰から区別するあまり二重真理説に陥ったと言われている。しかし結論は異なっても、両者は同じ問題を分有して、同じ合理的角度からそれを処理しようとしている。この問題については本書第一章を参照。

（5）H. Busson, *Le rationalisme dans la littérature française de la Renaissance*, p.46.

（6）*Ibid.*, p.52.

（7）第一版（一六四一年）のサブ・タイトルは「そこでは精神の不死が結論される」であった。第二版（一六四二年）では「そこでは人間の精神と身体との区別が証明される」と書き換えられることになる。

（8）デカルトはラムスを数学者と見ている（某氏宛1648.12.18. AT.V,257）。

（9）デカルトはブルーノを当代の改革者の一人に数えている（ベークマン宛1630.10.17. AT.I, 156）。

（10）志向的形質の物質化、神の認識における自然の光の役割、質料と形相の関係の弱体化など。デカルトは「質料的に materialiter」という言葉について、スアレスの *Disputationes metaphysicae*, 1597を引いている（「第四答弁」AT. VII, 235）。

（11）デカルトの時代、ベーコンは著名人であった。バイエはデカルトとの違いを指摘しながらもベーコンを称賛している（A. Baillet, *La vie de Monsieur Descartes*, I, p.149, II, p.539）。デカルト自身も方法論などについてベーコンを好意的に評価している（メルセンヌ宛1632.5.10. AT.I, 251）。

（12）デカルトはホイヘンスに宛てて次のように書いている、「（カンパネルラの）学説については、一五年前に『事物の感覚について』という本を読んだ。……しかし、その頃から分かっていたことだが、彼の著作にはほとんど堅固たるところがないので、まるで記憶にとどめていなかった」（1638.3. AT.II, 48）。

（13）スピンクの考証によれば、デカルトはヴァニーニに反対ではなかった。ヴァニーニの有罪判決に対してデカルトは、その評決がただ法廷に持ちこまれた証言に拠るだけであって、彼の著作の中には、それを正当化するものは何もない、と敢えて暗示したという（J. S. Spink, *La libre pensée française de Gassendi à Voltaire*, pp.47-48. 原書は *French Free-Thought from Gassendi to Voltaire*, 1960）。

（14）デカルトはテオフィルの詩の一部を引用している（シャニュ宛 1647.2.1. AT.IV, 617）。

（15）メルセンヌは科学と宗教との和解を目ざした人であり、ルネサンスのヴィタリスムや神秘学に強く反対して、ガリレイ流の機械論的認識論の形成にあずかった人でもある。この意味でメルセンヌもまた合理主義的雰囲気の中にあったといえよう。

（16）ホッブズは『省察』「第三反論」の著者であったが、「かのイギリス人」としてデカルトの書簡にしばしば登場する。メルセンヌを介して手紙のやりとりをしていた。もっともデカルトはホッブズをあまり評価していない。

（17）「第五反論」を書いたガッサンディは、周知のようにデカルトと鋭く対立した。だが、彼は単にデカルトの反対者であったのみならず、アリストテレスの自然学や論理学を批判している（本書第八章一六一ページを参照）。その点でガッサンディは、その友人であるガリレイ、ベークマン、メルセンヌらと同じ第一級の合理主義精神の持ち主である。

（18）ベークマンは一時期、青年デカルトの最良の導き手であった。デカルトは言う「あなたこそが私の怠惰をゆりうごかし、私の記憶からほとんど遠ざかった知を喚起し、そしてまじめな事柄から遠のいていた私の知性を最良の仕事へと呼び戻して下さったのです」（ベークマン宛 1619.4.23. AT.X,162-163）。事実、ベークマンのおかげでデカルトは数学の本当の使い方、つまり数学を自然学に応用することを発見したのであった。本書第四章七九ページ以下を参照。

（19）その他、デカルトに関係した科学者たちを列挙しておく。クラヴィウス（C. Clavius, 1537-1612）、ヴィエタ（F. Vieta, 1540-1603）、ハーヴィ（W. Harvey, 1578-1657）、ミドルジュ（C. Mydorge, 1585-1647）、スネリウス（W. Snellius, 1581-1626）、カヴァリエリ（B. Cavalieri, 1598-1647）、フェルマ（P. Fermat, 1601-65）、ロベルヴァル（P. Roberval, 1602-75）、トリチェリ（E. Torricelli, 1608-47）、パスカル（B. Pascal, 1623-62）。

（20）ガリレイは「動体の速さは距離に比例する」と考えたが、実際は「動体の速さは時間に比例する」とすべきである（A. Koyré, *Études Galiléennes*, pp.86-107）。

（21）A. Koyré, *Op.Cit.* p.99.

（22）デカルトはクラヴィウスの注したエウクレイデス『幾何学原本』を引いている（メルセンヌ宛 1629.11.13. AT.I, 70-71）。

（23）バイエは、世界の体系を説明するためにデカルトは明らかにコペルニクスの仮説に従ったという（A. Baillet, *La vie de Monsieur Descartes*, II, p.223）。デカルトもほぼそれを認めている（メルセンヌ宛 1646.4.28. AT.IV, 398-399）。

（24）「ブラーエの天文学的観測が、デカルトに土星の空の上に彗星を置く機会を与えたことは考えられなくはない。しかし……その性質を説明した仕方はデカルト自身の体系から来たものである」（A. Baillet, *Op.Cit.* II, p.538）

（25）デカルトは、ケプラーを「光学における私の第一の師」とまで賞賛している（メルセンヌ宛 1638.3.31. AT.II,86）。

（26）ホッブズはこの方向を突き詰めた人であろう。「推論 Reason とは計算すること Reckoning にほかならない」（Hobbes, *Leviathan*, Chap.V. Of Reason and Science）という有名なことばが連想される。

（27）ライプニッツがこの点を重要視し、普遍記号法と論理的計算を用いて普遍数学を構想したことはよく知られている。

（28）モンテーニュの名は、動物が思考するか否かの問題について二度引用されたのみである（ニューカッスル宛 1646.11.23. AT.IV, 573, 575）。バイエはむしろシャロンの方を、デカルトに影響を与えたモラリストとしている（A. Baillet, *Op.Cit.* II, 540）。

（29）「良識 bon sens はこの世で最も公平に配分されたものである。というのも、だれでもそれを十分に備えていると思っているので……それ以上を決して望まないからである」（『序説』AT.VI,1）。「自然がわれわれに与えた恩恵のうちで最も正当に配分されたものは良識 sens である。なぜなら、そのことに満足していないものはだれもいないからである」（Montaigne, *Les Essais*, II-17. éd.Villey, p.657）。この例は E. Gilson,*Unity of Philosophical Experience*, p.126 による。cf. L. Brunschvicg, *Descartes et Pascal, lecteurs de Montaigne*, pp.97-98.

（30）H. Busson, *Le rationalisme dans la littérature française de la Renaissance*, p.408.

（31）Montaigne, *Les Essais*, II-12, éd.Villey, p.438.

（32）デカルトと同時代のガッサンディは、モンテーニュやシャロンに由来する懐疑論を文字どおりに受け止め、感覚的・経験的知識で満足すべきだと考えた（本書第八章一六一ページを参照）。これに対して、デカルトはあくまで懐疑主義との対決を試みている。

（33） E. Gilson, *Unity of Philosophical Experience*, p.127.

（34） F. Bouillier, *Histoire de la philosophie cartésienne*, I, p.28 による。

（35） たとえばブランシュヴィックは「理性」を西洋哲学において最も使用頻度の高い言葉の一つに数えている（L. Brunschvicg, *Héritage de mots,héritage d'idées*, p.8）。古代のタレスから現代のウィトゲンシュタインまでの西洋哲学を、「理性」の解釈史として読むこともできよう。

（36） A. Lalande, *Vocabulaire technique et critique de la Philosophie*.

（37） E. Gilson, *Discours de la Méthode,texte et commentaire*, pp.82-83.

（38） Lucretius, *De Rerum Natura*, V,1056-1090.

（39） デカルトの時代においては inné というフランス語はまだ存在しなかった。そこで innatus というラテン語は naturellement imprimé en nous とか、né avec nous と訳された（G. Rodis-Lewis éd., *Lettres à Regius et remarques sur l'explications de l'esprit humain*, pp.171-175）。

（40） ヴォエティウス宛書簡（AT.VIII-2,167）にはプラトンの想起説と生具観念との関係が直接触れられている。歴史的に見れば、十七世紀の前葉にプラトン的生得説の復活があった。そしてベリュール、ジビュー、シオン、メルセンヌなど、デカルト周辺の学者はみなその説を採っていたという（E. Gilson, *Études sur le rôle de la pensée médiévale dans la formation du système cartésien*, pp.32-50）。

（41） デカルトによれば、意見が対立する場合いずれの論者も真理を知らない。なぜなら、もし一方が真理を知っているなら、他方の理解の弱さを助け、誤謬を指摘して遂には他方を説伏できるから（『規則論』AT.X, 362）、と言う。

（42） G. Rodis-Lewis, *L'individualité selon Descartes*, p.123.

（43） 拙著『デカルト哲学の根本問題』（知泉書館二〇〇九年）第三章を参照。

第三章　コギトと機械論

デカルト哲学の第一原理は、言うまでもなく「コギト・エルゴ・スム」（私は考える、ゆえに私は在る）である。コギト（すなわち主体の意識作用）は精神についての真理であるが、他方、物体（身体）についての理論としては延長概念を機軸とする機械論がある。コギトと機械論、それがデカルト哲学の要諦にほかならない。だが、デカルトの哲学をこの二点に収斂させて語ることは、有益である半面、実は誤解を招きやすい。なぜなら、それは彼の哲学があたかも最初から精神と物体とに色分けされているかのような印象を与える恐れがあるからである。かつてG・ライルなどは、そういう誤解に立ってデカルトの二元論を「機械の中の幽霊」(1)と評した。近年、H・パトナムが想定した「水槽の中の脳」(2)という思考実験も、意識と実在との二元論を前提する点で同根であろう。少なくともデカルトのテキストにはそのような二極分解は存在しないし、そもそも二元論dualismeという言葉自体が後世の人（たとえばライプニッツやヴォルフ）の造語にほかならない。表題に掲げた「コギトと機械論」という場合の「と」は、精神と物体との分断を意図するものでは決してなく、むしろ両者の自然な繋がりを意味するものと理解されるべきであろう。

以下においては、まずそのコギトや機械論というものがいかにして立てられたかの経緯を洗い直して従来の解釈を見直し、次いで両者の区別と繋がりを心身問題としてとらえ、メルロ＝ポンティの批判を検討する。最後に、デカルトの立てた問題が同時代人によってどのように受け止められたかを、パスカル、マルブランシュの場合においてその思想的背景と共に考えておきたい。

一　コギトの生成

「コギト・エルゴ・スム」という命題がいかにして立てられたか、その生成の経緯をふり返ってみることから始めよう。

「諸学問において確固として不動のものを確立しよう」（『省察』AT.VII, 17）としてデカルトは既存の知識の全面的転覆を企てた。その場合の手段が懐疑であり、懐疑の営みの中からコギトが生成することになる。この懐疑はデカルト自身が「誇張的」hyperbolique と称したように、いささか特異かつ戦略的なものである。すなわち、「少しでも疑いをかけうるものはすべて、絶対に偽なるものとして投げすてる」（『序説』AT.VI, 31）のである。その意図は「ただ疑うために疑う懐疑論者を真似るわけではなく」（同 29）、疑いをできるだけ逞しくして、それでも疑い切れない何かが残ればそれこそ不可疑の、つまり確実な真理であろうと考えるからである。

では、いかなる知識について、どのように疑ったか。周知のように、感覚的知識と数学的知識とが懐疑の俎上《そじょう》にのせられた。われわれの知識はそれら二つのものを土台として成立していると考えられるからである。第一に、感覚的知識について言えば、それが時としてあやまることをわれわれは経験している。たとえば、遠目には丸く見えた塔が近よって見れば四角であったり、黄疸患者には目にするものすべてが黄色っぽく見えることがある。これらは、対象が遠く隔たっていたり、感覚に異常のある場合の錯視の例であるが、まっすぐな棒が水中では曲がって見えるという例などは、対象のあり方そのものがわれわれの感覚をあやまらせていると言えよう。だが、それらの知覚経験はいずれも特殊であって、すぐにそのあやまりは気づかれ訂正される、と反論されるであろう。しかし、「ただの一度でもわれわれを欺いたことのあるものには、決して全幅の信頼を寄せない」（『省察』AT.VII, 18）のがデカルトのやり方なのである。さらに別の反論があるであろう。外的感覚が時としてそのようにあやまることはあっても、私が今ここにいるというような内的感覚（身体感覚）は全く疑いえないのではなかろうか、と。なるほどそこまで疑うなら、われわれは自分の全身がカボチャであると主張する狂人と変わらなくなるであろう。しかし、われわれは夢において狂人のそれに劣らぬあやまった知覚経験を持っている。たとえば公園を散歩している夢を見ている時、当の本人はその感覚知覚が現実世界に属する確実な知覚だと確信している。だが、実際は公園を歩いているのではなく、寝床の中で横になっているのである。夢と覚醒との区別がはっきりしない以上、現実を逆転させて、われわれの知覚経験の全体が一連の夢ではないのかと疑ってみることも可能である。それゆえ、内的感覚もまたあやまりの余地を残していると言わなければならない。

以上のような感覚への懐疑理由は古代ギリシアの懐疑論者たちによってすでに提出されており、旧聞に属することをデカルト自身認めている(3)。むしろ、数学的知識をも疑うという第二の点にデカルト的懐疑の特色があると言えよう。数学的知識――たとえば2＋3＝5というような推論は、目覚めていようが夢を見ていようが客観的に真だとすべきではなかろうか。若き日のデカルトは「その推理の確実性と明証性とのゆえに」（『序説』AT.VI, 7）数学を愛好し、およそ真理を求める者は「数論や幾何学の論証に等しい確実性を獲得できない対象に携わってはならぬ」（『規則論』AT.X, 366）とまで断言しているのである。だが、学問の原理を改めて確立しようとする今、数学への主知主義的な確信もまた形而上学の知識によって懐疑にかけられる。すなわち、世界の創り主たる神が在り、かつそれが全能であるとするならば、その神はわれわれが2に3を加えるたびごとにわれわれをあやまるように仕向けたかもしれない、という仮説は成り立つ。なぜなら、懐疑の営みを事としている者にとって、もし神が存在するとしてもその神が善であることの保証は何もなく、逆に神が邪悪である場合にはわれわれの数学的推論そのものが歪められている可能性が残るからである。極論すれば、神はその全能をもってするならば2＋3が5でないようにすることもできたのであって、ただわれわれの有限な理性からすれば、どうしても5としか思えないにすぎないのかもしれないのである。これは「欺く神」または「悪霊」の仮説と言われているものであるが、その背景に、他の被造物と同じく数学的真理も神の自由意志に依存するとする「永遠真理創造説」があることはもはや明らかであろう。かくして、数学的知識もまた疑わしいことになったが、それは同時に理性的推論 ratiocinatio,raisonnement のステータスそのものが揺らいでくることを意味する。つまり、この仮説によって理性が明証的に把握するものも常に真とはいえなくなり、さらには理性の本性そのものにまで疑問符がつきつけられるのである。これは伝統的懐疑論者の知らなかった注目すべきことである。では、公理や因果律といったものまで疑えるのか。懐疑理由を組み立てている推論そのものは何の権利で疑いの外に置かれるのか。これらはパスカル(4)も意識していた微妙な主題である。ここでは循環論につながるそうした問題があることのみを指摘するに留めておく。

ともあれ、これで感覚も数学も確かな知識ではないことになった。われわれの知識は土台を失いぐらつく。それではすべてが夢まぼろしで、この世に確実なものなしと結論すべきであろうか。否、デカルトは懐疑の極で反転し、疑いの営みに従事している当の行為主体の方に向き直る。そして問う。そのようにすべてを疑わしいと考えている私自身は少なくとも何ものかであるはずではないか、と。「考えるためには存在していなければならぬ」

（『序説』AT.VI, 33）のであってみれば、いま現に疑いをこらしている私がここに存在していること自体は疑いえないのではなかろうか。なるほど私は悪霊によって欺かれているのかもしれない。だが、それでも、欺かれている私は（欺かれていると考える限り）存在するのである。かくして、「私は考える、ゆえに私は在る」（コギト・エルゴ・スム）は必然的に真なる命題として立てられ、これこそ求められていた確実不可疑の「哲学の第一原理」（同32）だと結論される。コギトの生成である。

この命題は、単に私の存在の発見だけでなく、私の本質の解明をも含意している。すなわち、私が存在するのは「私が考えている限りにおいてである」（『省察』AT.VII, 27）。思考が存在を規定し、条件づける要件であるなら、「私とはただ、考えるもの、すなわち精神以外の何ものでもないことになる」（同）。ここで考えるとは精神のあらゆる働きを指し、理解する、判断する、意志する、想像する、感覚するなどは、みなそれに含まれる。現代の用語でいえば意識作用に相当する。では、デカルトにおいてコギトを第一原理として立てるとはいかなることであるか。第一に、それは考えることを本質とする私の定立にほかならないが、第二に、その私とはひとえに精神なのであるから物体（身体）的要素はそこから全く排除されることになる。そして第三に、そういう純粋に精神的・意識的主体を存在論的にも認識論的にも哲学の起点とすることである。歴史的に見て、近代的な主体性の哲学の淵源がこの点にあることは言うまでもない。

ところで、「コギト・エルゴ・スム」をどう解釈すべきかについては、デカルトの時代からすでに諸説があり、現在も論争は続いている。争点はコギトからスムを結論するその手続きが一体どういう性質のものかであって、従来それは直観 intuition だとする説と推理 inference だとする説とがある。(5) この区別は英米系の研究者によるものだが、故なきことではない。すなわち、前者に立てばコギトもスムも「精神によって直観される」（『規則論』AT.X, 368）単純な事実であり、この命題は二つの単純本質の「必然的結合」（同421）を直観的に把握したものとして理解されるであろう。この説をサポートする別の証言としては、「第二答弁」に、この命題は「あたかも自明の事の如くに精神の単純な直観によって知られる」（AT.VII, 140）とあり、またニューカッスル侯宛ての一書簡では、「その命題はわれわれの魂が神から受けとることのできる直観的認識」（AT.V, 138）だと明言されている。これらの決定的な証拠にもかかわらず直観説に与しない人たちがいる理由は、直観そのものの内容が明らかにされていない以上この説は行き止まりであり、むしろこの命題を何らかの推理と見た方が論理的に実り多いと考えるからであろう。「コギト・エルゴ・スム」が「すべて考えるものは存在する」という大前提を欠いた省略三段論法ではないのかという指摘は、すでにガッサンディなどによってなされている。たしかにデカルトが「考えるためには存在していなければならぬ」（『序説』AT.VI, 33）と敢えて非人称の形でコギトの命題を補足する時、それはとりもなおさず大前提の設定を含意していると考えられる。しかしながらデカルトはこの解釈を固く拒否して、「存在を思考から三段論法によって導出したのではない」（「第二答弁」AT.VII, 140）と述べている。その限りでは、推理説のあらゆる試みは少なくともデカルトその人の意図とはちがったものと言わざるをえない。

　コギトをわれわれの通俗的先入見をもって処理するゆえにこうした解釈の紛糾がおこる、と断じたのはハイデガーであった。彼は思考 cogitatio の本質を究めるという作業を通して新解釈を試みている[6]。すなわち、「考える」cogitare と「知覚する」percipere とはしばしば等価とみなされるが、後者は元来ある事柄を自己の前に立てる（表象する）という仕方で自己に引き渡すことを意味している。ところで、この引き渡しは、表象されたものを任意に立てうることを条件とする。その場合、表象されたものは表象作用において基体としての私に引き渡され、私において表象される。かように表象する者はあらかじめ表象作用に実質的に共属し、連係しているのであるから、「私は考える」cogito とは「私は考えている私を考える」cogito me cogitare ことにほかならない。「考える」ことがこのような充実した意味における表象であるなら、表象する者としての私が存在することはもはや明らかであろう。「私は在る」は「私は考える」からはじめて結論されるのではなく、「私は考える」はその本質からして、むしろ表象者として「私は在る」によって、すでに私に引き渡されたものである。コギトもスムもその意味で表裏一体をなしているゆえ、いかがわしいエルゴを取り去ってコギト・スムとすればより鮮明な表現となる、としている。

ハイデガーの言うような意味での表象の哲学が、デカルトのテキストに明示的に存在するかどうかは確認できない。またスムが含意している「存在」の意味が忘却されているとするハイデガーの主張は、デカルト哲学の関知せぬところであろう。それにもかかわらず、この解釈はデカルト形而上学の意図を深い所でとらえようとした試みとして示唆に富むと思われる(7)。

二　機械論の生成

『原理』に「この世界全体はあたかも一つの機械 machina の如きである」(第Ⅳ部 188)という象徴的な表現がある。周知のようにデカルトは物体的世界の本質を延長に求め、その仕組みを旧来の目的論によってではなく全く機械論的に説明しようとした。彼の自然学が数学的・機械論的自然学といわれるゆえんである。では、物体的自然をそのようなものとして見る見方はいかにして可能であったのか。機械論の成り立つ経緯を見てみよう。

まず、デカルトの物体論を考えよう。精神が「考えるもの」res cogitans なら、物体は「延長するもの」res

extensa と規定される。延長とは三次元の空間的な拡がり、すなわち「長さと広さと深さとにおける延長」（『省察』AT.VII, 63）にほかならない。この規定は、精神と物体（身体）との鋭利な区別を示している。すなわち、コギトが物体的要素の一切を排除するとき、すでに物体は精神とは原理的に異質なものと考えられている。精神は部分を持たず分割もされず空間を占めることもない。延長のひとかけらをも含まない。逆に物体は部分を持ち分割され空間を占める。そしていわば一滴の思考をも含むことがない。かように物体と精神は水と油の如く本質的に区別されるが、存在論的にも両者は互いに他に依存しない独立な実体として「実在的」realiter に区別されるのである。もとよりそのような物体を現実に在るものとして立てるためには、神の誠実と物体の存在証明とを必要とするが、物体の本質規定そのものはコギトの定立と同時になされているのである。

ところで、物体即延長というこの新しい考え方は伝統的な物体論への批判を含んでいる。実体的形相および実在的性質の否定、がそれである。アリストテレス＝スコラの理論によれば、物体は質料 materia と形相 forma とから成るが、形相は形という本来の意味をこえて物体に内在する運動原理とされる。(8) そう考える根拠は、精神が身体を動かす形相であるのだから、物体においてもそれを内から動かしめる何らかの形相、すなわち実体的形相が宿っているはずだ、というアナロジーにある。さらに、物体の性質については、堅さ、冷たさなどわれわれの感覚に対応する性質が実在的性質としてそのまま物体に帰属しているとされる。だがデカルトによれば、それらの理論の不透明さは明らかである。物質に内在する形相が一体いかなるものか（それは後にライプニッツの問題となるであろう）は不明のままであるし、第二性質を物体に帰すことは言うまでもなくあやまりであるからである。たとえば、羽毛で唇をくすぐる場合、「くすぐったさの観念はその羽毛の中にある何ものかと似ているなどと誰が考えるであろうか」（『世界論』AT.XI, 6）。要するに、伝統的な物体論が感覚への素朴な信頼に立って物体的自然を質的に規定しているのに対し、デカルトは物体を延長とみなすことによって自然を知性的かつ量的に把握しようとしているのである。そのことの一例として有名な「蜜蠟の分析」（『省察』AT.VII, 30.ff.）を取りあげよう。蜂の巣からとりだされたばかりの蜜は蜜蠟の味を失っておらず、花の香りも残り、はっきりした色、形、大きさがある。固さ、冷たさなど、蜜蠟にそなわるすべてをそなえている。その場合、蜜蠟の本質とは、われわれの感覚そのものによってじかにつかまえることのできるものにほかならないとするのが常識であろう。ところが、その蜜蠟を火に近づけてみると状況は一変する。味は抜け、香りは消えうせ、色も形も大きさも変わってしまう。液状になり熱くなる。それでも、もとの同じ蜜蠟が存続しているとしか考えられない。では、蜜蠟とは一体なんであったのか。明らかに味とか香りなどの感覚的諸性質の集合ではない。蜜蠟に属しないものを取り除けば、あとに残るのは「延長を持った曲がりやすく、変化しやすいあるもの」（同31）だけとなる。この思考実験の分析結果からすれば、蜜蠟（つまりは物体）の中には実体的形相というような隠れた力はなんら見出されないし、そこに感覚的性質が実在的に宿って物体の性質を形成しているのでもない。物体の物体たるゆえんは、ただそれが延長を持つという量的・無機的規定を受けることのみであって、それ以外にはない。それゆえにこそ機械論が可能であったのである。さらに、認識という観点から見るに、延長そのものは感覚によっても想像力によってもとらえられない。ただ「精神の洞見」mentis inspectio（同32）のみによって認識されるのである。われわれが手でじかに触れたり目で見たりするものは実は物体の本質ではなく、精神が知性的に把握したもの（延長）こそがその本質なのである。

物体的自然の世界は、かくして幾何学的な延長に還元されるわけであるが、それではこの表情ある世界がのっぺらぼうになる恐れはないであろうか。たとえば、石と火とは同じ延長として区別がつかないという事態は起こらぬであろうか。否、デカルトは延長的世界の個別化の原理やその仕組みを粒子説によって説明する。すなわち、物体を構成する究極の微細な粒子として、火の元素、気の元素、地の元素の三つを数える。このうち第一の火の元素は最も小さく動きは速い。第二から第三の元素に行くに従って大きさは粗大になり動きは遅くなる。そして、これらの元素の形、大きさ、位置、運動のちがいによってのみ各物体の輪郭が示され、その性質が構成される（『世界論』AT.XI, 24-27）。自然現象や世界の構造もまたそれらによって機械的に説明される。たとえば、ある物体が堅いという場合、三つの元素の結合がきわめて密で動きがないことであり、熱いという場合、元素の動きが激しいことと解する。そして世界全体はこれら微細な物質で隙間なく充たされており、空虚な空間（真空）は存在しない。空間も粒子で充ちている。あるいは空間即物質というべきなのである。

デカルトが世界を「一つの機械」とみなしえたのは以上のような新しい物体論と微粒子説とを背景としてのことである。神が初めに物質を創りそれに運動を与えた後は、元来が数学的構造を持つ物体的自然は時計のように機械的に動き続ける。身体もまた同じである。デカルトはそれを幾何学者の目で観察し記述して自然法則を求めて行く。それが彼の自然学にほかならないが、それはまた近代科学の精神につながるものでもあることは言うまでもないであろう。

ところで、世界を機械と見たり延長としたりする考え方は現代においても優勢だと思われるが、それへの批判もむろん存在する。古くは十七世紀イギリスのいわゆる形而上詩人ダン（John Donne, 1573-1631）である。彼はデカルトより一世代前の人であるが、コペルニクス以来、西欧に台頭してきた新しい世界観の席巻を嘆いて次のように歌っている。

新しき哲学はすべてを疑わしめ、
火の元素はあとかたもなく消え去った。
太陽も、そして地球も失われ、それを
何処に求むべきかを誰も教えてはくれない。(9)

ダンの批評はむろんデカルトを指したものではないが、機械論的な自然学が人々に与えるであろう一種の戸惑いを先取りしているといえよう。

デカルトの「世界」を文学的情緒でなく哲学の問題として正面から批判したのはハイデガーであった。(10) その趣旨は、物体的世界を延長実体と解することによってデカルトは世界を存在論的にあやまって規定したばかりか、存在理解をも歪めてしまった、ということにある。すなわちハイデガーによれば、そもそも実体性の理念に含まれる「存在」の意味はデカルトにおいても明瞭にされず問われないままであるので、延長するものとしての「世界」という規定の存在論的基礎が不分明になっている。さらに、その規定はおよそ「世界」という現象を十分に探求しておらず、世界に対する問いを狭めてしまっている。というのも、蜜蠟の分析が示すように世界に本来的に存在するものは、感覚によってではなく数学によって認知される恒常的な事物的存在のみであると即断するならば、「さしあたって道具的に在る世界内存在者」などは飛び越えられてしまうことになるからである、と言う。ハイデガーの批判はデカルト的「世界」の存在論的不備と射程の狭隘さとに向けられているが、それはデカルトにしてみれば謂れなき論難であり、両者はそもそも土俵を同じくしていない。だが、そのハイデガーにしても、デカルトの世界論の本体である物体即延長というテーゼそのものは肯定せざるをえなかったのである。

三　コギトと機械論――心身問題の発生

コギトによって精神的主体が定立され、意識的世界の地平が確保された。これは純然たる思考 cogitatio の世界である。他方、機械論の生成過程においては物体的自然がコギトに対する世界として確認された。これはひとえに延長 extensio の世界である。精神と物体とはたしかに実在的に区別されるが、それは二つの世界の区別ではあっても存在論的な分断ではない。たとえば私がバラの花を見ると言う場合、私とバラとは架橋不可能な別世界に在るのではない。見る私と見られるバラとは原理的に区別しうるということであって、両者はともに同じ一つの経験的な世界に在る。その意味で精神と物体は自然な繋がりを持つ。二元論という言い方はあまり強い意味にとられてはならない。

ところで、物体的自然の中には動物だけでなく人間の身体も含まれる。動物が精神を持たない単なる自動機械であるとする説はいわゆる「動物機械論」となるが、人間の身体も同じく機械として物体的世界に組みこまれているとされる。だが、人間は動物とちがって精神を併せ持っている。そして精神と身体とは緊密な相互関係を保っていることをわれわれは経験している。思考の世界と延長の世界は、人間の心身に定位してみる限り必ずしも背反するものではない。それゆえに、「人間精神は身体から実在的に区別される……が、それにもかかわらず精神は身体と密接に結び付いていていて両者はいわば一なるものを成している」（『省察』AT.VII,15）と言われるのである。問題は、実在的に区別され、原理を異にする二つのものが、いかにして密接に結び付き、作用し合うかということである。これが古典的な形での心身問題である。

周知のように、『情念論』のデカルトは心身の相互作用を松果腺によって説明している（三一—三四節）。すなわち、精神は身体全体に結合していると言うべきではあるが、脳の一室のある腺において他の身体部分よりもよりいっそう直接的に結合している。精神はこの腺のうちにその座をもち、そこから身体の他の部分に、精気や神経や血液を介して作用を及ぼす。その作用は常に相互的であって、身体の多様な変状もまた精気を多様な仕方で動かし精神に作用する、と言う。その生理学的メカニズムを図示すれば、次のようになるであろう。

精神　⇅　松果腺　⇅　精気・神経・血液　⇅　身体

解剖学の知識をも踏まえた苦心の仮説ではあるが、実は問題は何ら解かれていない。というのも、松果腺は精神を容れる器の如きものであって、それ自体は明らかに身体である。松果腺以下の身体的メカニズムがいくら解明されようとも精神と松果腺との関係が明らかにされないうちは、心身問題において一歩も前進したことにならないからである。ある精神的傾向性がいかにして松果腺に一定の物理的運動をひき起こすのか、精気によって刺激をうけた松果腺のある身体的な動きがなぜ一定の精神状態を作りだすのか。それは依然として不明のままである。松果腺による生理学的説明は心身問題を最終的に解くものではないと思われる。

非物質的である精神が、それとは相容れないはずの身体になぜ作用を及ぼすのか、と単刀直入に問うたのはデカルトの愛弟子エリザベト王女であった。彼女は、心身の実在的区別を立てると同時にその合一を示そうとするデカルトに矛盾を見ていたのである。このもっとも疑問に答えたデカルトの書簡は注目に値するものである。すなわち、「区別と合一とを同時にきわめて判明に理解しようとするなら……それは明白な矛盾」を生む（エリザベト宛 1643.6.28.AT.III, 693)。だが、区別と合一とは別の次元に属する。区別の方は「純粋知性を働かせる形而上学的思考」(これによって精神が知られる)や、「主に想像力を働かせる数学研究」(これによって物体が知られる)の所産である。これに対して、心身の合一は「生活と日常の交わり」の次元において知られる、つまり「思考したり、想像力を働かせる事物を研究したりすることを差し控える」場合においてはじめて知られる(同 692)、と言う。これをどう解釈すべきであろうか。理論的認識の次元において精神と身体との実在的区別がなされる。これはよいであろう。問題は心身の合一が知られるという実践的生の次元である。それは知性によってではなく感覚によってより明るく照らされる知覚経験の世界である。「身体と思考とを兼ねそなえた一個の人間」(同 694)がそこにおいて日常的生を営んでいる世界である。この世界は形而上学による検証をうけておらず、その意味では絶対的確実性を持つとはいえない。だが、ここで求められているのはいわゆる「実際的確実性」certitude morale にほかならず、形而上学的認識よりも実生活の行為がまず問われているのである。形而上学のいわば手前にある原事実的世界とでもいえばよいであろうか。心身の合一は厳密な意味で「論証される」probatur のではなく、むしろ生の事実として「示される」ostenditur ものである(『省察』AT.VII, 15)。そして、形而上学的思考は生の世界の理解をかえって妨げるものでさえある。してみれば、心身の相互作用やその合一のありさまは知性による理論的解明を拒んでおり、そのかぎりにおいて心身問題は問題としては解かれていないと言わなければならない。しかし、精神と身体との相互関係が明確に示されないということは、両者が二元論的に分断されていることを決して意味しない。心身は実在的に区別され、精神は身体なしにも在り続けるであろう。が、それは実際的な意味でそうであるのではなく、形而上学的な認識の秩序においてそうであるにすぎない。学問研究の必要上、あえて心身分離の立場をとっているにすぎない。そういう知的分析以前のところでわれわれはすでに心身が一体となった世界を生きているのである。われわれの精神は「水夫が舟に乗っているような具合に身体にただ宿っているだけなのではない」（『省察』AT.VII, 81）のである。結局、精神と身体とはそういう原事実的世界において最初から緊密にして自然な繋がりを有していると言うべきであろう。これは感覚の示す「生活と日常の交わり」の次元であり、「人間」の次元である。これがデカルトのとった最終的態度である。

心身問題を理論的に解こうとする努力は、スピノザ、マルブランシュ、ライプニッツらによって継承されることになる。だが、心身の区別という発想そのものを批判して問題の解決を計ろうとする動きが特に現代において顕著になってきていると思われる。たとえば、先述した心身の合一した生の世界の方をむしろ真実在だと考えるメルロ＝ポンティがそうである。(11) 彼の問題関心は心身を二元論的に区別する以前の「生きられた世界」monde vécu にある。そういう区別自身がすでに知的抽象の産物であり、原事実の歪曲だと言うのである。生きられた世界とは身体がそこにおいて精神とまじり合った経験の世界である。それが事実として明らかであるにもかかわらず、知的解明を拒否しているのは、哲学的分析や抽象的反省によっては経験を汲み尽くしえないからである。ところで、そういう世界においては精神よりも身体の方がより根源的事実として重要になってくる。およそメルロ＝ポンティにおいて、私とは精神ではない。私とは私の身体にほかならず、しかもそれは客体ではなく受肉せる主体と規定される。かような身体によってわれわれはこの世界のただ中に錨をおろし、この世界に住みついている、といわれる。これが世界の根源的ないわば深層構造であって、コギトも精神も意識もそこからの反省によって身体と相関的に派生してくるものにすぎない、と言う。精神の存在は否定しないが、それが身体とは異質で独立した実在とは考えない。彼によれば、精神が身体に作用するとは「身体的機能が生命の水準以上に高く統合されること」であり、逆に身体が精神に働きかけるとは「行為の組織がゆるんでより低い統合の構造に場を譲ること」と解される。[12] 要するに、心身関係なるものは独立した実体相互の関係ではなく、身体的機能の統合の程度の問題にほかならなくなる。その限りで心身問題は解けたと言えるであろう。しかしながら、それは解消であっても解決ではない。メルロ＝ポンティはデカルトの出した問題を正面からとりあげているわけではない。つまり、区別されたものの相互作用を問うのではなく、相互作用の事実を示して区別を否定しているのである。心身の区別という大前提が崩されるなら、心身問題はもはや問題としての意味を失うであろう。彼は心身の区別よりも合一の事実に着目し、その事実に立って知覚による身体の現象学を展開した。そのこと自体は、デカルトが暗示するにとどまった心身の混淆した生の次元の深層構造に光を与えたといえるであろう。だが、その構造の理論的脈絡については、デカルトと同じくメルロ＝ポンティも沈黙を守るのみである。心身の合一の具合は、なぜだか分からないがとにかく事実上そうなっているという以外のことは語っていないし、また語れないのである。デカルトもメルロ＝ポンティも、事実としての心身合一の領野の説明に終始するのみで、心身の相互関係の因果的分析を放棄している。そのことは同時に、コギトと機械論とに象徴される二つの世界の理論的区別と、生における両者の自然な繋がりとを統一的に見定める仕事は、区別と合一とを同時に理解しようとすれば矛盾する（エリザベト宛 1643.6.28.AT.III, 693）ゆえに、きわめて困難であることを物語っていると思われる。

四　同時代人の反応

コギトの立場と機械論とは、二つの核となってデカルト哲学をスコラ哲学に代わりうる地位にまで押し上げた。それが近世思想に与えた影響には甚大なものがあり、十七世紀の一時期デカルト主義が西欧世界を圧倒的に支配した事実がある。だが、それだけに批判も少なくなく、オランダでデカルトの身に迫害の手が及んだことも事実である。同時代の知識人はこの新哲学をどのように受け止めていたであろうか。むろん人によってその反応は様々であるが、ここではキリスト教の神を強く意識しながらデカルト哲学の是非を問うたパスカルとマルブランシュの場合を考えてみたい。

パスカル（Blaise Pascal, 1623-62）の反応は、コギトも機械論も一応評価するが、デカルトは神を真剣に考えていないのがいけないというものであった。パスカルはコギトの生成の必然性を大筋において認め、さらに人間精神の本質を思考とすることに道徳的重要性を認めていたと思われる。すなわち、彼は、欺く神、夢、錯覚といったデカルトが懐疑に用いた道具立てを反芻《はんすう》したうえで、次のように自問している、「自分が疑っていることを疑おうか。果たして自分が存在しているのだろうかと疑おうか。人は、こんなところまで来るわけにはいかない」（『パンセ』B434-L131）。パスカルはここで懐疑論の持つ矛盾に触れているわけだが、モンテーニュのように理性の弱さを見極めて判断中止に甘んじようとはしない。逆に彼は、矛盾の事実において疑いから存在が明らかになることを暗示している。だが、その暗示はデカルトの場合のように理性的推論によるものでも知的直観によるものでもない。むしろ「自然的直感」sentiment naturel による。「自然が無力な理性を支えて、こんなところにまではめをはずすのを防ぐのである」（同）。しかしながら、この直感は自分自身のなかで原理を自然に感知するということ以外には何も確証を持っていない。結局、「信仰によらないかぎり確実性は得られない」（同）とするのがパスカルである。この点デカルトとの間に歴然とした差があるとしなければならない。しかし、少なくとも懐疑をフィルターにしてコギトを析出せしめる道筋については、両者ともに共有しているのである。ところで、パスカルがデカルトと同じく人間が思考するという点に重い意味を認めていることは、有名な「考える葦」の断章

(B347-L200)からして明らかである。そこでは人間が宇宙においては弱きものであるにもかかわらず、意識を持ち思考するというただこの一点において、宇宙にまさることが高らかに宣言されている。「空間によって、宇宙は私をつつみ、一つの点のようにのみこむ。考えることによって、私が宇宙をつつむ」(B348-L113)。だが、それは単に有限な思考(精神)の無限な宇宙(物体)に対する優位を言っているだけではない。考えることにおいて人間の偉大さがあり、人間の価値と尊厳のすべてがあることを同時に主張している。「だから、よく考えるように努めよう。ここに道徳の原理がある」(B347-L200)とパスカルは結んでいる。では何について考えればよいか。ダンスをすること、リュートを弾くことを考えるのではない。思考の順序は「自分から、また自分の創造主と自分の目的から始めることである」(B146-L620)。デカルトもまた若い日に、理性を用いて神と自己とを知り、その点から私の研究を始めよう、とメルセンヌに書き送っている(1630.4.15. AT.I,144)。だがデカルトの場合、思考は認識論的な概念にすぎなかった、パスカルはそこに道徳的色彩を盛り込んでいるのである。つまり、考えることにおいてはじめて人間は自分の置かれた状況に気づき、神を知り、人生の目的に目覚めるであろう。かような道徳的傾斜の背景に強い宗教的要求があることはもちろんである。

次に、物体界の機械論的規定についてもパスカルは相当の評価をしている。彼はデカルトのうちに「物質は本性的にかつ不可抗的に、思考する能力を持たない」という原理と、「私は考える、ゆえに私は在る」という原理とを認める。そして、「この言葉のうちにはデカルトが志向したように、物質の性質と精神のそれとの区別を証明する一連のすばらしい結論が認められ、そこから全自然学の強固で持続的な原理が作り出される」(『幾何学的精神について』p.193)と言う。その志向に成功したかどうかは別問題だとしながらも、パスカルは自然学の形而上学的基礎を確立しようとしたデカルトに、最大級の賛辞を呈しているのである。パスカル自身、物体と精神との間には意識の有無という点で無限の距離があると考え、物体界を「形と運動から」（B79-L84）機械論的に説明すること自体には何の異存もない。もっとも、自然学の方法に関して両者は同じ道を歩まなかった。有名な真空についての論争が示しているように、パスカルは演繹的な推論よりも実験による証明を優位においた。つまり、真空の空間中に、たとえデカルトが想定したような微細な物質が充満していたとしても、それが実験によって検証されないうちは、その仮定は科学的には無意味とみなす。パスカルの自然学はその点ですこぶる実証的、反形而上学的なものなのである。しかし、自然学の基礎となる物体論や自然全体の機械論的・数学的把握という点に関して、パスカルはデカルトと軌を一にしている。

しかしながら、パスカルがデカルトを評価するのもここまでであって、彼としてはコギトにおいてにせよ機械論においてにせよ、デカルトが、神なしですませようとしたことに対して根本的な不満を禁じえない。「私はデカルトを許せない。彼はその全哲学のなかで、できることなら神なしですませたいものだと、きっと思っただろう。しかし、彼は、世界を動き出させるために、神に一つ爪弾《つまはじ》きをさせないわけにいかなかった。それからさきは、もう神に用がないのだ」（B77-L1001）。これはパスカルの直接の言葉ではないということを差し引いても、激しい批判である。デカルトは、たしかに神が初めに物質を創りそれに運動を与えたとしているが、世界が自然法則に従って動きかつ存続していることについても神の不断の協力が必要だと考えている。いわゆる連続的創造説である。それを知らぬはずのないパスカルは、デカルトは神に用がなかったとは決して言えないはずである。にもかかわらずパスカルがそのような批判をしているのは、デカルトの考える神はひっきょう「哲学者の神」であって、彼の自然学研究が「愛と慰め」の神であるキリスト者の神に結びついてこないと見ているからであろう。神への道を切り開くことも宗教の世界への橋わたしもしない「あらゆる哲学は一時間の労にも値しない」（B79-L84）。かくして「無益で不確実なデカルト」（B78-L887）と言われる。人間理性による真理認識をめざすデカルトにとっては謂れなき論難であるが、なぜそのような批判が出てくるかについては、パスカルその人の立場がどのようなものであったかを理解しておく必要があろう。

概括的に見てパスカルの思想には、科学、人間、宗教の三つの主題があったと思われる。彼は最初、数学少年として世に出、科学青年として名をなした。若きパスカルは「幾何学的精神」を駆使して、円錐曲線を論じ、計算器を作り、真空実験や確率計算に熱中した。それは、彼をたちまち近代科学の最先端にまで押しあげた。だが、科学研究は世界のありさまを部分的に解明しても、無限な世界の究極に触れることもなければ、世界全体の意味を問うこともしない。その点で数学は「その深さにもかかわらず無益」（B61-L694）である。結局パスカルは「これらの抽象的学問は人間に適していない」（B144-L687）と観得する。そしてこうした科学研究の有限性の自覚を介して彼は具体的な「人間の研究」étude de l'homme へ向かうのである。人間の研究とは、かつてモンテーニュがそうしたように「人間とは何か」という永遠の問いにモラリストとして答えることである。ではパスカルの答案はどのように書かれていたか。「自然のなかにおける人間というものは一体何なのだろう。無限に対しては虚無であり、虚無に対してはすべてであり、無とすべてとの中間である」（B72-L199）。中間とは、単に人間が存在論的に無限と虚無との中間に位置するというだけでなく、認識論的に人間はそのいずれをも究められず、「事物の原理をも究極をも知ることができないという永遠の絶望のなかにある」（同）ことを意味する。つまり、なぜ世界が別の様にではなくこの様になっているのか、だれが一定の時間と空間とにおいて自分をそこへ置いたか、自分は何をしにそこへ来たのか、死ねばどうなるか、などの究極の問いについて人間は全くの無知にさらされているということである。沈黙した宇宙をながめ、人間の絶望的な無知に気づくとき、パスカルはあたかも「眠っているあいだに荒れ果てた恐ろしい島に連れてこられた……人のような恐怖におそわれる」（B693-L198）と言う。かような人間の置かれた状況を彼は「悲惨」misère と解する。ところで、人間はそれを見まいとして「気晴らし」を案出した。しかし、悲惨は単に偶有性ではなく人間の本性に根ざしているから、いくらそこから目をそらそうとしても、結局は自分を欺き自分を滅ぼすことになってしまう。悲惨と無知とを慰める唯一のものであるはずの気晴らしは、実は「悲惨のうちの最大のものなのである」（B171-L414）。しかし、人間はただ悲惨であるだけではない。人間は自己の悲惨を知っており、自覚的にものを考えることができるという点で「偉大さ」grandeur をも併わせ持っている。人間は本性的に弱く悲惨な状況にありながら、同時に物質的世界・宇宙に卓越して偉大な存在でもある。「考える葦」という言葉がそれを象徴している。以上を要するに、人間は偉大でありながら悲惨であり、悲惨でありながら偉大なのである。人間性の中にこの二つの矛盾したものがあり、それゆえに人間は幸福になれないでいる。これが「人間とは何か」に対するパスカルの答えである。だが、実はこのときパスカルはすでにモラリストの域を越えてキリスト者として人間を見ている。人間の悲惨は、「神なき人間の悲惨」（B60-L6）、つまり神を見失った人間がいかに弱く不安な存在であるかという文脈の中でとらえられている。彼の仕事は人間研究を踏まえた上で、神への道を切開して「神と共にある人間の至福」（同）を実現することであった。そして人間における偉大と悲惨との矛盾は、神による救済において解決されることになる。だが、それはもはや科学や人間の次元を越えた宗教の世界に属することである。ここで、パスカルは人間の矛盾した状態を救うものとしてキリスト教の神があることを示唆する。だが、いかにしてその神を知り信仰を受けとるか。およそ神があるということも、またないということも不可解（B230-L809）であってみれば、あらゆる神の存在証明は無益とせねばならない。理性でいずれとも決定できないなら、賭けによって神がある方を自ら選び取るべきである。そこで無限に幸福な無限の生が得られるからである。だが、賭けによる跳躍によってすぐに宗教の世界に達しえるわけではない。自らへり下って、心から神の感得を志向すべきである。「神を感じるのは心情cœurであって理性raisonではない。信仰とはそのようなものである」（B278-L424）。心情による神の直感において神を知るという事態が成就する。その直感は幾何学的精神や繊細の精神のよくするところではない。それは精神とは別の次元に属する愛charitéの秩序におけることである。愛とは論理でもエスプリでもなく一種の熱である。愛の秩序は人の魂に「熱を与える」（B283-L298）超自然的秩序であって、そこにおいてはじめて信仰が受けとられるのである。物体的世界と精神的思考との間には無限のひらきがある。だが「あらゆる物体の総和も、あらゆる精神の総和も、愛の最も小さい動作にもおよばない。これは無限に高い秩序に属する」（B793-L308）。結局、パスカルの全思想は、科学、人間を突き抜けて無限に高い宗教の次元に超越している、と言ってよいであろう。

このようなパスカルの思想的立場からすれば、彼のデカルト批判はむしろ当然であったとさえ思われる。デカルト自身は理性の営みである哲学が宗教的超越に収束しなければならないとは決して思っていない。それはそれでよいとしても、パスカルの炯眼《けいがん》はデカルト的二元論が将来もたらすであろう問題を先取りしていたと言えるかもしれない。すなわち、デカルトの提出した機械論的世界観を徹底させるなら、無限なる宇宙はあらゆる人間的意味付けを拒んだままであるし、人間が神を見出すこともなくなる。神・人間・自然の間にかつて存在した調和に亀裂が入り、人間からモラルや宗教が奪われてしまう。他方、コギトによって考える主体が定立されても調和はもはや回復されない。その主体は宇宙からも神からも孤絶し、善の選択の究極的規準を失っているからである。これはほかならぬ現代のわれわれ自身の状況でもあるのである。

他方、マルブランシュ（Nicolas Malebranche, 1638-1715）は、パスカルとちがって穏やかな形ではあるにせよ、やはり神を意識しながらデカルト哲学を理論的に問題とした人である。マルブランシュがどこまでカルテジアンだったかについて論争[13]があるほど、彼はデカルトの強い影響の下にあった。二人の最初の出会いがデカルトの『人間論』にあったことはよく知られている。マルブランシュは、パリの本屋でたまたま手にしたその書によって、デカルト哲学に入門したという。『人間論』は人体の構造や諸機能について一貫して機械論的・生理学的説明を与えたものであるが、その方法の鮮やかさがマルブランシュを感動させたのである。彼はまず機械論的自然学によってデカルト哲学の洗礼を受けたことになる。その後、彼は個々の自然現象の物理的解明やいわゆる叡知的延長の設定においてデカルトとは少しく異なる道を行くにせよ、延長概念を元にした物体的自然の機械論的把握というデカルト的枠組みそのものを越えることはなかった。当時から異論の多かった動物機械論にさえ、マルブランシュは全幅の賛意を表しているのである。デカルトの提出した機械論は、マルブランシュにおいて最大の後継者を見出したといえよう。

コギトについてはどうであったか。これもわれわれの認識の第一のものとして肯定されている。ただ、その導出のプロセスについてはデカルトのように懐疑を用いず、スコラ的論理を用いている。「無はいかなる性質をも有しない。私は考える。それゆえ私は在る[14]」と。すなわち、考えるという性質があるなら、その主体である私は無でなく存在するという解釈である。これは『原理』においてデカルトが採っていた立場に近く、コギトの直観を形式論理によって言い当てたものとして知られている。だが、マルブランシュにとって重要であったのは、コギトよりも人間精神とは一体何であるのかという問題であった。彼の形而上学はこのアウグスティヌス的な問いをめぐって展開し、最終的には「神の内にすべてを見る」ことになるのである。

有名な機会原因論 occasionalisme はその一つのあらわれと見ることができる。デカルトにおいて心身問題は理論的に解かれないものとして残されていた。これに対してマルブランシュは、心身の相互作用をひき起こしている真の原因は神であるとする。たとえば腕を動かす場合、動かそうと欲する精神的意図と腕の身体的動きとの間には直接の因果関係は全く見出されない。にもかかわらずそれらが連動しているのは、その精神的意欲が生ずるたびごとにそれを機会として神が腕に身体的動きを与えているからである。逆に神は、動物精気のある物理的動きが起こるのを機会に、精神に一定の知覚や情緒を生ぜしめる。このように、精神と身体とを媒介しているのは神にほかならない、とするのである。この説を採るならば、心身合一の秘密は神の意志の背後に隠れ、人間理性の及ばざるところとなるであろう。ライプニッツが機会原因論を批判して、デウス・エクス・マキナ（機械仕掛けの神）であるとか、連続的奇蹟の導入であるとしているのも首肯できる点がある。だが、批判する以前に、マルブランシュがなぜそう考えざるをえなかったのか、その思想的背景を理解しておくべきである。およそ彼においては、事物のイデアはすべて神の内にある。この場合のイデアとは、観念というより本質である。われわれが事物を真の意味で見るとき、神の内なるその事物の本質を見ているのである。それゆえ「われわれは神の内にすべてを見る」[15]ことになる。精神も身体もその例外ではない。両者ともその本質を神において持っている。であるならば、心身の相互作用もまた神の内に根拠を持つとすべきである。すなわち、地上における心身の相互作用が神による遠隔操作を受けているのではなく、それは本質的には神のイデアの内における出来事なのである。すべてをこのような角度から見ることは、実は人間精神が神の目ですべてを見ることであり、精神と神との神秘的合一が目指されることにほかならない。機会原因論は、精神による神の直観という文脈を背景にしてはじめて確認されると思われる。このとき、マルブランシュはデカルトのように信仰を敬遠もしなければ、パスカルのように理性を否定もしていない。キリスト教と哲学とがそこで調和する広い摂理の世界を考え、その中でコギトも機械論も心身問題も受け止めようとしているのである。

註

（1） G. Ryle, *The Concept of Mind*, 1975,pp.15-16.

（2） H. Patnam, *Reason,Truth and History*, 1981,pp.1-21.

（3） 「それらの懐疑の創案者は私ではない。われわれは昔から懐疑論者からそのことを耳にタコができるほど聞かされている」（『覚書』AT.VIII-2,367）。

（4） パスカルは、公理の明証性は理性によっては根拠付けられず信仰に基づくとする。先述した夢の仮説も欺く神の仮説も一応肯定され、信仰によらないかぎり確実性はないと考えている（『ド・サシー氏との対話』pp.153-154、『パンセ』B434-L131）。

（5） 直観でも推理でもない第三の道として、行為遂行説 performance theory がコギト解釈にも応用されることがある（J. Hintikka, Cogito Ergo Sum: Inference or Performance, in *The Philosophical Review*, 72, 1962）。これは直観説を言語行為の観点から説明したものと読める。行為遂行説そのものは納得の行くものであるが、それがコギトに当てはまるか否かが問題であろう。

（6） M. Heidegger, *Nietzsche*, Zweiter Band, 1961, S.150-161. 訳文は『ニーチェⅡ』（白水社一九七六年）による。

（7） こうしたハイデガーの解釈はフランスでも取り上げられている。M. Henry, Sur l'*ego* du *cogito*, in J.-L. Marion éd., *La Passion de la raison*, 1981, pp.97-112.

（8） Thomas Aquinas, *Summa Theologiae*, III, q.13,a.1,Corpus.

（9） J. Donne, *Anatomy of the world,First Anniversary*, 1611. この引用はA. Koyré, *From the Closed World to the Infinite Universe*, 1974, p.29による。

（10） 以下の分析はM. Heidegger, *Sein und Zeit*, §19-21による。訳文は『存在と時間』（世界の名著、中央公論社一九七一年）による。

（11） 以下の分析は、M. Merleau-Ponty, *Phénoménologie de la perception*, 1945（序章、第一部第四章、第三部第一章）、*L'union de l'âme et du crops chez Malebranche,Biran et Bergson*, 1968（第二講）に基づいている。

（12） M. Merleau-Ponty, *La structure du comportement*, 1942, p.218.

（13） M. Blondel, L'anticartésianisme de Malebranche, in *Revue de Métaphysique et de Morale*, 1916; G. Rodis-Lewis, *Nicolas Malebranche*, 1963; F. Alquié, *Le cartésianisme de Malebranche* 1974 など。

（14） N. Malebranche, *Entretiens sur la métaphysique et sur la religion*, I,§1 .

（15） N. Malebranche, *Recherche de la vérité*, Libre III, II-VI.

コラム1　ストア哲学とデカルト

デカルトが生きていたのは十七世紀前半である。前の世代のモンテーニュ M. de Montaigne、リプシウス J. Lipsius、デュ・ヴェール G. Du Vair の例が示すように、十六世紀には文芸復興の一環としてストアのテキストが西欧世界に入っており、以後それはキリスト教的ストア主義として広く伝播していたと考えられる。少年時代のデカルトはラフレーシュ学院で詩の時間にセネカを習っている。「詩には夢中になっていた」（『序説』AT.VI,7）と述懐しているが、はじめに詩を通してストアの考え方に触れたと思われる。最新の研究[1]によれば、青年時代のデカルトは知恵による諸学の統一などのストア的思想と徹底的かつシステマティックに対決していた可能性がある。事実、ともにストアを論じ合った友人バルザックはデカルトに宛てて、「ただひとり自由で、豊かで、王者であるストアの賢者を思い浮かべるとき、はるか昔からあなたは予言されており、ゼノンはデカルト氏の顔をしているにすぎないことがよく分かります」（1631.4.25. AT.I,200）と書いているが、これは言いすぎであろう。なぜなら、バルザック自身はストア哲学を「賢者の妄想」とし、「リプシウス、デュ・ヴェールの亡きあと、われわれはゼノンやクリュシッポスを自由に語れる。この常識の敵どもの見解は、しばしば最も風変わりな寓話や詩よりももっと風変わりだ」（同201,note）と酷評しているからである。クリュシッポスと言えば、『序説』が世に出たとき、この無作法な方法論の書には剽窃があり、「少なからず哲学者クリュシッポスを模倣している」（ボーグランからメルセンヌへ1638.4.AT.V,512）と批判されたことがあった。それが何を指しているかは残念ながら知りえないが、推論や命題など論理学関係のことだったかもしれない。要するに、テキスト・クリティークがあまり進んでいなかったこの時代においても、ストア哲学はそれほどよく知られていたということだろう。デカルトはパスカル、ライプニッツ、スウェーデン女王クリスティナなどとともに、早くからストアの最も重要な読み手の一人であったことには疑いの余地がない。

A・ブリドゥ[2]も指摘するように、ストア主義は本質的にデカルトとは異質であるにもかかわらず、その影響は紛れもなくデカルト哲学のなかに深く浸透している。デカルトは初期ストアよりもセネカ、エピクテトスなどの後期ストアに共感するものがあった。とりわけ道徳においてそれは顕著であり、ストアを理論面で批判しながら実践面ではストアのモラルを生きるということがあった。『序説』第一部では、「道徳を扱った古代異教徒たちの著書を砂上の楼閣にたとえ」（AT. VI,7-8）、彼らは徳を賛美してもその認識方法を教えないと批判した。だが第三部では「運命によりも自分にうちかつ」（同25）というストア的な格率を提起し、「その昔、運命の支配を脱して、苦痛や貧困にもかかわらず、神々とその幸福を競うことができた哲学者たちの秘訣も主としてここにある」（同26）としている。その他にも、自分の力の内なるものと外なるものとの区別など、デカルトの生き方のなかにセネカやエピクテトスの遠い残響を聞くことは容易である。

セネカの『幸福な生について』*De vita beata* を精査したエリザベト宛ての二書簡（1645.8.4.AT.IV,263-268; 1645.8.18. 同271-278）は、とりわけ重要である。このテキストを王女に推薦したこと自体が、デカルトの関心の深さを物語っている。第一の書簡によれば、この書は主題の取り扱い方が厳密でなく、方法論が示されていないので役に立たない。幸福（至福）は精神の満足にあり、それは『序説』に示した道徳の三規則によって得られる、とする。第二の書簡では、最高善についてのセネカの議論をめぐってエピクロス、ゼノン、アリストテレスが対比される。そして、最高善をエピクロスは快楽に、アリストテレスは完全性に、ゼノンは徳に求めたが、それらは精神の満足という点で一致する、と解釈する。ゼノンがそう考えたのは十分理由のあることだが「しかし彼は悪徳を十把一絡げにして、最高善の徳をたいへん厳格で快楽に敵対するものと描いたので、ゼノンの徒でありえるのは憂鬱症の人か、あるいは身体から完全に離脱した精神の人しかいない」（同276）と厳しい評定を下している。クリスティナ宛て書簡（1647.11.20.AT.V,83-84）にも同様の議論がある。結局デカルトはセネカの所論には賛成せず、モラルについても自己流の解釈を施して終わっている。

たしかに最近の研究[3]が明らかにしているように、デカルトの道徳はストアに起源を持つとしても変容を受けており、両者の間には懸隔があることは留意されねばならないだろう。にもかかわらずデカルトは基本的にセネカと相性がよい。彼はセネカの「万人に識られつつ、ただおのれ自身に識られざる者は、死に臨んで死を怖れる」Illis mors gravis incubat,/Qui,notus nimis omnibus,/Ignotus moritur sibi（Seneca, *Thyestes*. 401-403）を座右の銘としている（シャニュ宛1646.11.1. AT.IV,537）。彼はなぜストアを批判しながらも、それをみずからの行為の規範としたのか。その理由の一つは、近代人が信仰や宗教的権威に頼らず、自分で自分の生き方を律しようとする場合、古代異教徒たるストアの知恵は新鮮であり、闇のなかで行く手を照らす灯りであったからと思われる。デカルトはセネカを「信仰によって照らされず、自然的理性のみを導きとする哲学者」（エリザベト宛1645.8.4.AT.IV,263）と評したが、これはほかならぬ自分自身のことでもあった。「自然にしたがって生きる」というストアのモラルにもデカルトは基本的に賛成であったろう。

もとよりストア哲学には道徳だけでなく、論理学、認識論、自然学など多くの主題がある。デカルト哲学全体の背景にストアを置いてみる、あるいはストアだけでなくキケロ、プルタルコス、ディオゲネス・ラエルティオスなどストアの影響下にある思想を置いてみると、新しい読み方ができるかもしれない。たとえばデカルトの懐疑には、夢・狂気・欺く神といった道具立てが用意されているが、その原型の一つは、キケロがストアに対してアカデメイアの懐疑主義を紹介した議論（*Academica*,II,XV,46-51）に見出される。また人間が「自然の主人にして所有者」（『序説』AT.VI,62）になるという有名な思想は、キケロ（*De natura deorum*,II,LX,152）を容易に連想させる。これらの点はすでに指摘されていることである。むろんその意味も、それが語られるコンテキストも異なっており、安易な比較は許されない。しかし広義のストア哲学とデカルトとの関連は、厳密な歴史的研究の対象に十分なりうるのではなかろうか。

註

（1）P.-F. Moreau éd., *Le Stoïcisme au XVIe et au XVIIe siècle*, 1999.

（2）A, Bridoux, *Le stoïcisme et son influence*, 1966.

（3）P.-F. Moreau éd., *Op. Cit.*

第Ⅱ部　書簡をめぐって

第四章　デカルト＝ベークマン往復書簡

ベークマン（Isaac Beeckman, 1588-1637）は、神学と医学を修めたのちドルトレヒト学院長となったオランダの数学者・自然学者である。十七世紀前半の自然学研究の影の立役者とも言うべき人であるが、科学史の表舞台にはあまり登場しない「偉大なる暗闇」である。デカルトの側からは、自然学研究に数学を応用することをデカルトに教え、共同研究をした人として知られる。同世代のメルセンヌやガッサンディとも学問的交流があり、ガリレイの研究に関心を払っていた。幾何学、物体の運動、自由落下、衝突などでは独自の思想もあるようである。彼の研究ノートである『ベークマンの日記』[1]は貴重な資料源となっており、デカルトに関する部分の抜粋（数学・自然学）が、『デカルト全集』第一〇巻（AT.X,41-78, 331-348）に収められている。もとよりそれは彼の思想全体からすれば、氷山の一角にすぎない。本章では、デカルトとベークマンとの間で交わされた書簡を題材として両者の関係を把握し、その思想の解釈をしたい。書簡は全部で一〇通残されている（これらについては邦訳がある[2]）。番号づけはわれわれによるものである。

1　一六一九年一月二四日　デカルトからベークマンへ　AT.X,151-153

2　一六一九年三月二六日　デカルトからベークマンへ　同 154-160

3	一六一九年四月二〇日	デカルトからベークマンへ	同 161
4	一六一九年四月二三日	デカルトからベークマンへ	同 162-164
5	一六一九年四月二九日	デカルトからベークマンへ	同 164-166
6	一六一九年五月六日	ベークマンからデカルトへ	同 167-169
7	一六三〇年九月または一〇月	デカルトからベークマンへ	AT.I,154-156
8	一六三〇年一一月四日	デカルトからメルセンヌへ[3]	同 171
9	一六三〇年一〇月一七日	デカルトからベークマンへ	同 156-170
10	一六三四年八月二二日	デカルトからベークマンへ	同 307-312

時期的に一六一九年のものと一六三〇—三四年のものとに分かれており、その内容も論調も異なる。二つに分けて考察するのが有益であろう。

一　一六一九年の書簡をめぐって

一六一九年の六通の書簡はラテン語で書かれ、その典拠はすべて『ベークマンの日記』による。これらの書簡によって、ポワティエ大学を出てオランダで軍隊に属していた若いデカルトが何をしていたか、ベークマンとの学問的交流がどのようなものであったかの詳細が明らかになる。

その内容について言えば、書簡1は、目下は画法・築城術・フラマン語を学習中であること、『音楽提要』への補足、が話題である。書簡2は最も長い。自ら考案したコンパスによる幾何学や代数学の研究、ミッデルブルフへの旅、ヨーロッパ各地への旅の計画、執筆予定の『機械学』、航海術と天測器械、が語られる。とりわけ注目されるのは、新学問の構想が披露されていることである。それはあらゆる種類の量について問題を一般的に解決する全く新しい学問であり、暗闇の先に何かしら光を認めていると言う（その「学問」が何を指すのかが問題である）。書簡3は短文にすぎない。書簡4は、旅支度、「幾何学」（『機械学』）、などが話題になっている。そこでは、ベークマンが、私の研究の推進者・最初の創案者であり、私を学問研究へと立ち戻らせた唯一の人、と称えられている。書簡5は、ルルスの術の使い手に出会い疑問に思ったこと、デンマーク行き、が話題である。書簡6は5への返信であり、その術のカギ、アグリッパの『注釈』、『機械学』の完成、コペンハーゲン、フランスのペテン師などが話題となっている。文末に「私を愛して下さるよう」と何度も書かれているように、デカルトの書簡の根底にはベークマンへの敬愛の念が一貫して流れている。

ここではそれらの主題を個々に分析することよりも、往復書簡の背景を確認しつつ、両者の思想の違いに目を向けておきたい。

一六一八年から一六一九年にかけての一五か月間、デカルトは志願将校としてオランダ南部のブレダに駐屯していた。戦いがあるわけでもなく当初は無聊の日々をすごしており、二二、二三歳の青年が異国で経験するようなことはすべてそこで経験したかもしれない。(4) しかし一般の兵卒とは意識が違っていた。彼は自分が「無知な軍人たちに囲まれ無為で自由な人間ではあるが、実に様々なことを考え行う者」（『音楽提要』AT.X,141）であったと自負している。様々なことを考えるようになった経緯については、ベークマンの知遇を得たことが大きい。八歳年長でミッデルブルフのオランダ人学者の出現によって、デカルトは「習慣となった無為の生活から脱し、学究生活に引き戻された」（ベークマン宛 1619.4.23. AT.X,162-163 ＝書簡４）と言っている。

周知のように、ベークマンとの出会いは劇的である。リプシュトルプを典拠にしたバイエの『デカルト伝』[5]によれば、一六一八年一一月一〇日、ブレダの街頭（現在の Grote Markt であろう）で、デカルトは数学の問題の答えを公募する張り紙を見た。それはフラマン語で書かれていたので、たまたま隣に最初にやって来た人にラテン語かフランス語に訳すように頼むと、その人は答えを教えるならという条件で訳してくれた。それがベークマンであった。翌日デカルトが解答を持って行くと、それを予期していなかったベークマンは大変驚いた。かくして二人は友情で結ばれたという。実際、ベークマンは翌日の日記に、「昨日つまり一一月一〇日、ブレダにいるポワトゥのフランス人がいかなる角も存在しないことを証明しようとした」（AT.X,46）と書いて、その証明を紹介している。これが公開の問題であったらしい。しかしその後、余白に「デカルトはそれを証明しそこなった」（同）と書いて、デカルトの解を認めていない。ともあれ、デカルトはこの人によって数学や自然学の新しい研究方法に啓発され、昔とった杵柄を再びとるようになった。一六一九年の五通のデカルト書簡には、ベークマンへの敬愛の念と学問への意気込みがあらわになっている。実際、角の三等分、三次方程式、流体の圧力、物体の自由落下、音楽論などについての共同研究がなされた。その結果は、『自然学・数学』（水圧と自由落下 AT.X,67-78）、『思索私記』（自由落下、音楽論、水圧、角の三等分、同 219-248）[6]、『音楽提要』（音楽論、同 89-141）に表れている。また、研究の成果としてデカルトがまとめるよう求められていた「機械学あるいは幾何学」は、新しいコンパスの使用などの点で、後年の『幾何学』（一六三七年）の一つの源となった可能性があろう。

そうしたなかで、デカルトはベークマンの新しい自然学の理論に接することになった。自由落下の問題では運動量保存の法則[7]（これは慣性の法則を予想させる）を学び、デカルトも同じ問題を考えた。ただ運動の「方向」を考慮していない点は彼の誤りであろう。一六一八年末にはベークマンから『日記』を借りており[8]、そこから新自然学に関する他の多くのことを学び知った可能性がある。たとえば、この時期のベークマンは物体の衝突の問題を研究していたが、デカルトも後年『原理』第二部で同じ問題を詳しく扱うことになる。ただし、衝突においてベークマンが完全非弾性の場合を考えていたのに対し、デカルトは完全弾性を考えていた点で異なる[9]。また、ベークマンは早い時期から自然学の背景として原子論（四元素説）をとっており、原子の形・大きさ・運動によって物質の質が決まると考えていた[10]。それは、アリストテレス＝スコラの自然学を根本から拒否する機械論的な自然観である。それがデカルトの自然学の方向を決め、『世界論』に見られる微粒子説（三元素説）に示唆を与えたことは十分考えられよう。ただ、これらの影響関係は必ずしも十分に裏付けられることではない。ベークマンの影響は疑いもなくあっただろうが、それを過大評価すべきではないだろう。資料的に見るかぎり、デカルトはベークマンの実験的な自然学（たとえば物体の自由落下）にあまり理解を示していないし、しばしば無関心でさえあったからである[11]。自然全体の捉え方という大枠ではベークマンに従ったが、自然学の細かい理論では賛成しなかったということだろう。

ただ、デカルトが自然学と数学との結合という新しい発想に目を開かれたということ自体は、少なくとも確かであろう。ベークマンは言っている。「わがポワトゥ人（デカルト）は、数多くのイエズス会士やその他の研究者や学者たちと交友を持っていた。しかし、私の誇らしく思うことには、彼はこれまでに私のほかにはこうした仕方で研究を進め自然学を数学と見事に結合した人に出会ったことはないとのこと。私とて、この種の研究については、彼以外に誰ともまだ話したことはない」（『ベークマンの日記』AT.X,52 所雄章訳）。

デカルトがベークマンから学んだことは、自然学の方法として数学を用いるという発想であった。スコラの自然学に疑問を持っていた青年が、こうした研究方法から大きな触発を受けたことは十分ありうるであろう。ベークマンなしに将校デカルトはありえても、数学者・自然学者デカルトはありえなかったであろう。ベークマンの方でも、孤独な学究生活のなかで年下のフランス人の「弟子」（AT.I,157 = 書簡9）を得たことに満足していたようである。彼はデカルトの論じた数学や自然学の諸題を『日記』（一六一八―一九年および一六二八―二九年）に記して、訂正やコメントを加えている。(12)また一六一九年の年始には、デカルトから贈られた『音楽提要』について「私の思想は彼の気に入ったようである」と書くが、「だがそれは私が音階について述べたことをさほど立証するものではない」(13)と批評をしている。

もっとも、数学と自然学との結合ということは同床異夢であって、二人が胸に描いていたことは相異なる。ベークマンは個々の自然学の問題を数学的に解くことに関心があったのみであるが、数量化という発想によってデカルトは自然学の領域を超えた普遍的な学問を構想していた。先述したように、それは「連続量・不連続量を問わずいかなる種類の量においても、……すべての問題を一般的に解決できるような学問」であり、これは「野心的な企てだが、混沌のなかに私は何かしら光を認めている」（ベークマン宛 1619.3.26. AT.X,157-158 = 書簡2）と自認している。彼は、このオランダ人に敬意と愛着とを感じながらも、その学問を凌駕するものを視野に収めているのである。六通の往復書簡は二人の蜜月時代を物語るが、その背景には学問観の相違が存在し、それが一〇年後の決裂を生む遠因になったとも考えられる。

二　一六三〇―三四年の書簡をめぐって

書簡のやりとりは一〇年間のブランクがあった後一六三〇年になって再開され、上記の7から10の四通が残されている。だが、そこには一転して激しい非難があることに読者は驚かされる。最後のデカルトの書簡10は再び学問的な内容に戻っているが、非難の経緯と背景を少し詳しくたどり、解釈を施すことがここでの眼目である。

(1) ベークマンとデカルトの状況

まず二人の置かれた状況の概要を見ておこう。一六一九年以降、ベークマンとデカルトは、どこでなにをしていたであろうか。ベークマンは一六一九年デカルトと別れたのち、結婚してユトレヒトおよびロッテルダムで教職に就いている。そして一六二七年以来ドルトレヒト学院長の職を得て、死にいたるまでの一〇年間そこに留まることになる。彼はそこで「数学的自然学の哲学」の授業を担当していたという。一六二八年一〇月、九年ぶりに訪ねてきたデカルトと共同研究をした。ベークマンは多くの点でデカルトを高く評価していたが、「弟子」としてやや見下していたことも否定できない。また、彼は一六二九年三月から共通の友人リヴェ(ライデンの神学者)を介して、メルセンヌやガッサンディとも交流した[14]。一六二九年の夏にはガッサンディの、一六三〇年八月にはメルセンヌの訪問を受けている。彼の『日記』から、この時期ベークマンの関心は、数学、音楽をはじめ、力学、運動論、ガリレイ研究など自然学の全般にわたっていたことが分かる。それらをまとめた『数学・自然学……[15]』は死後に出版されることになる。

他方、デカルトは一六一九年ブレダをあとにして軍人としてドイツに行き、そこで哲学者になる決心をした。そして一六二〇年以降は軍隊を辞め、新学問の準備をするべくドイツ、イタリアなどヨーロッパ各地を遍歴した。そして、一六二八年一〇月八日ドルトレヒトにベークマンを訪ねた。九年間の空白があったが、両者ともに再会を喜び、共同研究をした。その後の足取りは定かではなく、一六二九年四月二六日フラネケル大学に登録するまでの間の消息については諸説ある。[16] そのなかで近年K・ファン・ベルケルが[17]『ベークマンの日記』を踏まえた新説を出しているのが注目される。すなわち、デカルトは一六二八年一一月までにパリに帰り、その冬を北フランスの田舎で過ごしてオランダに転住する準備をした（これはバイエの伝記[18]とも一致する）。一六二九年三月二八日、オランダに向かう途上で再度ベークマンを訪問してしばらく留まった。[19] しかるのち、アムステルダムを経由して四月にフラネケル[20]に定住した。大学に登録して図書館を利用しつつ形而上学を書いた。したがって形而上学に集中した「最初の九か月間」とは一六二九年四月から一二月までとなる、としている。この説は推測に基づいている部分があるとはいえ、流れとしては自然だと思われる。デカルトがベークマンの「忘恩」を知らされるのは一六二九年一〇月である。一六三〇年以降のデカルトは在アムステルダムおよびライデン（一六三〇年六月二七日、ライデン大学に数学の学生として登録）である。メルセンヌ宛てなどの書簡から分かるように、この時期デカルトの仕事ぶりはエンジン全開の状態である。『形而上学の小論文』をまとめ、永遠真理創造説を表明した。そのほか、音響学、幾何学、力学、光学、機械学、化学、解剖学など、多くの自然学上の主題を体系的に扱った。『世界論』もこの頃に書かれた。

そのデカルトが、突然ベークマンを非難するようになった経緯は次のようなものである。ベークマンは一六二九年三月、メルセンヌに宛てて『音楽論』について「私が書いたものをデカルトに分け与えた」と書いた。デカルトはそれを聞き知るに及んで、「彼が私の先生であった」と思っているなら大間違いだ（メルセンヌ宛1629.10.8.AT.I,24）と激怒した。一六三〇年の二通（書簡7・9）には、「忘恩」に近い激烈な文言が跳躍している。それは、さながら裏切った恋人への罵詈雑言のごとくである。それほど彼は自尊心が強く、また傷つきやすい人であったことを示している。他方、ベークマンはこれに反応せず、血気に逸る若者の言い過ぎを黙認していたようである。デカルトの言い分は、哲学は学問の体系全体を問題とするので、教える・教えないということは成立しない(21)ということであった。現代でいえば知的所有権(22)の問題である。だが、その不和は長くは続かなかったようである。一六三一年に二人はアムステルダムで朝食をともにし、一六三四年にデカルトはベークマンの来訪を受け、ガリレイの書物を借りている。書簡10はそのわずか一週間後に認められ、再び学問的な内容に戻っている。

（2）デカルト＝ベークマン関係年表

一六三〇―三四年の往復書簡が書かれる前後には、メルセンヌを含めた複雑な交友関係がある。ベークマン非難についてもメルセンヌが絡んでいる。前記（1）の概要をより詳細にするべくその事実関係を年表の形にまとめておく(23)。

一六二八・一〇・八　デカルトはドルトレヒトにベークマンを訪ねて共同研究をする。その内容は代数学と幾何学（角の屈折、楕円、放物線など）である。デカルトはパリから『代数学』を送ると約束し、それは一六二九年一月に届けられた。その時の研究成果の一部はベークマンの『日記』一六二八―二九年に掲載されている（AT.X,331-348）。デカルトは自分の『代数学』が幾何学の完全な知識に達しているだけでなく、「すべての人間的知識を含む」（同 331-332）と言っている。彼の視線は、数学を超えて全学問に及んでいたのであり、この点にベークマンとの差異が認められるであろう。デカルトはもはや一六一九年の青年将校ではなく、諸国を遍歴して新しい学問の構想を温めていた哲学者であった。このときすでに『規則論』は書かれている。

一六二九・三・中旬[24]　ベークマンはメルセンヌと文通をはじめる。彼はデカルトの才能をたたえたあとで、「一〇年前、協和音の快さの原因について私が書いたものを分け与えた（伝えた）communicavi のは、まさにその人に対してです」（ベークマンからメルセンヌへ C. de Waard éd., *Correspondance du P. Marin Mersenne*, II,218 ; AT.I, 30）と書く。自分が『音楽提要』の原案をデカルトに与えたとの自負が読み取れる。ここに事の発端がある。

一六二九・三・二八　デカルトはオランダに向かう途上ベークマンを再訪。しばらくドルトレヒトにとどまって共同研究をする。

一六二九・六・一八　在フラネケルのデカルトは、フェリエに宛てて、旅の途上で道案内や旅銀などで困ったときにはベークマンに助力を仰ぐようにと書く（フェリエ宛 AT. I, 14-15）。それはこの時期の二人が緊密に連絡し合っていたことを物語る。

一六二九・一〇・八　デカルトはメルセンヌに「私の友人（ベークマン）の忘恩をお知らせくださり、まことにありがとうございました。……彼が一〇年前に私の先生 mon maître であったと書いているなら……それは大間違いと言うものです」（メルセンヌ宛 AT.I, 24）と書く。忘恩とは明らかに一六二九年三月中旬の書簡を踏まえている。この時点でデカルトは一転してベークマンに不信の念をいだいている。

一六二九・一二・一八　デカルトはベークマンの運動論や音楽論を批評したあとで、メルセンヌに「他人の筆になるものを不適切に自慢しないよう彼（ベークマン）にお願いする」（メルセンヌ宛 AT.I, 94）よう求めている。そして「一一年間ベークマンの手元にあった小論（音楽提要）の原本を一か月前に取り返しました。それだけの時間で十分時効になるなら、彼はそれを自分のものとする権利を持つことでしょう」（同 AT.I, 100）と揶揄している。『音楽提要』の返還については書簡7とも符号する。ベークマンがそれをデカルトに教えたかのように語っていることへの抗議である。

一六三〇・一　デカルトはメルセンヌに宛ててベークマンを批判している。「この人は音楽について素晴らしいことを書いたと自負していますが、彼は音楽についてはルフェーヴル・デタープルの著書から学んだことしか知らないのです。……彼には私の発見への感謝の念がほとんどなく……それゆえ私はもはや彼とは交渉を持っておりません」（メルセンヌ宛 AT.I, 110-111）。

一六三〇・八　メルセンヌはアムステルダムあるいはライデンにデカルトを訪問。同時にドルトレヒトにベークマンを訪ね、彼の『日記』を読みつつデカルトの音楽論を論じる。K・ファン・ベルケルの考証[25]によれば、それを読んだメルセンヌは直ちにベークマンの独創性を認識した[26]。そして、デカルトが「忘恩」の人と絶交しようとしていることを伝えた。ベークマンは驚き、すぐに手紙を書いて説明を求めた。メルセンヌも同じことをしたという[27]。この考証は資料的な裏づけをやや欠くものの十分ありえることであろう。もしそうなら、自らの手で二人の不和に火をつけたメルセンヌは、こんどは火消しに懸命となっていたことになる。

一六三〇・九または一〇＝書簡7　これはベークマンの手紙への返信になっている。冒頭に記されているように、デカルトはあまり返信する気はなかったのだが、ドルトレヒトの院長補佐からの要請もあり、筆を執った。一年余の沈黙を破って、ベークマンへの鬱積した批判的意識を吐露している。

一六三〇・一〇・前半＝書簡8　この断片はデカルトによる引用として、『ベークマンの日記』により伝えられているものである。その執筆時期についてはC・デ・ワールトの考証による。数行にすぎない文章だが、この時期のベークマンの書簡のうち唯一残されたものであり、書簡7と9とを結ぶ貴重な文献であろう。書簡7への返信の一部と推測される。

一六三〇・一〇・一七＝書簡9　おそらくベークマンのこの返信が引き金になって、デカルトの怒りが爆発している。書簡7よりもさらに激越な調子になっている。

一六三〇・一一・四　デカルトは「ベークマンが私に書いたことをあなた（メルセンヌ）に報告したことで、彼（ベークマン）は私を叱責しました。そこにおいて、彼はなかでも次のように書いています」と言って、上述の書簡8を引用している。そして、それゆえに書簡9のようなことを書いたのだとして、冒頭の数行（「メルセンヌ神父があなたについてなにかを私に報告したのではないかと疑っておられるなら……」）を引用している。最後に、「私は長い論をなしましたが、そこで私が言いたかったのは、彼が最近書いた数通の手紙の無作法さだけです。私はそれを、私がなした第二の答弁とともに保存しておきます。なぜなら、もしいつか私が道徳について書くことがあり、そして学識をてらう人の虚栄がいかにバカげているかを説明したいと思ったなら、これら四通の手紙を提出することほど道徳をよく描くことはないでしょう」（メルセンヌ宛 AT.I, 171-172）としている。これは書簡8への説明になっている。「第二の答弁」、「四通の手紙」が示すように、この件で二人は四〜六通の書簡のやり取りをしていたことが分かる。われわれに残された書簡7・8・9はその一部にすぎない。

一六三〇・一一・二五　デカルトはメルセンヌに宛てて「保証いたしますが、私は氏（ベークマン）に対して、あなたが氏のことを私に話したと証言したどころではありません。反対に、私はそのことから氏の疑いをすべて取り除こうとしたのです……」（AT.I,177）と書く。デカルトとベークマンの間にメルセンヌが介在したことで伝聞が混じり、話が複雑になっている。

一六三〇・一二・二三　「私がベークマン氏に対していかにして自分を抑制したかを、あなた（メルセンヌ）はお気づきだったことでしょう。彼自身の複数の手紙が私にその正当な機会を与えるまでは、私は彼にいかなる（友情の）冷却をも示しませんでした」（メルセンヌ宛 AT.I, 193）。

一六三一・夏　バイエによれば、デカルトはデンマークからアムステルダムへの帰路、「老齢と病気で死に脅かされているように思われた旧友ベークマンをドルトレヒトに訪ねた」（A.Baillet,*La vie de Monsieur Descartes*,I, 260-261）という。ただ、彼がドルトレヒトを通ったのは確かであるが（ヴィルブレシュー宛一六三一年夏 AT.I, 215）、見舞をした証拠はないし、またベークマンは四三歳で老齢とは言えない。次の書簡が示すように、その後病気になったのは逆にデカルトの方である。しかし、デ・ワールトも根拠は示さないが一六三一年八月頃には二人の和解があったとしている（*Journal de Beeckman*, III,211. note）。いずれにせよこの夏に、メルセンヌあるいはベークマンの補佐[28]が仲介に入るなりして、なんらかの関係修復が成立していたはずである。

一六三一・一〇・七　一年間の空白ののち、ベークマンはアムステルダムにデカルトを訪問し、何日かをともにすごした。「私（ベークマン）は、数日の間病気であったデカルトとアムステルダムで昼食をともにしました。彼はかなりの重病から回復していました」（同 IV, 207、ベークマンからメルセンヌへ AT.I, 231）。その後、デカルトは返礼にドルトレヒトに行った可能性がある[29]。

一六三四・八・一四　デカルトは言っている。「ベークマン氏が土曜日の夕方にこちら（アムステルダム）に来られ、ガリレイの書[30]を貸してくれました。しかし、今朝それをドルトレヒトへ持ち帰りましたので、三〇時間しか手元に置けませんでした」（メルセンヌ宛 AT.I, 303）。そして、全体をざっと見ただけだが、その運動論はよいが既存の説にしたがっている点で欠陥があるとも言い、物体の落下、地球の運動などについて簡単なコメントを付けている（同305）。ベークマンは、わざわざ書物を持参して貸してくれるほどの友情を示している。

一六三四・八・二二＝書簡10　一転して学問的な内容になっており、光の伝播に関してベークマン説を批判的に検討している。一週間前の八月一三日（土）・一四日（日）の二日間、二人はこの問題をめぐって議論していたことが分かる。

一六三七・五・二五　デカルトは、「私に好意を持っていないことが、しかも偽りの旗印で何がしかの評判を手に入れようと努めていることが分かっている人たち」のなかにベークマンを数えている（メルセンヌ宛AT.I, 375）。五年前に和解があり、共同研究を再開していたにもかかわらず、デカルトはまだ不信をつのらせている。このときデカルトは彼の死（一六三七年五月二〇日）をまだ知らない。

一六三七・六・一四　デカルトはベークマンの死に哀悼の意を表するが、その調子は冷ややかである。「私は氏の親友の一人であった」（コルヴィウス宛AT.I, 379）とのみ書いている。

一六三八・一〇・一一　「私（デカルト）は小論（音楽提要）をベークマン氏に与えましたが、ご存じのように氏はそれを誇示して、あちこちで自分のものと吹聴しました」（メルセンヌ宛AT.II, 389）。死して後まで批判は止んでいない。

（3）書簡の概要と解釈

では書簡7～10の概要はどのようなもので、それをどう解釈すべきであろうか。

書簡7では、ベークマンに対する抗議がはじめて明らかにされている。すなわち、彼は空しい虚栄を求めている。私はアリやウジ虫からも多くを教わるのであるから、彼が他人にものを教えたと自慢するのは要するに厭わしいことである。それを公言することはその名声を損なうだろう。しかし単なる誤りとして水に流そう、と書いている。簡潔だがデカルトの主張はすべてここに出ている。根拠もなしにものを教えたと自慢する態度が気に入らないのである。しかし、ベークマンはそれに反論したらしく、そこから話がこじれてくるのである。

書簡8はベークマンの反論の一部であり、その内容の全体は、デカルトがベークマンとの対話から得たものの要約(31)であった可能性がある。ベークマンはおそらく怒りを抑えて事実関係だけを示したつもりだが、『音楽論』などいくつかの業績はあくまでも自分に属するとするその態度に、デカルトは怒り心頭に発したものと思われる。

書簡9は、さらに一歩踏み込んで渾身の批判を浴びせている。その言い分を要約すると次のようになろう。――あなたが私を「弟子」扱いし、教えたと自慢するのは悪意のある策略である。それは病気のせいなのでその処方箋を書こう。学問には、歴史や幾何学のように教えられるものと、哲学のようにすぐには教えられないものとがあるが、後者については根拠や権威なしには学ぶことができない。知識は共有のものであって、土地の所有のように自他を区別すべきではない。書いたものの原本を保持しようとするのもバカげている。発見には三種類ある。理性によって見出されたもの、幸運によるもの、発見者だけが価値を認めているもの、である。称賛に値するのは第一種だけであり、あなたのものは第三種に近い。あなたは双曲線や円錐曲線に無知であり、私のすすめによって証明できるようになったのに、あなたを先生と呼べというのか。あなたが人から褒められたいなら、それに値することをすべきである。あなたの誤りを知らせることがあなたの利益になると思って、この手紙を書いた。

この書簡は、他人を非難するときデカルトの舌鋒がここまで鋭く過激になることのよい見本である。論敵の一番痛いところを容赦なく攻撃する論法は、彼が受けたイエズス会の教育（討論 disputatio）のせいかも知れない。

だが、内容的に示唆に富む発想のいくつかが現われている点が興味深い。病気の治療（セラピー）という発想（AT.I,158）、哲学を教えたり学んだりするには根拠や権威が必要である（同）、人は他人から学ばなくても同じことを知ることができる（同159）、知的財産は共有である（同）、理性に導かれた精神 ingenium のみによってものごとを考え出す（同160）、同じ水でも源泉から飲むのと水がめから飲むのとでは味が違うように、ものごとは他の場所よりもそれが生まれた場所に置く方がよい（同）、私は名誉よりも静謐で清らかな閑暇を好む（同164）、天使にはなしえないことがあっても神にはありえない（同165）、などである。

書簡10は光の伝播が主題である。ベークマンは光の伝播には時間的な隔たりがあるとするが、デカルトはそれが瞬間的だと主張する。そして、「松明を手で動かす方が、遠くの鏡に映ったその像よりも先に感覚される」という実験の妥当性をめぐって、二人がアムステルダムで共同研究をしたときの議論の整理がなされる。その例として、後半では太陽・月・地球の位置関係と食の見え方の相違が論じられている。これは光についての学問的な論争であり、書簡7・9とは次元が異なる。先述したガリレイの『天文対話』「第一日」には、太陽・月・地球の朔と衝、食、光などが話題になっており、それを意識してこの書簡が草された可能性がある。G・ロディス＝レヴィスは文中の一節（光の瞬間的伝播は私にはきわめて確かであったので、それが誤りであると証明されうるなら、私は哲学において全くなにも知らないと告白する用意があるほどだ）を取り上げ、これは「彼が間違っている場合でも、自分の独断的見解に対する自信を示しているので、ほとんどすべての人は遺憾に思うだろう[32]」としているが、そうではないだろう。これは「（もしそれが瞬間的伝播だとするなら）自分の全哲学が誤りと思うだろうと告白するほどである」と言うベークマンに合わせたレトリックと思われる。

以上の書簡の内容をどう解釈すべきか。断片的な書簡8と学問的な書簡10はさておき、過激な非難に終始している書簡7・9をどう見ればよいであろうか。なぜデカルトは、とりわけベークマンからなにかを教わったという点について過剰とも言える反応を示したのであろうか。それについては人格の衝突、父親殺しなどの心理的な説明が一般的であるが[33]、近年、K・ファン・ベルケルはユニークな新解釈を提出している。すなわち、執筆中の『世界論』の独創性がベークマンよって侵されることを恐れていたデカルトは、彼を一喝して『日記』の出版をとりやめさせようと意図し、実際それに成功したとしている[34]。うがった見方ではあるが、デカルトにその恐れや意図があったことを示す史料的な根拠が十分ではないと思われる。

筆者としては次のように考えておきたい。他人によるのではなく「自分で自分自身を導くこと」（『序説』AT.VI, 16）を使命としてきた哲学者には高い誇りがあり、それが少しでも傷つけられることには我慢がならなかったはずである。ベークマンが自分（デカルト）になにかを教えたと友人たちの前で自慢したことは、自らの哲学的営為の沽券にかかわることであり、重大な屈辱であったであろう。しかも青年時代にベークマンを敬愛していただけに、それを裏切りと感じ、憎悪が増幅した結果この過剰反応となったと考えられる。ただ、これは状況証拠にすぎず、哲学者の誇りがその原因であるということを実証するのは難しい。デカルトは多くの個所で自分が謙遜であることを示唆しているが、逆のことをテキスト的に示すことは容易ではないからである。しかし、一か所「誇り」（自負）[35]の意味について説明しているくだりが参考になろう。「私はまた、私がそのいくつかの意見の第一発見者であると誇っている se vanter のではない。その意見を私が受け入れたのは、他の人によって言われていたからでも、言われなかったからでもなく、ただ理性が私にそれを説得したから、ということを誇っているのである」（『序説』AT.VI, 77）。すなわち、それは単に自分は偉いという誇りではなく、理性にしたがって真理探究している（それゆえ自分の考えには間違いがない）という自負である。これがデカルトの誇りである。そこには、理性の教えにしたがうかぎり、だれであろうがみな同じことを発見するはずであり、知的財産の私的所有権はないという基本的発想がある。したがって、学問上の発見は他人から教えられたり、とやかく言われたりする筋合いのものではないことになる。これは、書簡9の弁明「私がすぐに信じたのはあなた〔ベークマン〕から学んだからではなく、以前に同じことをすでに考えていたからだ」（AT.I,159）とも基本的に一致する。

これに対してベークマンの側からは当然反発があったであろう。彼は『音楽提要』がデカルトの著作であることは認めるが、そのアイディアは自らが提起したものだと考えている。それを受け取ったとき「私のアイディアは彼〔デカルト〕の気に入ったようである」（AT.X,62）と『日記』に書いているからである。それを教えたか否かの事実関係は不透明あるかもしれないが、ベークマンが青年デカルトに数学的自然学の考え方を教えたこと[36]、そして後者が先学の人ベークマンに期待するところ大きかったことは否定できない。ベークマンも、共同研究の結果をデカルトの名入りで『日記』に記すなど、彼を高く評価していたことは疑いない。にもかかわらずデカルトを若い弟子として遇したのは、年長者ベークマンにとっては自然なことであったであろう。「弟子」からの思いがけない批判が悩みの種だったとバイエは言うが[37]、彼はおそらくその全文を読む気にも、反論の筆を執る気にもならなかっただろう〔それゆえ補佐に代筆させたと思われる〕。残された文献からするかぎり、屈辱的な罵声を浴びてもなぜかベークマンは冷静であり、年下の者の過剰反応にあまり関心を払っていないようにみえる。彼は関係を修復するだけの余裕さえ持っていたのである。

書簡7・9について客観的な評価を下すことは難しい。問題はデカルト＝ベークマン相互の影響関係にまで関わるからである。歴史的な評価を見ておくと、ライプニッツは次のように解釈している。「一六三〇年。デカルト氏の書簡の点だけからイサック・ベークマン氏を酷評するのは迷惑なことだと思う。そこから私は人の欠点を信用すべきではないことを学んだ。なぜなら、デカルト氏は誰かに反対して傷つけられると、ものごとを異様にしてしまうからである」[38]。これはデカルトの逆上ぶりを批判し、ベークマンを公正に判断しようとしたものである。またガッサンディはベークマンを「私がかつて出会った最高の哲学者」[39]と評価している。周知のように、ガッサンディは『省察』への第五反論でデカルトと激しい論争をすることになる人である。逆にバイエはデカルトに好意的である。「ベークマンは彼より三〇歳ばかり年長であったが、彼の名声が公衆の間で高まっていくのを目のあたりにして、自分にも学のあることをひけらかしてたまらなくなり、自分はかつて彼の先生だったのだと人に信じさせようとした[40]（もっとも、ベークマンがデカルトに教えたといって自慢していることは、実はベークマン自身の方が彼から学んだことなのであった）。そこで彼はこの点において、ベークマンに反省させるべくいろいろ必要な忠告をした。そして、代数学、屈折光学、幾何学に関して自分がかつてベークマンに与えたものはそのまま先方に委ねておいてもいいと思ったが、少なくともその虚栄心にいくらかの歯止めをかけるために、この十年来ベークマンに預けたままになっていた『音楽論』の原稿を返却させた」[41]。このバイエの見方は、現代でも標準的な解釈となっていると思われる。たとえばG・ロディス＝レヴィスは、「この人物（ベークマン）はたしかにデカルトほどの才能に恵まれてはいなかったが、はば広い好奇心をもち、しかも弟分（デカルト）の研究を評価していただけに、ますますみずからを称える気持ちになった。彼らが出会わなければ、デカルトは無為で失望した軍人であることを、いつやめていただろうか」[42]と総括している。

最後に筆者なりの見方を加えておく。ことの発端はメルセンヌの不用意なことば遣い（「伝えた」、「教えた」）に発する可能性があり[43]、それを直線的に受けとめたデカルトにも誤解があったかも知れない。しかし、ちょっとした行き違いだけで関係が毀れるのは、信頼が厚くない証拠である。メルセンヌが介在しなかったとしても二人の学問観やこころざしの相違は早晩明らかになったことだろう。心の底にあったベークマンへの不信は、これを機会に増幅されて憎悪となり、歯に衣着せぬことばになって表にあらわれている。ベークマンの研究をミミズやウジ虫、小石やガラスの破片と言い、その「数学＝自然学」はおとぎ話の夢想だ、あなたは病気だと罵倒し、果ては彼の出身地や教育程度まで小馬鹿にしている。いくら文飾を施しても、これではベークマンを怒らせただろう。かつての恩人に向かってこれだけの罵詈雑言を浴びせたなら、昔なら決闘、現代なら名誉棄損となろう。これは血気に逸る若者の逆上というだけではない。相手が死して後まで批判を止めない点にはそれこそ病的な偏執さえ感じられる。デカルトという人の裏面の暗闇を見る思いがする。公平に見て、デカルトはベークマンから数学を自然学に応用することなど多くを「学んだ」ことは事実である。ベークマンに自らの業績を自負する行き過ぎがあったとするなら、デカルトにも先学に対して目にあまる言葉の行き過ぎがあったと言わねばならないだろう。

註

（1） *Journal de Beeckman*, 4 tomes, publiées par C. de Waard, 1939-1953. 現在ではそのインターネット版を容易に見ることができる。http://www.historyofscience.nl/search/detail.cfm?startrow=22&view= image&pubid = 2 &search=
（2） 山田弘明・吉田健太郎他訳『デカルト全書簡集』第一巻（知泉書館二〇一二年）。
（3） この書簡のうちに、デカルトに宛てたベークマンの手紙の一部が引用されている。*Journal de Beeckman*, IV, p.195 にあるもので、一〇月前半のことと考証されている。
（4） 十七世紀オランダの画家J・フェルメールの作品に「兵士と笑う女」（Jeune femme et soldat, 1658）があるが、デカルトもその兵士のような出立ちで町を闊歩していたかもしれない。
（5） A. Baillet, *La vie de Monsieur Descartes*, I, pp.43-44. バイエはドイツ人 D. Lipstorp による *Specimina Philosophiae Cartesianae*,

1653, pp.76-78 を下敷きにして少しふくらませて書いている。AT.X,47-50 に双方のテキストが掲げられている。

（6）これらが「財産目録」*Inventaire* に示された「パルナッススと題された数学的考察」（AT.X,7）に相当すると考えられる。

（7）「ひとたび真空中で動かされたものは常に運動すると彼〔ベークマン〕は考えた」（『思索私記』AT.X,219）。

（8）*Journal de Beeckman*, II, p.377, note, III, p.354. 近藤洋逸『デカルトの自然像』（岩波書店一九五九年）九三ページによる。

（9）近藤、一一一—一一二ページ。

（10）*Journal de Beeckman*, I, p.216. 近藤九八—九九ページによる。ベークマンの原子論はガッサンディにも大きな影響を与えた。本書第八章一六四ページを参照。

（11）『自然学＝数学』（AT.X,75-77）、『思索私記』（AT.X,219）で、ベークマンが提示する物体の自由落下の問題に対して、デカルトはあまり理解を示していない。石井忠厚『哲学者の誕生——デカルト初期思想の研究』（東海大学出版会一九九二年）一六七—一七三ページ。

（12）アダン＝タヌリ版は *Journal de Beeckman* を典拠として、デカルト＝ベークマン関係の資料を二つの時期に分けて取り出している。第一は一六一八—一九年のもので、その内容は、（1）幾何学、音楽、力学、ルルスの術などに関する一五項目の記述、（2）『自然学＝数学』、（3）『音楽提要』、（4）われわれの取り上げている書簡六通である。第二は一六二八—二九年のもので、代数学、幾何学など一四項目の論題が図入りで取りあげられている（AT.X,41-169,331-348）。この二つの時期、両者は互いに密接な関係にあったことになる。

（13）G. Rodis-Lewis, *Descartes,Biographie*, 1995, p.51（『デカルト伝』飯塚勝久訳、未來社一九九八年、六五ページ）。

（14）『メルセンヌ書簡集』（*Correspondance du P. Marin Mersenne: religieux minime*, publiée par Mme Paul Tannery, éditée et annotée par Cornélis de Waard, avec la collaboration de René Pintard, tome.II. 1945）には一六二九—三〇年の往復書簡五通が収められている。話題は音楽論が中心である。

（15）『数学＝自然学についての省察・問題・解決の百人隊』（*Mathematico-Physicarum Meditationum, Quaestionum, Solutionum Centuria*, 1644）。

（16）古典的な説としては、G・コアン、A・アダン、G・ロディス＝レヴィスの説がある。すなわち一六二八年一〇—一二月から一六二九年七—九月の九か月間、デカルトはフラネケルで形而上学に集中し、「形而上学の小論文」を書きはじめたというものである。しかし、冬ごもりするためにあえて寒くて不便な村に行くことはありえても、図書の利用が可能となる大学への登録が四月とはいかにも遅すぎ、不自然の感が残る。これに対してH・グイエは一六二九年三―一二月としている。

（17） K. van Berkel, Descartes' debt to Beeckman, in S. Gaukroger, J. Schuster and J. Sutton ed., *Descartes' Natural Philosophy*, 2000, p.51.

（18） A. Baillet, *La vie de Monsieur Descartes*, I, p.169.

（19） その根拠はレネリからホイヘンスへの書簡 1629.3.28（AT.X,541-543）である。それはデカルトが一六二九年三月末にアムステルダムにいたことを思わせる。

（20） フラネケルを選ぶに際しては、上述のリヴェの助力があった（G・ロディス＝レヴィス『デカルト伝』、一三三ページ）。

（21） このまとめは石井前掲書、二九一ページによる。

（22） しかしながら、のちにデカルトは水銀柱の山頂でのパスカルの実験は私が彼にすすめたものだ（カルカヴィ宛 1649.8.17. AT.V,391）として、自らの知的所有権を主張することになるであろう。拙著『真理の形而上学』世界思想社二〇〇一年、一六二―一六四ページを参照。

（23） この年表の作成に当たって参照した主たる文献は以下の通り。G. Rodis-Lewis, *Descartes, Biographie*; C. de Waard éd., *Correspondance du P. Marin Mersenne*; K. van Berkel, *Op.cit.*; C.de Waard éd., *Journal de Beeckman*, III et IV,1953（本章ではインターネット版 Digital Library.History of Science and Scholarship in The Netherlands を使用した）。

（24） AT版はこの書簡の日付を一六二九年八月とするが（AT.I,30）、『メルセンヌ書簡集』にしたがってこのように読む。

（25） K. van Berkel, *Op.cit.* p.52.

（26） バイエも「ベークマンは自分がその著者とみなされることを疑うことができなかった」としている（A. Baillet, *Op.cit.* I,p.205）。

（27） これを証明する根拠資料をファン・ベルケルは挙げていない。

（28） バイエはこの補佐が仲介したと解釈している（A. Baillet, *Op.cit.* I,p.211）。

（29） G・ロディス＝レヴィス『デカルト伝』、一四八ページ。

（30） *Dialogo sopra i due massimi sistemi del mondo Tolemaico e Copernicano*, 1632（『プトレマイオスとコペルニクスとの二大世界

体系についての対話』＝いわゆる『天文対話』）。この書は宗教裁判所によって断罪されてはいたが、ヨーロッパ知識人の間で広く読まれていたようである。岩波文庫版で本文が六五〇ページほどあり、イタリア語原文を三〇時間で読むのには苦労したはずである。ベークマンは数学者ホルテンシウスからそれを借用し、読書ノートを残している。後者はメルセンヌを介してそれを手に入れたが、おそらく直接ガリレイからも送られていたはずだと考証されている（*Journal de Beeckman*, III,356）。

（31）K. van Berkel, *Op.cit.*p.53

（32）G・ロディス＝レヴィス『デカルト伝』一四八ページ。

（33）精神分析でいう「投射」の好例であり、父親であるベークマンを批判してはじめて自我の独立を得る、などの見方がある（K. van Berkel, *Op.cit.* p.55）．石井は、私有財産を求める空虚な私と、永遠の秩序に与る慎ましい私との「二つの私の不和」という独自な見方をしている（石井忠厚『哲学者の誕生――デカルト初期思想の研究』、二九五ページ）。

（34）K. van Berkel, *Op.cit.* p.55-57（問題の絞り方についてもこの論文から教わった）。

（35）『情念論』には「誇り」gloire についての記述がいくつかあるが、それは「名誉欲」であってこの場合の参考にならない。

（36）音楽は数学の一種であるので、哲学と違って教えることができる学問に分類されるはずである（AT.I,158）。

（37）A. Baillet, *Op.cit.* I.p.211.

（38）Remarques sur l'abrégé de la vie de Mons. des Cartes, in C. I. Gerhardt ed, *Die philosophischen Schriften von G.W.Leibniz,* IV,316.

（39）P. Gassendi, *Lettres de Peiresc,* IV,201; AT.I,169.

（40）実際は八歳年長であった。

（41）A. Baillet, *Vie de Monsieur Descartes,* 1692, p.85（井沢義雄・井上庄七訳『デカルト伝』講談社一九七九年、八一―八二ページ）。

（42）G・ロディス＝レヴィス『デカルト伝』、一四九―一五〇ページ。

（43）G・ロディス＝レヴィスは「メルセンヌは状況を悪化させるつもりはなかったはずだが、若干の不手際があった……」（同一四五ページ）としている。communicavi（私は伝えた、分け与えた）という元のことばが、docui（私は教えた）という意味に理解された点に誤りがあったと思われる。

第五章　某氏＝デカルト往復書簡（一六四一年七―八月）

デカルトの往復書簡のなかには、差出人が特定できないが重要なものが幾つかある。「某氏からデカルトへ、パリ一六四一年七月」（AT.III, 397-412）と、それに対するデカルトの返信「デカルトから某氏へ、エンデヘスト一六四一年八月」（同 421-435）もそうである。(1) 手紙のやりとりがあった一六四一年七月―八月は、『省察』第一版の印刷終了（八月二八日）の直前である。当初、この往復書簡は『省察』に付された「反論と答弁」の最後に組み入れられる予定であった。そこでデカルトは、メルセンヌに書いているように、(2) この反論を手直ししたうえで急いで答弁を作成した。だが、満足した結果を得ることができなかったようで、時間切れでその計画は成らなかった。まぼろしの「反論と答弁」と言われる所以である。一六四二年の第二版に組み入れる余裕はあったにもかかわらず、これは採録されなかった。ただ、これは手紙とは言いながら生硬な論文の体をなしており、内容的にも独自な思想の表明が読み取れる重要なものである。たとえば、心身関係、生得観念、永遠真理創造説などに関して、手紙ならではの議論の自由な展開が読み取れる点で貴重な文献である。

某氏(3)の詳細については不明だが、記述内容からしてパリの神学者と思われる。医療関係者であった可能性もある。書簡のなかで「われらがパリの三〇〇人病院の盲人のうちには哲学者もいるが(4)」（AT.III,409）と言われているからである。名前を明かさないことにデカルトは不満を漏らしているが、反論者が不詳であることは異例のことではない。重要なことは、某氏がデカルトの『省察』に批判的なガッサンディに与する人であったことである。この書簡の内容は、「第五反論」に対するデカルトの答弁を不服として、ガッサンディの立場から細かな点を再び反論するという形になっている。この点で、ガッサンディ自身による『抗弁』(*Instantiae*, 1642)(5)の先駆けをなすものである。デカルトはガッサンディの反論を好ましく思っておらず(6)、ガッサンディの徒の再反論など第二版で採用するに及ばずと判断したのであろうか。

某氏の書簡は一五ページに及ぶ長文であり、議論にも気合いが入っている。ガッサンディの「第五反論」とデカルトの「答弁」を踏まえた上での論であり、本気で論戦を交えようという意気込みがある。神学をきちんと勉強していない新参者が伸してくるのを叩いておこう、という気持ちがあるいはあったのかもしれない。しかし、なるほどと首肯できる論点もあり、デカルトがそれに答えようとしたことは当然であったと思われる。彼の答弁の方は翌月にまとめられ、これまた一四ページと長文である。内容的には「第五答弁」と同じく、必ずしも真正面から答えたものではなく論点がずれたところがあり、やや期待外れの感が残る。しかし結果的に見て、他所には見られない新鮮な議論があり、デカルトの思想の細部を知るうえできわめて有益である。

一　反論と答弁

某氏による反論の論点は全部で一四ある。デカルトはこれらすべてについて網羅的に答えているわけではなく、重要と思われるものについてのみ重点的に議論をしている。反論の要点を抜き出し、それに対するデカルトの答弁を対置すれば次のようになるであろう。筆者のコメントも適宜おり込んである。

（1）観想の真理と実生活の真理とを区別すべきではない。教会の壁が本当にあるかどうかが疑わしければ、ミサに行く必要はないことになり、目の前にあるパンの存在をもし疑うなら、それを食べる必要がなくなるではないか（AT.III,398-399）。――たくみな比喩が使われているのが興味深い。しかし、これに対してデカルトは正面から論じず、実生活においては厳密な確実性を要求すべきでない（同 422）とのみ答えている。問題をいわゆる暫定的道徳として処理しているわけだが、反論者の言う「思想と実生活との統一」は難しい課題として棚上げされている。

（2）心身の相互関係は、精神と身体的痕跡との影響関係が特定できないなど、不透明である。精神がつねに思考するということの根拠が示されていない。精神はいかにして身体にその痕跡を残し、その痕跡はいかにして精神によって観察されるのか（同 400）。――これに対して、デカルトは「胎児の精神も思考する」とは胎児が自覚的に思考しているということではなく、胎児も真理の観念をうちに持っており、身体のくびきを脱するにしたがってそれが自覚されるようになるということである（同 423）、と説明する。また、精神は身体に痕跡を刻印し、かつその痕跡に影響される。精神がものを考えるとき、脳の小部分が外的対象や精気によって、あるいは精神そのものによって動かされ、その部分に痕跡が形成される（同 424）、とする。幼児の例は生得観念のあり方を具体的に説明しており、きわめて印象的である。幼児の精神は身体と密接に合一しており、まだ内なる観念に注意が向けられないのである。しかし、脳の小部分における「痕跡」と精神とが具体的にどう関係するのか、身体的である痕跡がいかにして精神に影響を与え、非物体的である精神がいかにして精気を動かして痕跡を形成するか。これは、心身の相互関係についてエリザベトが提起した問題（エリザベトからデカルトへ 1643.5.16.AT.III, 661）と同じであるが、デカルトは詳しい答弁をここではしていない。

（3）　思考の上で真と認識されることは、必ずしも実際に真であるわけではない。「信仰の真理は幾何学の真理よりも明晰に認識される」とは思えない。虚偽の意見のために死ぬ人と真なる意見のために死ぬ人とは、やはり異なる（同 400-402）。

（4）　ものを明晰に知っているか否かを知る方法は与えられていない。三位一体などのカトリックの教理は、トルコ人やカルヴァン主義者や理神論者にとっては、明晰に矛盾していると見える（同 402）。

（5）　あなたが「考えるもの」という場合、「もの」とはなにか、「考える」とはなにかが示されていない。考えているのはあなたなのか、世界霊魂なのか。考えている対象は物体的事物ではないのか（同 403）。――以上の三つの反論について、デカルトは積極的に応答していない。知ると信じるとは別のことであり、恩寵の光は自然の光に優先する、思考とは何かは自明の概念である、とのみ答えている。これらの問題は他の反論者によってもしばしば提出されたものであり、伝統的な思想を持つ当時の人たちがデカルトの議論のどの点に疑問を抱いていたかが浮かび上がる。デカルトは他の著作（『真理の探求』AT.X, 524 など）で繰り返し答弁を試みてきた訳だが、それによって両者の落差が埋められたとは必ずしも言えない。立場の相違がますます明らかになったのみである。

（6）　無限、精神の能力、独楽の運動、物体についての議論は不十分である。無限は限界の否定によってこそ知られる。思考によって事物を増大させる精神の能力は神に依存するのではなく、実体である精神自身による。独楽は自分で動くのではなくムチによって動かされている。物体の観念が精神に由来するとするなら、すべてが精神によって産出されることになり、物体の実在を知りえなくなる（同 403-405）。――これに対しては、次のように言われている。無限は通常、否定（限界）の否定によって表されるが、これによって無限の積極的な本性が認識される訳ではない。精神のうちに事物を増大させる観念や能力があるのは、精神そのものによるのではなく、それが神においてあるからである。独楽の回転運動（能動）は、そこには存在しないムチの作用の結果（受動）であり、能動も受動も同一事態である。物体の存在は、物体の観念が精神のうちにあることからではなく、それが外界から到来したことから証明される（同 426-429）、と。これらの主張もデカルトの持論に沿ったものである。精神の持つ諸能力も、所詮は神に由来すると明言されていることが印象的である。また、能動と受動とが身体だけでなく精神のレベルでも同一であることは、後の『情念論』（第一節）で展開される。

（7）ものや永遠真理は、神の協力に依存することなく存続し、破壊されない。被造物は実体であるかぎり神の協力なしにも保存される。三角形の本質のように永遠なものは、神に依存するのではない。永遠で不動のその本性は神も破壊できない（同 405-406）。――数学のような永遠真理は神の協力によらずに真であるという反論に対して、デカルトは全面的に否定している。すなわち、三角形の性質でさえも神なしには真でありえず、神の協力を失えば破壊され、無に帰する。実体とは神の協力を要しないものではなく、神以外の被造物なしにありうるものにすぎない（同 429）、と。この種の反論は本テキスト以外にも多く見受けられる（「第六反論」AT.VII, 417-418 など）。それは、デカルトの永遠真理創造説が当時の神学者たちに簡単には受け入れられなかったことを示し、独自ではあるがそれだけ問題の多い説だったことを物語っている。

（8）どんなものの原因にも無限進行があり、世界は永遠の昔からつくられたと考えられる。どんな小さな粒子にも無限の諸部分があり、無限に多くの原因がありうる。アリストテレスの説く世界の永遠性に不合理はない（AT.III, 406-407）。――これについては、自分は述べていないと一蹴している。

（9）神の観念が生得的であるという説には合理的な根拠がない。神の観念の生得説は経験において確認できないし、現在は肯定していても将来的には否定される可能性がある（同 407-408）。――神の観念の生得性を疑問とする反論に対しては、潜在している神の観念を、顕在的には自覚していない場合があっても不思議ではない（同430）としている。「生得的」とは、生まれつきある観念をつねに持っているということではなく、機会があればいつでもそれを顕在化できる「能力」（「第三答弁」AT.VII, 189）あるいは「傾向や資質」（『覚書』AT.VIII-2, 358）を持つという意味に理解するのである。これは生得観念に対する重要な説明であろう。

（10）神の主要な目的は、すべてが神の栄光のためになされることであり、それは容易に知られる（AT. III,408）。――神の目的は、すべてが神の栄光のためになされることにあることをデカルトは否定しない。しかし、神が人間から讃えられるためだけの目的で宇宙をつくり、人間に光を与えるためだけの目的で太陽をつくったとするのはおかしい（同431）としている。デカルトは神による世界の創造という思想に与してはいるものの、人間中心的な世界観を拒否し、相対的な見方を提出していることが注目される。

（11）意志の決定は、知性に照らされることなしにありえず、知性ぬきに理解されることはない。幾何学者は神の観念が与えられていないことを真理として理解している（同408-409）。――意志の決定は知性の光なしにはありえないという反論については、そこには意志と知性との混同があると考える。意志はもっぱら欲することに関わり、われわれは知性で十分理解も認識もしていないものを欲することがある（同432）、としている。

（12）生得観念説は不合理である。生まれつき目の見えない人に、光や色についての認識がないことは、実験的に明らかである。眠っているときに、脳に観念があってそれをうまくはたらかせることができるなら、アルキメデスの証明をしてもいいはずだ（同409-410）。――盲人には色の認識がないことからしても生得観念説は不合理であるという反論については、デカルトは色を認識できない盲人の証言を認めているように読める（同432）。しかし、盲人の精神がものの性質を獲得する能力において劣ることはない。それゆえ、この例は色の観念の先天的な欠如を示すのではなく、色の観念の潜在を否定するものではない、とデカルトは言いたいのであろう。この説明は現代哲学の思考実験「メアリー」の例にも符号するだろう。他方、精神が生得観念を持つなら、なぜ夢のなかで数学の証明をしないのかという質問に対しては、精神は覚醒時の方が身体のくびきを脱してより自由であるから（同433）、と答えている。デカルトは夢のなかでも真なる証明をする場合があることを否定しない。「幾何学者が何か新しい証明を発見することがあるなら、眠っているからといってその証明が真でなくなるわけではない」（『序説』AT.VI,39）。しかし「われわれの推論は、眠っているときは目覚めているときほど決して明証的でも完璧でもない」（同40）としている。

（13）神が「それ自身の存在である」とはなにか。幾何学的なことがらは神を知っていても疑える。神の存在と三角形の存在とを別の次元のものと考えうるか。たとえ神を知っていても、線が点から成るか否かについて疑える場合がある（AT.III,410-411）。――神を認識していようがいまいが、幾何学的なことがらについて疑うことができると言う懐疑論者の反論に関しては、神を十分に認識してはじめて明白に理解されるものが真であることが知られる（同433）、としている。これは最も重要な論点の一つであるにもかかわらず、デカルトは数行で片づけてしまっている。何度も繰り返し述べられ、論じるまでもないことであったからであろうか。しかし、真理の成立に神が関わるとは一体どういうことかは、永遠真理創造説との絡みで、現代はむろんのこと十七世紀においても、容易に了解されない根本問題であった。古代ギリシアの数学者アルキメデスの証明は明晰であるにもかかわらず、なぜ「真の知識ではない」（「第二反論」AT.VII,141）と言えるのか、神を知らなければ疑いの余地が残るとはどういうことか、詳論して欲しいところである。[7]

（14）精神と身体との「合一」が不透明である。「人はけものに何もまさるところがない」という聖書の言葉をどう解するか。一方が他方なしに認識されるときそれらは区別される、という点も不明確である。精神が全身体と結合していながら、特定の部分によって結合しているのはどうしてか。けものの魂が死ぬなら、人間精神も死ぬのではないか。二つのものの区別が概念されない間はそれらが区別されないわけではなく、父と息子の場合のように、実際には区別されている（AT.III, 411-412）。──デカルトは、精神が身体とどう結合しているかについては、「第六答弁」第10項の「重さ」の例ですでに示したとする。「人はけものに何もまさるところがない」は、人間の精神ではなく身体に関することである。人間精神は精神を身体なしに十全に認識するが、その能力を欠くとき心身を一つのものとして混乱して認識することになる（AT.III, 434-435）、と結んでいる。ただ、心身の合一に関する重さの例は必ずしも適切ではない。後にデカルトはエリザベトに対しても同じ例を使って説明をした（エリザベト宛 1643.5.21. AT.III,667-668）。だが逆に批判され（エリザベトからデカルトへ 1643.6.20. 同 684）、結局、重さは実在的なものではないのでこの例は当たっていない（エリザベト宛 1643.6.28. 同 94）と認めている。

二　主要論点

以上の反論と答弁のうちで重要であると思われる論点のいくつかを取り上げ、筆者の目で吟味しておこう。

（a）　真理の区別の背景になっているのは次のデカルトの議論である。「実際生活の活動と真理の探究との区別に気づかなければなりません。というのは、われわれの生活を処理することが問題である場合には、感覚に心をおかないということはもとより愚かしいことでしょうから。……だが、何がいったい最も確実に人間精神によって認識されうるかが探究される場合には、その同じものを、疑わしいものとして、それどころかまた偽なるものとして、本気で拒否することを……欲しないということは全く理にもとることなのです」（「第五答弁」AT.VII.350-351）。実生活の行為の場面と、理論における認識の場面とを区別することで、デカルトは古代懐疑論のように誇張的な懐疑が日常生活にまで及ぶことを避けようとしている。これに対して、ここでの反論は真理は理論と実践との次元に切り分けて済まされるものではない、という趣旨である。一般的に言えば、書斎で思考することは実生活にもかかわることであり、思想と実生活との統一をどうするかという問題である。この反論に対して、デカルトはいわゆる暫定的道徳を以って答えるであろう。その「統一」は全哲学の完成後の話である。理論的な結論が出ていない段階では、最も真理に近いと思われるものに従って差し当たり行為するのである。たとえば、教会の壁が存在するかどうかが分からなくても、日常生活では壁があるとみなして教会へ行けばよい。目の前のパンが本当のパンかどうかを知らなくても、食べる必要があれば食べればよい。これと同じ論法で、観念論では飯も食えないという議論がかつてあったが、それは認識と行為との履き違えと言うものであろう。ただ、この段階ではその統一（知恵）としての哲学は、まだ完成にいたっていないとしなければならない。

（b）心身関係について、ガッサンディは次のように批判している。「非延長的な基体であるあなたのうちに、延長的である物体の形象あるいは観念がどのようにして受け入れられうるとあなたは考えるのか」（「第五反論」AT.VII, 337）。のちに彼は「もし精神が延長をもたず非物体的であるならば、それはいかにして身体に触れ、それを押し、動かすことができるか」（*Disquisitio metaphysica*, 404.b）と、より鋭い問題提起をしている。この種の疑問はアルノーやエリザベトなどによっても提出されている。この反論では「痕跡」を手掛かりにして、相互関係があるなら精神は身体的な痕跡を持ち、身体は精神的な痕跡を持つはずだが、痕跡は身体的なものだからそれは不可能だ、としている。痕跡を介していかにして心身が相互に影響し合うのかが問題である。これに対してデカルトは、痕跡は脳の小部分の運動から形成されるとするが、その痕跡と精神との関係とについては明確な答弁をしていない。影響関係のメカニズムは詳しくは分からないが、実際に精神は身体に結合され、痕跡に影響されているので、そのことを了解するだけでよい、と考えていたようである。だが、これは心身問題を形而上学の次元で解決することを放棄し「生活と日常の交わりだけを用いることで」（エリザベト宛 1643.6.28. AT.III, 692）経験的に理解すべきことを示唆するものである。これによって心身問題が問題として解決されるわけでないことは明らかであろう。

（c）明晰判明の判定基準が問題である。プロタゴラス主義をとるガッサンディは、人それぞれにおいて多様な意見があり「自分が支持する見解をそれぞれ明晰判明に把握していると考える」（「第五反論」AT.VII, 278）と批判した。そして「われわれが明晰判明に把握しているつもりになっている度ごとに、われわれを正しく導いて、どの場合にわれわれが誤っており、どの場合にそうでないかを教え知らせてくれる方法を提示することにこそ、あなたは腐心すべきであった」（同 279）としている。これに答えてデカルトは「そのことは事細かく私によって然るべき箇所で達成されている、と私は主張します。すなわち、そこでは、私は最初にすべての偏見を取り除き、そのあとですべての主要な観念を枚挙し、明晰な観念を不明瞭な、もしくは不分明な観念から区別しました」（「第五答弁」AT.VII, 361-362）と述べている。だが、それは示されていないというのがこの反論である。ある神学者の立てる命題は、その人には明晰であっても他の宗教の命題と矛盾している、とも言われている。もっともだと思われる。実際、その方法ないし基準は必ずしも明らかではない。「第三省察」の「これらのことを頻繁に、注意深く考察すればするほど、私はそれをいよいよ明晰かつ判明に真であると認識する」（AT.VII,42）という文章が明晰判明の基準になっているとも読めるが、デカルトは「それは確実性の明晰で不可疑な指標ではない」（AT.III, 431）と否定している。

そもそも明晰判明の指標を求めるという話は、どういう性質の議論であろうか。それは、議論をもっと細かく詰めるということであろうか。実際、のちにライプニッツは、明晰判明の規則は「明晰さおよび判明さの指標が十分に示されないかぎり、ほとんど役に立たない」（GP.IV,328）と批判している。その趣旨は、明晰判明はもっと概念分析する余地があるということである。だが、かりに究極の指標が与えられたとしても、その指標のそのまた指標が必要になり、議論は無限に遡及するおそれがあろう。デカルトは、真理はそれ自身で自明であり「超越論的に明らかな概念である」（メルセンヌ宛 1639.10.16. AT.II, 597）という観点から、「明晰判明」以上の基準を求めることはしていない。たしかにデカルトは、明晰判明に認識されたものについて判断を違えることはない（AT.III, 431）としつつも、「明晰に認識していると思っていたが、実は本当は認識していなかったものがあった」（「第三省察」AT.VII, 35）ことを認めている。たとえば観念が外界からやってくるという認識である。これは自らの内に「明晰な認識」の指標があり、それに照らしてその命題を誤りであったと修正していることになろう。しかし、その指標は形式的な形では示せず、あくまで明晰であること自体がそれ自身の指標となっているのである(8)。それでは、この議論は万人を納得させる内的な指標をいかに客観的に示すかという話なのであろうか。しかし、その答えを見出すのは困難であると思われる。なぜなら、自分にとって明証的であるものを一般化することは、デカルトも自覚していたように難しく(9)、それは普遍的な真理になるどころか、独断的な真理になる危険性をつねにはらんでいるからである。この反論はそれを言い当てている。デカルトの「明晰判明」の背景には、人間理性の普遍的な明証性や、神の誠実という安全装置があるゆえにそれは一応安定を保っているにせよ、それでも人によって明晰判明の解釈に温度差があることをこの反論は示している。より一般的に言えば、超越論的な安全装置に懐疑的なプロタゴラス主義との対決、という問題がなお残されていると思われる。

（d）永遠真理創造説に関しては、デカルトは、神への依存なしにはものは存在しえないし真理も真理でありえないという立場であるが、これに対する異論は当時から多かった。とりわけ、神は数学的真理をも拒否できるとする考えは、反アリストテレス＝スコラであり、マルブランシュ、ライプニッツが異を唱え、最も近いメルセンヌでさえも理解するのが困難であった。この反論は、永遠真理は神の協力なしにも保存され、破壊されないとしている。その理由は、永遠真理は不動のものであり、神が勝手に書き換えることはできない、神は矛盾したことをなしえない、ということであろう。これは当時の通説であった。ところが、デカルトは神の全能を楯に、「神に何かができないと言ってはならない」（アルノー宛 1648.7.29.AT.V, 223-4）とする。神の自由を拘束するからである。そして、真理の根拠は神の全能に依存しており、神は1＋2が3でないようにできたし、山なしに谷をつくることもできた（同 224）とまで言っている。これはこの時代の人には異様な説であっただろう。あえてそれを唱えたメリットは何であろうか。神の絶対的な自由を保障したい意図は理解できるが、そこにはなんらかの神学的な理由があるのか。それによって何を主張したいのか。絶対的真理なるものはなく、人間の立てる真理はみな相対的であるということを言いたいのか。それならば普通の懐疑論で十分である。しかもライプニッツも指摘したように[10]、真理の基礎を神の意志に置くこの説は、真理はわれわれには隠されている神の意向次第でどうにでもなるというリスクを抱えることになる。にもかかわらず、デカルトはなぜかこの説に固執する。そのあたりが曖昧模糊としている。むしろ、神は矛盾をなしえないし、2＋3＝5を拒否できないとする伝統的な考え方のほうが、より自然だとさえ思われる。

（e）生得観念については、ガッサンディもそれに否定的であり、感覚や外的経験に由来する外来観念しか認めなかった。この反論のユニークな点は、生得説への反証例をあげ、神の生得観念を持たない幾何学者が存在し、また盲人は色の生得的な認識を持ってはいないなどとしている点である。生得観念の具体的な証拠を示せるかどうかが論点になろう。ここでデカルトの主張する「生得観念」の意味を考える必要がある。それは、「耳なし芳一」のように、すべての観念があらかじめびっしりと書き込まれていることではない。「ある観念がわれわれに生得的だと言うとき、私はそれがいつも顕在しているとは考えていない。もしそうなら、生得的なものは皆無になってしまうだろうから。そうではなくて、われわれが、われわれの内に観念を喚起する能力を持つということのみを考えている」（「第三答弁」AT.VII, 189）と言われている。つまり、その観念はつねに現前している必要はなく、可能態として精神に内在しているが、大切なことはそれをいつでも取りだせること、それを現実化できる素質を持っていることである。それゆえこれはJ・ロックの用語でいえば、素朴生得説ではなく素質生得説に相当する(11)。ベタの生得説（素朴生得論）ではなく、能力としての生得論（ものを理解する能力があらかじめわれわれに備わっていること）である。それならば当然のこととしてだれしも認めるであろう。それゆえ神の観念を持たない人がいても不思議ではない。神をなにかの物体的なイメージで捉えようとするからおかしくなるのであって、神という観念（思考）は、適切な導きさえあればすぐに了解されるであろう。色の観念も同じであって、盲人でさえも色を理解する能力を生得的に持っている、というのがデカルトの主張である。先述したように、現代のF・ジャックソンの思考実験(12)で言えば、特殊なメガネをつけられモノクロの世界に育った「メアリー」が、成人してメガネを外したとしても、彼女はトマトの赤色のなんたるかを正確に理解できることになる。これで一応の解答になるであろうが、問題が全くないとは思われない。ものを理解できる先天的な能力を持つというのが生得観念の意味なら、すべての観念が生得観念になってしまう恐れがないだろうか。たとえばソクラテスにとって

「小惑星探査機はやぶさ」の観念は、顕在化はされなかったが生得的であったことになろう。経験論者ロックも、そうした能力そのものの先天性は認めている。すると生得論は「能力」を「観念」と言い変えているだけで、経験論と基本的に変わるところがなく、いったい何を主張しているのかということになろう。

以上は、ほんの一例にすぎないが、著作ではあまり突っ込んで論じられなかったものばかりである。これらの主題は書簡という場ではじめて詳細に議論されている。それらはなお問題を残すとはいえ、論の発展を示している点で貴重であるとしなければならない。

註

（1） これらについては邦訳がある。持田辰郎・山田弘明他訳『デカルト全書簡集』第五巻（知泉書館二〇一三年）。

（2）「あなたの紹介による某氏の反論を読みましたが、それには全く喜んでお答えします。しかし、私の答弁は印刷されることになっており、また読者の関心を考慮しなければなりませんので（読者は繰り返しや主題からの脱線にはうんざりするでしょう）、私の方であらかじめその反論の手直しをさせてくださるよう、どうぞお願いいたします。その目的は、私が他の個所ですでに答えたことや、第八項目やその他のように、私とは正反対の意味にとられている箇所を削除するためです。あるいは少なくとも、これらのことがらを削除すべきでないと彼が思うなら、読者への弁解になるように、彼の名前を印刷することをお許しいただきたい」（メルセンヌ宛 1641.7.22.AT.III,417）。

（3） 某氏は自らを Hyperaspistes（超戦士）と呼び（AT.III,412）、デカルトもそれを踏襲している（メルセンヌ宛 1641.7.22. AT.III,417）。クレルスリエは単に「反論者」と訳し、レヴィスは「予備役」の意としている（*Descartes, Correspondance avec Arnauld et Morus*,Introduction et notes par G. Lewis, 1953, p.5）。

（4） メルセンヌ宛 1641.7.22.AT.III,417.

（5） のちにデカルトは「抗弁」の抜粋を読み、一六四六年クレルスリエに宛ててその所感を述べている。それは「第五反論について」として『省察』の仏訳版一六四七年（AT.IX-1, pp.202-217）に組み入れられている。

（6）もっとも、最近発見された一六四一年五月二七日メルセンヌ宛書簡によれば、デカルトは当初は著名なガッサンディからの反論を歓迎し、喜んで答えようとしていた。本書コラム2、一三三ページを参照。
（7）筆者もかつてこの問題を論じたことがある。拙著『デカルト哲学の根本問題』（知泉書館二〇〇一年）六三―七五ページ。
（8）スピノザはこの見方をしている。「明晰なものはそれ自身で明らかであり、それがどうして明晰と分かるかと問うことはナンセンスである。それをさらに明晰にするいかなる明晰性もありえないからである。したがって、真理はそれ自身と同時に虚偽を顕示する。真理は真理によって、すなわちそれ自身によって明晰となる」（『短論文』II.15）。昔プロ野球で走者がアウトかセーフかの判定でもめたとき、監督が審判にルールブックを見せろと抗議したのに対して、審判は「俺がルールブック」だと言って拒否したという有名な話がある。これは次元は違うが同じ事態を指していると思われる。
（9）「そう考える習慣によって、私にとってなじみ深く明証的になっていた概念は、だれにとってもそうであると私は思い込んでいた」（ヴァチエ宛 1638.2.22.AT.I,560）。
（10）『叙説』2（GP.IV,428）。
（11）拙著『デカルト『省察』の研究』創文社、一九八一―二〇二ページ参照。
（12）Frank Jackson, Epiphenomenal Qualia, in *The Philosophical Quarterly*, 32, 1982. 信原幸弘『心の現代哲学』（勁草書房一九九九年）。

第六章　デカルトの書簡集とその意義

周知のように、デカルトの手紙は現在残されたものだけでも量的に全著作の半分近くにおよぶ(1)。失われた手紙や、残されていない相手側の返信を含めると、優に半分を超えるだろう。デカルトは手紙を草するのに多くの時間を費やしたことが窺える。内容的にも、著作に劣らず重要なものが多い。デカルト書簡集については、すでに多くの研究がある。ここでは書簡集とその日本語版、およびわれわれの目から見た書簡の意義について、いくつかのことを付け加えるのみとする。

一　書簡集の西洋語版と日本語版

全書簡集の刊本は、西洋では十七世紀以来六つあるとするのが通説(2)である。すなわち、クレルスリエ Clerselier 版、学士院 Institut 版、クザン Cousin 版、アダン・タヌリ Adam-Tannery（AT）版、アダン・ミヨー Adam-Milhaud（AM）版、ベルジョイオーゾ Belgioioso（B）版である(3)。とりわけ、最後のものはこれまでの諸版を総括した決定版とも言うべきものである。全書簡集の訳書については、AM 版はフランス語対訳、B 版はイタリア語対訳である。その他に、英訳の全七巻およびスペイン語版などが現在進行中であると聞いている。

書簡の選集や部分訳については、十九世紀に Foucher de Careil, *Descartes et la Princesse Elisabeth et la reine Christine*, 1879 がまずあり、次いで二十世紀に L. Roth, *Correspondence of Descartes and Constantijn Huygens, 1636-1647*, 1926 や G. Rodis-Lewis, *Correspondance avec Arnauld et Morus*, 1953 など、数多くが出ている。プレイアッド版 A. Bridoux éd., *Œuvres et lettres de Descartes*, 1937,1952 や、アルキエ版 F. Alquié éd., *Œuvres philosophiques de Descartes,* 3 tomes,1973 は、とりわけ広く読まれてきたものだろう。また、デカルトの著作と書簡をテーマ別にまとめた選集 S. S. de Sacy et G. Rodis-Lewis éd., *Œuvres de Descartes,* 2 tomes, 1966 がある。これは書簡についての簡潔な注があって便利である。この書については、J.-R. Armogathe et V. Carraud, *Bibliographie cartésienne1960-1996*, 2003（AC）にその記載がある。近年では、J.-M. et M. Beyssade, *Correspondance avec Elisabeth et autres lettres*, 1989 があり、最近は J.-R.Armogathe, Correspondance 1 et 2, 2013 も出ている。これは書簡の宛先別にグループ分けした浩瀚なものである。英語圏ではケニー訳を基にした J. Cottingham, R. Stoothoff, D. Murdoch and A.Kenny ed., *The Philosophical Writings of Descartes,* vol.3, 1991 がある。独訳としてはプレイアッド版の書簡を全訳した M. Bense und F. Baumgart herausg., *René Descartes,Briefe 1629-1650*, 1949 がある。これはドイツ語圏での最初のまとまった訳と思われるが、G. Sebba, *Bibliographia cartesiana 1800-1960,* 1964 には収録されていない。

他方、日本における書簡集の研究状況はどうであるか。日本では戦前から抄訳が出ており、現時点で四種類の訳がある。

（1） 佐藤正彰、川口篤、渡邊一夫、河盛好蔵、市原豊太訳『デカルト書簡集 上・下』（創元社一九四〇年）を挙げねばならない。これは『デカルト選集』（創元社一九三九―一九四二年）の一環をなすものである。プレイアッド版一九三七年からの邦訳であり、一三九通を収める。これによって日本人は、はじめてデカルトの素顔に触れたことになる。研究上も大きな影響を与えた訳である。だが、これは必ずしもデカルト専門家の訳ではなく、現在の研究レベルからみて疑問の余地なしとはしない。訳者自身も「他日、十分なる資格と力量とを備えた……方々による完璧な「デカルト書簡集」への捨石とならむ」（上巻、七ページ）としている。

（2）　野田又夫訳『エリザベトへの手紙』弘文堂一九四九年（『デカルト』世界の名著、中央公論社一九六七年に再録）。これはエリザベトとの往復書簡四通、およびシャニュ宛書簡（愛の書簡）のみの訳である。

（3）　竹田篤司訳『書簡集』（『デカルト著作集』第三巻、白水社一九七三、一九九三年）。これは六二通を収めている。エリザベトとクリスティナ宛の書簡はほぼすべて訳されているが、返信がなく往復書簡の形にはなっていない。増補版によりその他の書簡も抄訳されている。しかし、いずれも「九牛の一毛」（五四七ページ）にすぎないことを訳者自身は自覚している。

（4）　山田弘明訳『デカルト＝エリザベト往復書簡』（講談社二〇〇一年）。*Bulletin Cartésien*, XXXII にその記載がある。これはエリザベトの手紙をすべて含めた往復書簡全六〇通の訳であり、本邦初訳となるものが多い。『原理』冒頭の献呈書簡も翻訳の対象とした。テキストは主としてベイサッド版 1989 を使用し、書簡ごとに簡単な脚注を施した。解説では認知症の傾向を示す晩年のエリザベトの様子をも資料としてあえて取り上げておいた。

これに対して、現在印刷中の山田弘明他訳『デカルト全書簡集』（全八巻、知泉書館二〇一二―二〇一六年）は、本邦初の完全訳となるであろう。筆者はこのプロジェクトに係わっているので、この全書簡集の特徴と翻訳の問題点のいくつかをこの場を借りて以下に報告しておきたい。

（a）テキストはAT版、AM版をも参照したが、ほぼB版に従っている。ただし、B版に収録されていない新発見の書簡二通（メルセンヌ宛一六四一年五月二七日、マチアス・パソル宛一六四五年五月二六日）[4]をも収めてある。またB.461,462およびB.610,613などの日付については若干の疑問[5]を提出しておいた。図版については原版に近いAM版のものを使用した。

（b）書簡の冒頭および目次に、その内容を示す表題をつけた。たとえば「ガリレイの断罪」「形而上学小論」などである。これは上記のクレルスリエ版の目次がそうなっているのを参考にしたものである。『情念論』や『原理』でも編集者の手によって欄外に見出しが付されている。だが、そこには訳者の主観が入るので原テキストを損なう危険性なしとはしない。これはあくまで読む際の一つの目印にすぎない。

（c）脚注で、他のテキストの参照個所を明示した。これは、同じ話題が他の書簡や著作のどこで論じられているかを示したものである。たとえば、永遠真理創造説の初出は一六三〇年四月一五日付けのメルセンヌ宛書簡であるが、脚注において、この説が言及されるすべてのページを示しておいた。これによってある一つの主題の展開が立体的に把握できるであろう。

（d）人名・地名の他に事項索引をつけた。これによって、たとえば「記憶」ということばが、どこで何回（第一巻では一五回）使われているかが明らかになり、そこからデカルトの記憶論の概要が浮かび上がるであろう。全巻完成の暁には、書簡集に関する膨大なコーパス（ワード・インデックス）となり、デカルト用語事典が完成することになろう。

他方、翻訳に際しての問題点もいくつか浮かび上がった。

（e）訳語の整合性の問題である。日本語は欧米語とは本質的に異なる点が多く、ある用語に対してどういう訳をつけるか、一対一対応させるのかなどの問題がある。たとえば、corpus は身体の意味にも物体の意味にもなるが、日本語ではどちらかに表記せざるをえない。両方の意味になる場合は、身体（物体）と併記した。また、anima と mens をどう訳し分けるかもつねに問題であり、人間の anima に限って mens と言われる場合がある[6]。基本的には前者を魂、後者を精神とした。また、同じ「知る」でも、percipio / concipio, intelligo / comprehendo, cognosco / agnosco にどういう日本語をあてるかはきわめて困難であった。原則としては、percipio は精神で知覚する、intelligo は知性で認識する、comprehendo は全体を理解する、と考えておいた。ただ、デカルト自身がそれらのことばを、つねに一貫して同じ意味で使っているかどうかは疑問であり、必ずしも一貫していない個所がいくつかあった。

（f）書簡には多くの差出人が登場するが、人による文体の訳し分けという問題もある。たとえば、レンズ職人ジャン・フェリエはデカルトと同じ水準の言葉で語っていないし、エリザベトとクリスティナ、レギウスとメルセンヌとの文体は明らかに違う。それらのニュアンスを訳文にどう反映させるか、女性ことば（私か妾《わらわ》か、など）や敬語をどう訳すかが問題であった。結論としては、これは文学作品の訳ではないのであまり神経質にならず、意味さえ明確になればよいという立場をとった。また、相手が女王だからといって、原文以上の過剰な尊敬表現は用いなかった。ただ、ホイヘンスの文体には古いオランダ語風の言い回しがあり、オランダ人でも手を焼いていると聞いている。全力で訳を試みたつもりだが限界をも感じている。

（g）人名・地名の表記も頭を悩ました。Voetius はヴォエティウスなのかフーティウスなのか、Leyde はレイデンなのかライデンなのかなどである。Prince d'Orange はオレンジ公かオラニエ公かも問題であった。結論としては、必ずしも原音主義をとらず日本語として標準的な表記を採用し、それぞれヴォエティウス、ライデンとした。紛らわしい場合はオレンジ（オラニエ）公と併記した。

デカルトの書簡を日本語にする意味はどこにあるか。第一義的には、その内容が日本の一般読者や他の専門分野の人に広く開示されることにある。すなわち、哲学のみならず、医学、生理学、物理学、数学、光学、工学、法律学、教育学、歴史学など、他の専門分野からのアクセスが容易になろう。それらの相乗効果によって、デカルト哲学そのものの研究も幅が広まり、奥が深まるだろう。だが、この翻訳はアジア人のデカルト理解を深めるという点でも意味がある。東アジアは漢字文化圏に属する国が多い。中国、台湾、韓国・北朝鮮やベトナムなどである。それらの地域では漢字を通して日本語を解する人が今も少なくない。それは、イタリア人がラテン語で書かれた文章をだいたい理解できるのと同じである。この書簡集が漢字交じりのことばになることで、アジア人がデカルトに接近するのがより容易となるだろう。他方、日本語を解さない多くの欧米人にとっては、書簡集に興味はあっても、その日本語訳は全く意味がないであろう。それは、『論語』のチベット語訳が多くの日本人には無意味であるのと同じである。その点では、この訳書は欧米のデカルト研究にとって文献資料としての意味しかないだろう。しかし、少しでも日本語に関心を持つようになるなら、原文がどういう訳語になっているか、そこにどういう脚注が付けられているかが分かり、研究上の大きな利益になるだろう。そして、それは大きく言えば、デカルトを介した異文化の相互理解につながるであろう。

二　書簡集の意義

十七世紀の多くの書簡がそうであったように、デカルトの往復書簡も公表されることを意識して書かれた場合が多いと思われる。その意義が大きいことは改めて言うまでもない。そこには、デカルトの日常、旅行、遺産、友人、家族などの私生活が描かれ、哲学者の生活世界が浮かび上がる。それは彼の思想の背景を知る上で重要であろう。また、三十年戦争とその終結、イギリス王の処刑など、その時代の証言もある。さらに、メルセンヌやエリザベトなどの親しい人に対しては、とりわけ胸襟を開いた率直な内容になっており、研究上きわめて貴重である。書簡は「知性の実験室」(7)であろうし、その結果「全思考の動きが互いに食い違う主張にまでなっていることを示す」(8)こともあろう。われわれの見るところでは、書簡集からデカルトの本音が聞こえてくることが多い。たとえば、フェリエやベークマンとの確執、解剖学のほかに光学や機械学にも本気で取り組んでいたこと、最終的には人間論を書きたかったこと、スウェーデンには住みたくなかったこと、などである。しかし、最も重要なことは、著作では必ずしも明確にされていないことがらが、そこで語られていることだろう。「書簡は著作への最も貴重な注釈」(9)と言われる所以である。その例として、しばしば指摘されるいくつかのことを確認しておこう。

（a）マキアヴェリへのコメント(10)。――これはエリザベト宛ての手紙以外には出てこない。彼女が社会生活の規則を求めたのに対する回答である。そこでは個人でなく集団の道徳、国家社会が論じられている。これは著作には出ていないことである。興味深いことは、デカルトがマキアヴェリに否定的であるのに対して、エリザベトは「大きな暴力は小さな暴力よりも害が少ない」（デカルト宛 1646.10.10.AT.IV, 520）として、ある意味で肯定的であることである。彼女はデカルトよりもリアルにものを見ていたことになる。

（b）永遠真理創造説。――一六三〇年四月以降のメルセンヌ宛て書簡の数通が有名である。だが「神はわれわれには矛盾と見えることもなしえた」という趣旨の言明は、一六三〇年一〇月のベークマン宛て書簡から一六四九年二月のモア宛て書簡にいたるまで多くある(11)。これらのテキストについて今は多くを語ることはできないが、それらが著作の隠れた部分を補足説明する重要なものであることは疑いない。2＋3＝5をも疑うという「第一省察」（AT.VII,20）に現われた思想は、氷山の一角にすぎない。

（c）道徳論。――デカルトは『情念論』『序説』を除いて、著作ではモラルの話をしなかった。しかるに、エリザベト、クリスティナ、シャニュらに宛てた書簡において、道徳が単発的に語られている。たとえば、セネカの『幸福な生について』を解説して暫定道徳の改定版を提出している（エリザベト宛1645.8.4.AT.IV, 263-268）。また、四つの実践的世界観（神がある、魂が不死である、宇宙が無限である、個人は社会の一部である）を披露している（同1645.9.15.AT.IV, 290-296）。さらに、この世には悪よりも善の方が多いとし、「死を忘れて生を愛する」（メルセンヌ宛1639.1.9.AT.II, 480）という楽観主義を表明している。しかしエリザベトの側からすれば、理性による情念の支配はもっともなことだが、それは哲学者でない者にとっては簡単ではない。とりわけ運命によってたえず苦しい状況に置かれている者においては、理性に従うことは現実には無理である。また、この世には善よりも悪の方が多いことをデカルトは見ていない、ということになる。彼女によって、デカルトの道徳は実践の側から批判的に検証され、その理論の有効性が現実の場で試されていることになろう。

（d）エリザベトとの文通における心身問題。[12]――ここではこの問題を少し掘り下げておきたい。精神と身体とは異質なものであるのに、なぜ相互作用があるのか。この種の問いはすでに何人かの学者から出されている。たとえば、ガッサンディは「もし魂が延長を持たず非物体的であるなら、それはいかにして身体に触れ、身体を押し、動かすことができるのか」（*Disquisitio metaphysica*,404b; *Objectiones Quintae*, AT.VII,337）と問うた。デカルトはそれに手短に答えたのみである。しかし、同じ問題を提出したエリザベト[13]には十分な回答を与えている。これによって心身問題が大きな展開を見たことは言うまでもない。その詳細をたどることは今はできないが、関連する五つの往復書簡の議論を復習しておこう。

第一にエリザベトは質問する。「人間の魂は（思考する実体にほかならないのに）、いかにして身体が……運動をするように決定しえるのか」（1643.5.16.AT.III,661）。――これが問題の出発点である。ガッサンディ、アルノー、レギウスなど、多くの人もそう考えた。第二にこれに対してデカルトは答える。「私は心身の区別は証明したが、それらの合一（魂がいかにして身体を動かす力を持つか）については説明しなかった。合一の概念は、延長や思考の概念と同じく単純概念である。この概念が、魂が物体を動かす仕方を教える。だが、魂が身体のなかではたらく力の概念と、物体が他の物体のなかではたらく力の概念とを混同してはならない。かつてわれわれは、合一の概念を重さと同じく実在的性質として、物体的諸性質に帰属させていた。しかし、その概念は、魂が物体を動かす力であり、物体間の力の概念（重さ）に適用されてはならない」（1643.5.21.III,664-668）。この点については「第六答弁」[14]の最後を見るのが有益である、とデカルトは言う。そこではたしかに心身の「複合」が言われているが、複合の内実については何ら語られない。「合一の概念」はブラック・ボックスのままである。

第三にエリザベトは反論する。「魂がいかにして物体を動かすことができるのかを……重さの観念によっては、理解できない。非物質的なものに、物体を動かしたり、動かされたりする能力を求めるよりも、むしろ魂に物質や延長を認めたほうが分かりやすい」（1643.6.20.AT.III,684-685）。――当然ながら、エリザベトはデカルトの説明に納得できない。そして重さの比喩では無理だとも言う。魂がいかにして物体を動かすことができるのかはまだ明らかではないからである。

第四にデカルトはさらに敷衍する。「魂、身体、心身の合一の三つの概念を、明確に区別すべきである。……合一は、知性や想像力によっては漠然としか理解されないが、感覚によってきわめて明晰に理解される。それゆえ、全く哲学したことがなく感覚しか使わない人は、かえって魂が身体を動かし身体が魂に作用することを少しも疑わない。……心身の合一を理解するようになるのは、実生活と日常の交わりだけを用い、省察や想像をさし控えることにおいてである。……なぜなら、心身の区別とその合一とをきわめて判明にかつ同時に理解することは、人間精神にはできないからである。そのためには心身をただ一つのものと理解すると同時に、二つのものと理解しなければならないが、それは矛盾するからである」(1643.6.28.III,691-695)。――これが最も詳しい説明である。三概念とその領域を明確に区別すべきことを言っている。心身の区別は、純粋知性をはたらかせる形而上学的思考の領域において捉えられ、合一は実生活と日常の交わりのみを用いる領域において感覚によって知られるので、エリザベトのように魂に物質や延長を帰属させることは、実は心身の合一を言っていることになる。だが、問題の次元や領域が違うとか、心身合一は生きた人間の領域だというだけでは済まされないだろう。

第五に、これに対してエリザベトは言う。「あなたは、感覚は魂が身体を動かすことを示しているが、どういう仕方で身体を動かすのかを教えない(知性や想像力も同様に教えない)。……私は、魂の概念と身体の概念とを一般の人と同じ理由で混同していることの言い訳はしない。しかし、それは私から最初の疑問を除去するものではない」(1643.7.1.AT.IV,1-3)。――結論としてエリザベトは全く納得していない。知性で理解しようとするからいけないとか、感覚で知られると言われても、その感覚も、魂がどういう仕方で身体を動かすのかを教えない。結局、依然として最初の疑問は除去されず、デカルトに確かな答えを求めている。

以上の議論を通して分かることは、要するに、エリザベトの望む意味での解答は与えられていない、むしろ与えられないということである。この点でデカルトは理論的には問題を放棄していることになる。かの松果腺が理論的な解明の一つであったのだが、その話は、エリザベト宛書簡にはなぜか出てこない。それは一六四〇―四一年のメイソニエ宛てとメルセンヌ宛ての手紙に出て来ており、後の『情念論』（第三一―三四節）で正式に登場することになる。一六四三年のこの時点で当然それを話題にしてもよいのだが、デカルトはなぜか口を閉じている。エリザベトに対しては、心身の区別と合一とは、知性で同時に理解しようとすると矛盾してしまうので、合一の方は感覚によって生の次元で理解すべきだ、と一貫して主張している。それは、文脈は違うが、カントが知Wissen を棄てて信 Glauben に場を空けなければならなかったこと[15]を想起させる。デカルトはここで知の問題を棚上げにして、実践的な信念に身を寄せるのである。

だが、それでは問題は済まされないだろう。矛盾したことを、理論と実践の次元を分けてよしとするのは、問題の真の解決ではない。かつてグイエは、この矛盾は形而上学的困難ではなく心理的障害にすぎないと解釈した[16]。しかし、明らかにここでは「二つのものが同時に二つのものではありえない」という論理的矛盾を言っていると思われる。現代の研究者の多くは、心身の区別と合一を同時に語れないということの意味をいろいろ解釈しているようである。われわれの見るところ、デカルトは心身の区別を言う場面と、合一を言う場面とでは、同じ言語ゲームをしていない。ちょうどそれは、舞台で役者が「生きながらうべきか死すべきか、それが問題だ」と真剣に語りながら、同時に客席の女房に「今夜のおかずはサンマにしてくれ」と小声で言うようなものである。それを二つとも聴かされている聴衆（エリザベト）が、生死の問題は一体どうなるのか、と思うのは当然だろう。日常の生と交わりという次元を持ちだしても問題はなんら解決しない。感覚で分かるからと言っても解決にはならない。あくまで理論の場で決着をつけて欲しい。感覚で分かると言うならその仕組みを理論的に説明して欲しい。これがエリザベトの主張であった。そのため彼女は、デカルトはそれをとうてい認められないが、魂に物質的要素を求めようとさえした。スピノザやライプニッツは、これとはヴェクトルが異なるものの、エリザベトと同じ正攻法で問題の決着をつけようとしたことになる。他方デカルトにすれば、その意味での決着はつかない、と言いたいのである。問題の根本がここに露呈している。

ともあれ、エリザベトとのこの論争なくして、心身合一の概念という第三の領野は、詳しく知られることがなかったであろう。われわれの読み方では、合一の概念は区別との間に問題をはらんでいる。だが、結果的には「第六省察」における感覚の領野を説明し、『情念論』を準備することにつながっていると言えよう。これはほんの一例にすぎないが、かように書簡は著作の欠を埋める重要なコメントであり、問題の奥行きを示すものである。

以上、書簡集の日本語版と書簡集の意義について論じてきた。われわれの日本語版が世界のデカルト研究にどれだけ貢献できるか分からない。だが、書簡集そのものの意義は心身問題の展開に見られるように疑いもなく大きい。それは、まぎれもなくデカルトの本意を示している。書簡であればこそ、たとえばエリザベトであれば分かってくれると思うからこそ、デカルトはここまで書けたのであろう（しかしエリザベトは理解せず、論敵のガッサンディと同じ立場であった）。結論としてわれわれは、デカルト研究は著作だけでは決して十分でなく、書簡を活用してはじめて完全なものになる、という平凡な事実を改めて確認したことになる。それはちょうど、日本を本当に知るためには、東京や京都などの大都会を見るだけでは十分でなく、田舎へ行って素朴な日本人の日常に触れる必要があるのと同じである。

註

（1） AT版の全一一巻中、書簡は一―五巻および一〇巻の一部を占める。ベルジョイオーゾ版全集（Belgioioso éd., *René*

Descartes.Tutte le lettere 1619-1650, Opere 1637-1649 et Opere postume 1650-2009）では、全三巻七三六三ページのうち書簡は三一〇八ページで、四二%を占める。

（2）この通説に加えていくつかの準テキストを挙げることができよう。まず十七世紀のラテン語版二種である。1）*René Descartes, Epistolæ, partim ab auctore Latino sermone conscriptæ, partim ex gallico translatæ. In quibus omnis generis questiones philosophicæ tractantur, et explicantur plurimæ difficultates quæ in reliquis ejus operibus occurrunt* pars prima[-secunda], 2 tt., Amstelodami, apud Danielem Elzevirium,1668.2) *Renati Descartes Epistolæ, partim latino sermone conscriptæ, partim e gallico in latinum versæ* [...] Pars tertia, Amstelodami, ex typ. Blaviana, 1683). これらのテキストはその出自がややはっきりしない。これについてはG. Belgioioso, Parler de la *correspondance* de Descartes. Lecture à Nagoya, 2011, note,17に負う。次に十八世紀の諸版である。たとえば、*Lettres de Mr. Descartes*, 6 tomes, Paris, Compagnie des Libraires, 1724-1725 はクレルスリエ版の引き写しであるが、新たな書簡を加え若干の新訳を施した増補版である。AT版（AT.I,LIII）も指摘するように、この版の重要性はそれほど高くはないが、十分参考になると思う。これは現在インターネットでも見ることができる。

（3）C. Clerselier éd., *Lettres de Descartes*, 3 tomes,1657,1659,1667; *L'Exemplaire Clerselier de l'Institut de France*, 1666-1667; V. Cousin éd., *Œuvres de Descartes*, 11 tomes, 1824-1826; Ch. Adam & P. Tannery éd., *Œuvres de Descartes*,11 tomes,1897-1913, réditon 1964-1974,1996; Ch. Adam et G. Milhaud éd., *Descartes Correspondance*, 8 tomes, 1936-1963; G. Belgioioso éd., *René Descartes, Tutte le lettere 1619-1650*, 2009.

（4）E.-J. Bos, Two Unpublished Letters of René Descartes: On the Printing of the *Meditations* and the Groningen Affair, in «*Arichiv für Geschichte der Philosophie*», 92,2010, S.290-303.

（5）B.461は462の返信になっており、B.610も613の返信になっている。それぞれ順序を入れ変えるべきだと思われる。最新の版であるシャピロ版（L. Chapiro ed., *Princess Elisabeth of Bohemia and René Descartes: The Correspondence between Princess Elisabeth of Bohemia and René Descartes*, 2007）やアルモガット版（éd. J.-R. Armogathe, 2013）でも訂正されている。

（6）この点に関してサレント大学のFranco A. Meschini教授から「手紙に比して著作では用語はより一貫している。仏語の場合、精気の意味でのespritとの混同を避けるためにâmeと言っているのではないか」とのコメントを得た。

（7）J.-R. Armogathe, La correspondance de Descartes comme laboratoire intellectuel, in J.-R. Armogathe, G. Belgioioso e C. Vinti éd.,

La biografia intellettuale di René Descartes attravero la correspondance, 1998. pp.5-22.

（8） G. Belgioioso, Parler de la *correspondance* de Descartes. Lecture à Nagoya, 2011.

（9） A. Bridoux éd., *Œuvres et lettres de Descartes*, 1953, p.905.

（10） 最近では Pierre Guenancia, *Descartes,chemin faisant*, 2010, pp.213-228 がそれに触れている。

（11） ベークマン宛 1630.10.17、ジビュー宛 1642.1.19、メラン宛 1644.5.2、レギウス宛 1642.6、エリザベト宛 1645.11.3、アルノー宛 1648.7.29、モア宛 1649.2.5 など。

（12） 心身の相互関係をどう説明するかというこの問題は、心身の合一と区別をどう理解するかという角度から問われることが多い。最近の研究はきわめて多いが、たとえば次のものが興味深い。J. Cottingham, Cartesian 'Trialism', in *Descartes*, 1986; D. Kolesnik-Antoine, *Union et distinction de l'âme et du corps: lectures de la VIe Méditation,* 1998; ibid, *L'homme cartésien*, 2009.

（13） 晩年のエリザベトはガッサンディの哲学にも関心を示した。

（14） AT.VII,444-445. なお、この少し前で重さの比喩について、「重さは、重さのある物体のうちに等しく拡がっている……と私は思っていたが、……今はもう、精神は別の仕方で物体のうちに等しく拡がっているものとは理解していない」（同 441-442）と言われている。この比喩は、物体間の力関係を説明するには適していても、心身の相互関係の説明には適さないのである。

（15） Kant, *Kritik der reinen Vernunft.* B.XXX.

（16） H. Gouhier, *La pensée métaphysique de Descartes*. 1969, p.334.

コラム2　新発見のメルセンヌ宛て書簡

二〇一〇年一月、アメリカのペンシルベニア州の大学図書館で、デカルトのメルセンヌに宛てた一書簡が発見された。これは今まで知られていなかったものである。本章では、テキストを提示したうえで、そこからどういう新しいことが言えるかを検証したい。

まず、その原本（部分）、活字体への転記、(1) 筆者による訳文を次ページに掲げる。

これはメルセンヌ宛て書簡一六四一年五月二七日の終わりの部分である。見つかった全体は四枚組で、そのうちの最後の一枚の後半が本図のものである。発見者であるオランダの Erik-Jan Bos 氏によれば、二〇一〇年一月コンピュータによる検索の結果、米国ペンシルベニア州の Haverford College, Roberts Collection のうちにこれが含まれていることを知った。先方に問い合わせてコピーを送ってもらったところ、デカルトの手稿と分かり驚いたそうである。そのことは二月二五日に公表された。Roberts 氏はリンカーンの手紙や独立宣言などの手稿のコレクターであり、一八四〇年代に何らかのオークションでこの書簡を手に入れた。そして氏の死後一九〇二年、それは母校の大学に寄贈されたが、その出所もそれがデカルト自筆の手紙であることも分からなかったようである。フランス側の資料からすると、これは十九世紀中頃に Institut de France（フランス学士院）の図書室から盗まれたデカルトの書簡七二通のうちの一通である。四五通は回収されたが残りは未だ行方不明とのことである。犯人は G. Libri というイタリアの伯爵で、コレージュ・ド・フランスの数学教授かつ図書館の理事であり、著名人の自筆原稿の収集家であった。犯行後、彼はイギリスに亡命した。その後この書簡は、何人かの手を介してアメリカに渡ったもようである。現在はフランス学士院に返却されている。この発見物語は新聞

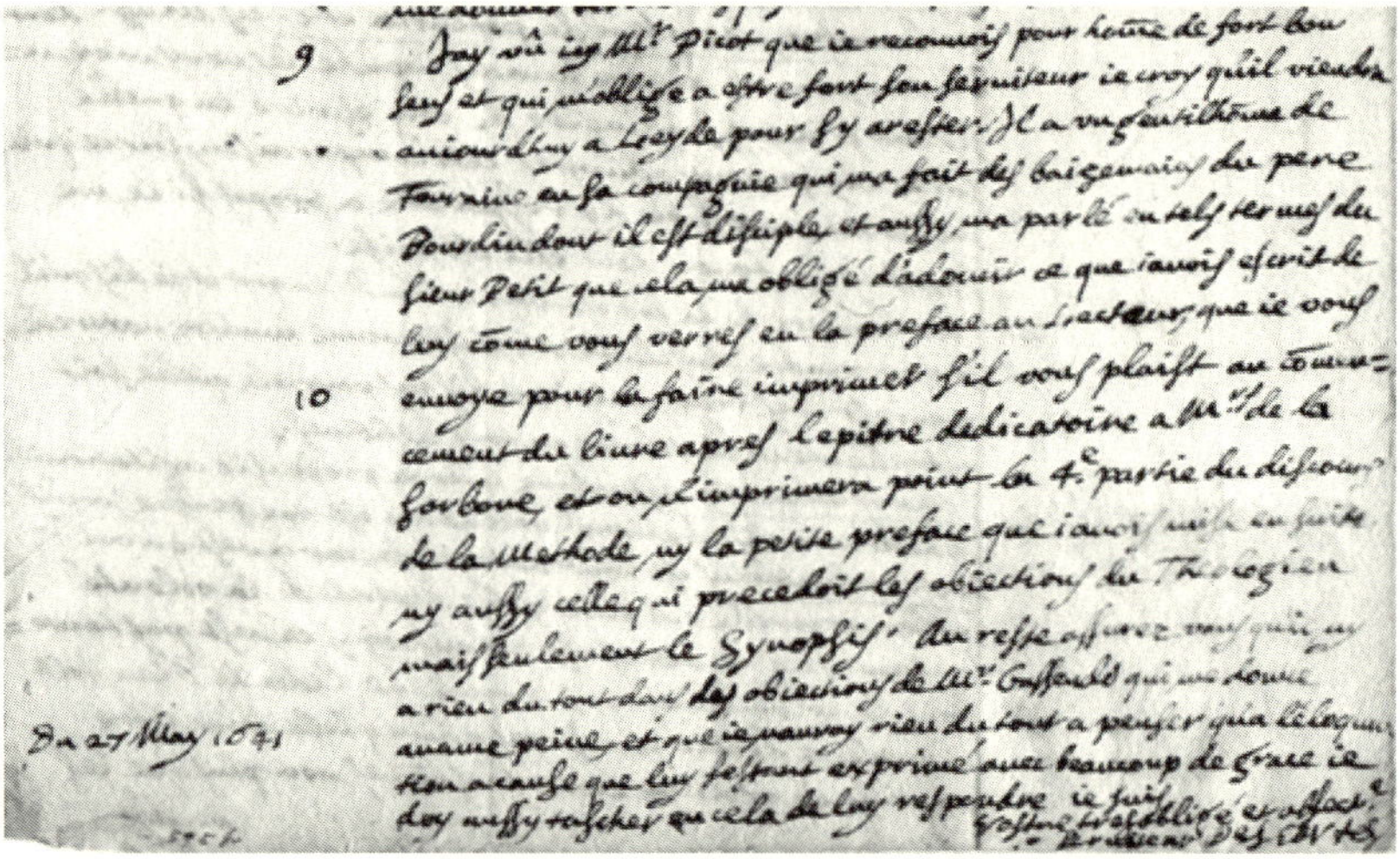

9 I'ay vû icy Mr Picot que ie reconnois pour homme de fort bon sens et qui m'oblige a estre fort son serviteur ie croy qu'il viendra auiourdhuy a Leyde pour s'y arester. Il a un gentilhomme de Touraine en sa compagnie qui m'a fait des baizemains du pere Bourdin dont il est disciple, et aussy m'a parlé en tels termes du sieur Petit que cela m'a obligé d'adoucir ce que i'avois escrit de luy comme vous verres en la preface au lecteur, que ie vous

10 envoye pour la faire imprimer s'il vous plaist au commencement du livre apres l'epitre dedicatoire a Mrs de la Sorbone, et on n'imprimera point la 4e partie du discours de la Methode ny la petite preface que i'avois mise en suite ny aussy celle qui precedoit les obiections du Theologien mais seulement le Synopsis. Au reste assurez vous qu'il n'y a rien du tout dans les obiections de Mr Gassendi qui me donne

Du 27 May 1641

aucune peine, et que ie n'auray rien du tout a penser qu'a l'eloquution a cause que luy s'estant exprimé avec beaucoup de grace ie doy aussy tascher en cela de luy respondre ie suis

Vostre tres obligé et affectionné
serviteur Des Cartes

9 私はここでピコ氏にお会いしました[2]。彼がきわめて良識ある人であることを私は知っていましたし、彼には心から仕えたい気になってしまいます。彼は今日ライデンに来て、そこに留まることになると思います。トゥレーヌの紳士[3] を伴っており、その人は師であるブルダン神父[4] からの挨拶を私にしてくれました。また、その人は穏やかな表現でプチ[5] 氏について語りました。そのためプチ氏について私が書いたこと（たとえば「読者への序文」でご覧になれます）を緩和せざるをえなくなりました。「序文」はその書の冒頭の「ソルボンヌの博士への献辞」の後にあり、もしよろしければ印刷するようにと
10 あなたにお送りしてあるものです。そして、『方法序説』第四部、その後に付した短い序文、神学者の反論に先立つ序文は印刷せず、ただ「梗概」のみを印刷していただきたいと思います。さらにご休心いた
1641.5.27 だきたいのですが、ガッサンディ氏の反論には私を少しでも煩わせるものは全く何もありません。氏のことば遣い以外には考慮することは全く何もないでしょう。というのも、氏は優雅な文体の数々でご自分を表現されるので、その点においても氏に答えるよう努力しなければならないからです。私は、

あなたにきわめて恩義があり、親愛なる

下僕　　デカルト

記事や Youtube の動画でも取り上げられた。テキストの全容は後に雑誌で公開された(6)。

テキストの信憑性は疑いもないだろう。その筆跡は紛れもなくデカルトのものであり、発見の状況からしても、またそれが一六九〇年頃および一八〇〇年に作成された目録に記載されていることからしても問題はないからである。その存在自体は知られていたのであるが、その内容がなぜか伝わっていないのである。それが十九世紀中頃までフランス学士院の図書室に保管されていたなら、史料として当然多くの研究者の目に触れたはずである。ところが、どの全集や伝記にもその記述はない(7)。学士院の図書室にその古い記録があり、かつ盗まれたと特定できたくらいなら、なぜその内容が全集などに収録されなかったのか。これまで研究者のだれ一人としてそれを見たことがなく(8)、みな見落としてきたというこの点に何か腑に落ちないものが感じられる。史料の整理・保管の仕方に問題があったとするなら、これからもそういう発見がありうるということだろう。

この書簡から明らかになることは少なくない。この時期のデカルトの状況からすると、それは印刷中の『省察』に関してデカルトがいろいろ注文をつけていることを物語っており、極めて重要である。手紙が書かれた一六四一年五月二七日の時点で、『省察』本文の印刷見本はすでに出来ていた。一週間前、それを読んだ某氏の所感がメルセンヌを介して寄せられた際(某氏よりデカルトへ 1641.5.19.AT.III, 375)、デカルトはそれに答えて観念とは何かを論じている(メルセンヌ宛、1641.6.16.AT.III, 382)。「反論と答弁」を含めた『省察』の全体は八月二八日に印刷を終了することとなる。五月下旬のこの時期、デカルトはライデン郊外のエンデヘストの城にいて、「反論と答弁」の印刷見本の一部などを見直しながら、メルセンヌに指示を出していたと思われる。

まず明らかとなることは、当初デカルトがガッサンディの反論に対して好感を以って接していたことである。「第五答弁」の屈折を知っているわれわれは、「優雅な文体に値するような答弁をしなければ」とまで敬意をもって言っているのに驚く。五月のこの時点で「第五反論」は送られたばかりで、デカルトはまだ十分に内容を把握していないのである。少なくとも最初は、大先輩に対して礼節を以って答弁しようとの誠意があったことが確認できる。

次に明らかとなることは、『省察』の構成の変更である。これがきわめて重要な点である。すなわち、人を介して論敵プチからの和解の要請があり、デカルトは「読者への序文」のトーンを修正して和らげざるをえなくなった。そして『省察』本文と「反論と答弁」は別として、「梗概」のみを印刷して、『序説』第四部、『省察』に付した短い序文、神学者の反論に先立つ序文、の三テキストを印刷しないようにとの指示を出したのである。それらは原稿段階では『省察』に入っていたが、印刷の直前で急遽修正・削除されたのである。デカルトは論争モードから和解モードへと、トーン・ダウンしたことになる。すなわち、本来はもっと論争的なものであったものが、角《かど》がなく穏やかな形に直されたのである。それは『省察』が、『序説』以来、学者たちとの確執の延長線上で書かれたことを物語っている。もっとも、一書簡の数行の記述だけからそう断定できるのか、メルセンヌからの返信などそれを傍証するものが他にないかなどの問題点は残るが、現段階ではそう考えるしかないだろう。かりにそう改訂されたとするなら、テキスト構成の変更をどう考えるべきであろうか。以下、この点を考証しておきたい。

現在われわれが見ている『省察』（第一版、一六四一年）の構成は次のようになっている。（数字はページ数）

ソルボンヌ宛書簡	Epistola	11
読者への序文	Praefacio ad rectorem	6
目次	Index	3
梗概	Synopsis	7
省察	Meditationes	109
反論と答弁	Objectiones et Responsiones	756

これに対して、当初の原案は次のようなものであったと推定される。（＊＊は出版時に削除、＊は修正されたもの。）

ソルボンヌ宛書簡	
『序説』第四部＊＊	la 4^{e} partie du discours de la Methode

読者への序文＊　la preface au lecteur
『省察』への短い序文＊＊　la petite preface
目次
梗概
省察
神学者の反論に先立つ序文＊＊　la preface qui precedoit les obiections du Theologien
反論と答弁

以上のような構成になっていたと考えられる根拠を示したい。冒頭の「ソルボンヌ宛書簡」Epistola、「目次」Index、「梗概」Synopsis は定まったテキストであり、動かない。『省察』の本文および「反論と答弁」も同じである。これ以外で、二つの版の異同および当初のテキスト配列順次を考えておく。

まず、形而上学を論じた『序説』第四部 la 4e partie du discours de la Methode を『省察』のはじめに入れるということである。その位置としては、「読者への序文」の直前に入るであろう。「序文」は『序説』第四部への批判に対する反論になっており、その議論の前提となるからである。だが、第四部は原本で九ページあり、それをラテン語に訳して『省察』のはじめに挿入するのは、書物の形態としてやや無理があろう。かりに反論の前提として重要であるとしても、二書はそもそも執筆目的が異なり、それらを一書において繋ぐならば、まさに木に竹を接ぐような印象を与える恐れがある。[9] デカルトとしては、そこまでして自分の論の正当性を人に分かってもらいたかったのだろう。批判に対して極めて敏感であった哲学者の姿が浮かび上がる。[10]

「読者への序文」la preface au lecteur は、上に述べたように序文とは言いながら『序説』に対する反論への答弁が大半を占めている。それゆえ『序説』第四部の直後に位置すると考えるのが適切であろう。それは当初は内容的に潤沢で、かなり挑戦的なものだったと推察される。しかし、修正されたテキストではそれが和らげられ、議論が省略されている。実際、現在われわれが見る「序文」の中ほどに「二つ以外にもかなり長い文章に目を通した」(AT.VII,8) とある。これは神の存在についてのプチの批判を指すと思われるが、「ここでそれらについて答えるつもりはない」(同) として話を打ち切っている。ここが修正点であろう。これは先方が和解を求めてきた以上、むやみに論争を続けたくないという意向の表れと読めるであろう。と同時に、それはわれわれが知っている『省察』の水面下には多くの反論と答弁が存在していたことを物語っている。[11]

そもそもデカルトは序文を書かないケースが多い。『序説』にごく短い序文がついているが、これは目次に等しい。『原理』の仏訳序文が唯一の例外である。ここに付加されていた「省察への短い序文」la petite preface は、『省察』本文に向けてのものであるので、まえがきに相当する「読者への序文」よりも後に位置するだろう。そして序文である以上、本文の内容を要約した「梗概」よりも前に来るのが自然であると思われる。その中身は知る由もないが、ここにもプチの批判を意識した記述が含まれていたかもしれない。あるいは単に『省察』の狙い(形而上学の基礎として、神と人間精神の存在を証明すること)が短く述べられていた可能性がある。[12] しかし、本文に入る前に二つの序文と梗概が並ぶのはあまりにも煩雑すぎると考えたかもしれない。

「神学者の反論に先立つ序文」la preface qui precedoit les obiections du Theologien は「反論と答弁」の直前に位置するであろう。長大な「反論と答弁」には、たしかに序文があってもよいであろう。内容については推測の域を出ないが、なぜこのような体裁をとったかの理由、六つの反論を得たことへの説明などが盛り込まれていた可能性がある。ただ、反論には本来あまり益するところがないというのがデカルトの持論(『序説』AT.VI,68) であるからには、かなり批判的な内容であり、それゆえ削除したのかも知れない。もっとも、本文に反論と答弁とを組み入れるというスタイルはスコラの書物では普通であり、その序文は削除しても「反論と答弁」を削除したり修正することはありえなかったであろう。

以上のようなテキスト構成の変更をどう評価できるであろうか。このとき『省察』は出版直前であり、火事場のような慌しい状況であったであろう。デカルトはテキストの修正だけでなく、細かい用語についても次々にメルセンヌに打診している。それほど出版には神経を使っていたのである。しかも、すでに印刷の準備ができていたにも関わらず、急遽、三つのテキストが削除され、一つが修正された。プチの批判に対する態度の軟化（トゥレーヌの紳士を介しての和解）があったことが直接の理由であろうが、もともと無用の論争を避けたいという気持ちが根本にあったであろう。これで大丈夫だと満を持して出版したわけだが、しかし実際は論争は避けられず、その後も論争が延々とうち続くことになる。

逆に、もし『省察』がこうした装甲を施した形のままで刊行されていたなら、『省察』は様々な論争に多極的に対応する論争の書となっていたであろう。たとえば『省察』は『序説』第四部の延長戦と位置付けられ、両者の連続性がますます明らかとなろう。(13) われわれ後世の研究者としては、その方が得るところが大きい。それは『省察』の本文に直接関わることではないにせよ、本文の解釈に影響して来るからである。しかし他方で、他のテキストの一部がそのまま挿入され、反論や批判を含んだ三つの序文が複雑に入り組むことになる。その結果、一冊の書物としての統一性を欠き、ゴタゴタしたものとなっていたはずである。変更後は、読みにくかったものが比較的すっきりとしたスタイルになり、著者の意図がよりよく見えるようになったと言えるであろう。だが、これによってわれわれが失ったものも少なくないであろう。幾分スリムにはなったが当初の圭角は失われた。それが現在われわれの見ている『省察』にほかならない。

註

（1）原本の提供と転記はユトレヒト大学の Erik-Jan Bos 氏による。原文そのままの転記であり、本章でもこの表記を用いた。なおこの発見をまとめた同氏の報（http://www.phil.uu.nl/~bos/unknownletter.shtml）がネット上に公開されている。本章はこの報告に負うところが大きいが、書簡の細かい分析などで論者なりの解釈を出しておいた。

（2）「ここで」とはライデン郊外のエンデヘストと考えられている。ピコ（Claude Picot）はデカルトの友人で『原理』を仏訳したことで知られる。

（3）バイエは、ピコの友人でトゥールのトゥシュレ神父（Abbé de Touchelay）だったと考証しているが（A. Baillet, *La vie de Monsieur Descartes*, II, p.176）、その詳細は不明である。

（４）ブルダン神父（Père Bourdin）はイエズス会の神父でパリのクレルモン学院教授。「第七反論」を書いてデカルトを批判した。

（５）プチ（Pierre Petit）は大砲や城塞に関わった軍の技術者で屈折の問題に関心があった。デカルトの『屈折光学』を含む『序説』全体を批判した。

（６）E.-J.Bos, Two Unpublished Letters of René Descartes: On the Printing of the *Meditations* and the Groningen Affair, in «*Arichiv für Geschichte der Philosophie* », 92. 2010, S.290-303. テキスト全体の内容は、『省察』の印刷でき上がりがきれいである、ガッサンディの長い反論に答えるのに二～三週間かかるとした後で、これまでなした「答弁」を八項目にわたって補足修正している。すなわち、自体的な存在としての神、神の観念の実在性、無限なものが他の存在を排除するか、信仰の光と自然の光、神の観念は必ずしもすべての人において明らかではない、「デカルト」という名前の表記、デザルグの問題に関してフェルマとロベルヴァルの解、などである。われわれが上に抜き出したテキストは最後の九―一〇項目に位置する。本章ではこの書簡の全体を視野に入れることはしなかったが、それぞれの項目は独立しており、それは本テキスト解釈に影響するものではない。

（７）C. Clerselier éd., *Lettres de Descartes*,1657,1659,1667; A. Baillet, *La vie de Monsieur Descartes*, 1691 において然りである。ただバイエは、この書簡の直接の引用ではないが「オランダを旅したもの好きなフランス人の大部分が、しばしばデカルトを表敬訪問した」（II,p.176）と書き、わずかにその痕跡を残しているようにも読める。また V. Cousin éd., *Œuvres complètes de Descartes*, 1824; Ch.Adam & P. Tannery éd., *Œuvres de Descartes* 1897-1913, 1996; Mme P. Tannery & C. de Waard éd., *Correspondance du P.Marin Mersenne,religieux minime*, 1932-1988 にも掲載されていない。

（８）もっとも、一九七九年 Haverford College の学生がこの書簡を読んで博士論文を書いていたことが分かっている（Mary Helen Miller, Key Letter by Descartes, Lost for 170 Years, Turns Up at Haverforf, in *The Chronicle Of Higher Education*, February 25, 2010）。だが、なぜ多くの学者がこれを見落としてきたかについては分かっていない。

（９）クルセルのラテン語訳（一六四四年）はまだ出ていない。

（10）もっとも、既存の文書を別の著作に組み入れるという発想は、デカルトにおいて例のないことではない。たとえば『形而上学小論』を仏訳して『序説』第四部に入れるという構想（メルセンヌ宛 1637.3.AT.I,350）があったが、実現しなかった。

（11）たとえば、一六四一年七―八月、ガッサンディ派の某氏との間で交わされた「反論と答弁」（AT. III,397-412, 421-435）があったが、『省察』の印刷に間に合わなかったことをわれわれは知っている（本書第五章九九ページ参照）。だが、われわれには残されていない論争も多くあったであろう。

（12）『原理』の仏訳序文（AT.IX-2,16）に『省察』への短い言及があるが、それと同様のものだったかもしれない。

（13）形而上学について両テキストの立場が根本的に違うとする解釈（たとえばF・アルキエの解釈）は再検討を余儀なくされるであろう。

第Ⅲ部　同時代の人たち

第七章　アルノーとライプニッツ(*)

以前勤めていた大学で、大奮発して『アルノー全集』を購入したことがある。一七七五年にパリで出たものの復刻本である。[1] 稀覯本で高価であったが、茶色の大型本が四十三巻ずらりと書架に並ぶのは圧巻であった。デカルトやマルブランシュの全集の三倍以上あり、アカデミー版ライプニッツ全集の既刊数（最終的には一〇八巻の予定）に匹敵する。アルノーがライプニッツと同じく多様な関心の持ち主であり、多作の思想家であったことを想わせるに十分である。

ライプニッツ（G. W. Leibniz, 1646-1716）がアルノーとの論争によって多くを得たことはよく知られている。彼がアルノーに手紙を書いた所期の目的は、出来あがったばかりの『形而上学叙説』（*Discours de métaphysique*, 1686）について斯界の重鎮のお墨付きを得ることにあった。それは達成できなかったが、アルノーとの往復書簡は彼の思想的発展の重要な契機となった。他方、アルノーにとっては、それはあまり益するところがなかったであろう。書簡の背景にある、ライプニッツを旧教に改宗させる企図にも成功していない。アルノーはこの若いドイツ人の新しい思想を最初から認められなかったし、最後まで十分理解できなかったのかもしれない。それには多くの理由があろう。アウグスティヌス主義から出発したアルノーは、ジャンセニズムに立つもののやはりカトリックの伝統のなかにあり、かつデカルト主義に属していたからとするのが定説である。だが、彼は同じ旧教でかつデカルト派のマルブランシュにも論争を挑んでいる。自分の頭で論理的に納得できないことについては、相手がだれであっても徹底的に批判するのが彼の真骨頂であったろう。それはデカルト『省察』への「第四反論」(*Objectiones Quartae*,1641)において、心身の区別、神の存在証明、聖体の秘蹟などの議論にすでに表れていたことである。彼はデカルトの精神を受け継ぎながらも、全面的にデカルトに賛成していたわけでは決してないのである。(2) ちなみに、ライプニッツは基本的にデカルト哲学に批判的であったにもかかわらず、そこから大きな影響を受けた。とりわけ、観念、認識、真理、神などの捉え方にそれが表れている。第十四書簡の次の一節に、精神と神の認識を核心とするデカルト形而上学との深い共鳴を読みとることができる。「われわれの精神を明らかにする知識は判明な知識である。……われわれを完全なものにすることができるのは、理由そのものの知識、神に関係の深い真理の知識だけである」(GP.II,82-83)。

本章では、まずアルノーとライプニッツとの関わり、そして二人が交わした往復書簡を概観する。次に、一例として神の自由、および実体とその相互関係について、両者の論争の様子を見る。その際、彼らの先達たるデカルトがもし生きていたなら(3) この議論をどう評価したかに注意したい。デカルトが提起した問題が彼らの論争によって深められ、彫琢されているわけだが、それは問題の十分な解決になっているであろうか。一デカルト学徒の目でこの点を検証してみたい。

一　ライプニッツ＝アルノー往復書簡

アルノー(Antoine Arnauld,1612-1694)は、現在ではあまり独創的な思想家とはみなされていない。しかし、ライプニッツの時代においては「当代一流の神学者・哲学者の一人」[4]であった。若くしてソルボンヌで神学と哲学を学び、尊敬するデカルトに対して先述の「第四反論」を書いた。循環を指摘するなど論理的に鋭く、デカルトからも評価された。ソルボンヌの博士となるも、神学論争のためイエズス会の牙城ソルボンヌから追放された。しかし、ジャンセニズムの急先鋒として論陣を張り、パスカルが『プロヴァンシアル』（*Provinciales*, 1656-57）を書いて助太刀をしたことはよく知られている。学校用のテキストとして、P・ニコルとの共著『ポール・ロワイアル論理学』（*La Logique ou l'art de penser*, 1662）、『新幾何学原論』（*Nouveaux éléments de géométrie*, 1667）などを著した。ライプニッツはこれらを読んでいたと考えられる。アルノーは一六七一年、若いライプニッツから最初の私信を得たが[5]返信した形跡はなく、一六七三年にはじめてこの若者をパリの住居に受け容れた。以来二人はしばしば面談し、数学をはじめ形而上学・神学を語り合ったと思われる（一六七六年、ライプニッツは帰国）。一六七九年、アルノーは迫害を逃れてオランダ、フランドル（現ベルギー）に亡命した。若いマルブランシュとも論争し『真なる観念と偽なる観念』（*Des vraies et des fausses idées*, 1683）などを書いた。同年ライプニッツから『極大と極小に関する新方法』（*Nova methodus pro maximis et minimis*）の原稿を贈られている[6]。この往復書簡が最初に交わされたのは一六八六年のことである。アルノーは亡命の身ではあるが依然として学界の大御所であり、多くの論争の渦中にあった。ライプニッツとの論争はその一つにすぎない。他方、ライプニッツはもはやパリ時代の学徒ではない。自らの形而上学を書き終え、これから飛躍しようとする一人の哲学者となっていた。

ライプニッツ＝アルノー往復書簡とは、共通の友人ラインフェルス方伯（Le Landgrave Ernest de Hesse-Rheinfels）との往復書簡を含む、全二八通[7]（一六八六—九〇年）を指す。ことの始まりは、ライプニッツが書きあげたばかりの『叙説』についてアルノーの意見を求めたことにある[8]。書簡の主要な主題は、個体概念、可能性、神の自由と決定、偶然と必然、実体間の相互関係、併起説と機会原因説、表出、実体的形相などに及んでいる。デカルトから見れば、自分がやり残した形而上学の問題を若者たちが引き継いで議論している、との感があったであろう。これらの書簡の意義の一つは、上述のようにライプニッツの思想の発展を促したことにある。アルノーは『叙説』本文を読んでおらず、またライプニッツの書簡に対して必ずしも正面から議論をしていない。それでもアルノーの批判には本質を突いたところがある。それは頂門の一針と言うのは当たらないとしても、ライプニッツに熟考を促すには十分であったろう。ライプニッツは自説を曲げはしていないが、それを細かく敷衍説明することで、問題意識を深めて行ったと考えられる。実際、書簡本文とその下書きとの間には推敲・修正の跡がみられる。(9) また『新説』(*Système nouveau*, 1695) では、「実体概念」の説明においてアルノーの意見を考慮して一部が省かれている。(10) この論争によってライプニッツは触発を受け、後に予定調和や実体的紐帯などを構想するにいたったのであり、この気難しい仏人のおかげで自らの形而上学を整備・発展させることができたと言える。(11)

こうした通説に加えて、ゲルハルトを踏まえていると思われる河野与一の指摘は今も新鮮である。「この論争は……ライプニッツの学説を発展させたばかりでなく、それまで数学者として知られていたライプニッツに、哲学者としての名声を加え……た。しかし苦い経験を嘗めさせた。……(彼は)折角発見した哲学の真理を人前で忌憚なく真理を発表することが如何に危険であるかを悟った……」。

二　神の自由

論争のきっかけはライプニッツが提示した『叙説』十三節概要の前半部分にある次の文章である。「各人の個体概念 notion individuelle は、いつかその人に起こることを一度に合わせ含んでいるから、それを見れば各々の出来事の真理のア・プリオリな証明または理由や、なぜある出来事が起こって別の出来事が起こらなかったかということが分かる」(GP.II,12)[12]。これに対してアルノーは、それでは決定論になり、神に自由がなくなると猛反発した。問題は「個体概念がすべてを含む」ということの意味である。それは「アダムの個体概念はいつかアダムに起こる事をことごとく含んでいる」ということであり、論理的には「真の命題の述語は主語に内在する」(同 43) ということにほかならない。この言い方をアルノーは後に納得するが (同 64)、しかしそれをハードな意味にとるかソフトにとるかで、両者の間には微妙な理解のズレがあると思われる[13]。以下、三つの例にしぼって問題を整理しておく。

第一はアダムの子供の数である。アルノーによれば、神はアダムを創造しようがしまいが自由であり、創造したとしても子孫を何人持つかに関しても自由である。しかるに、もし「アダム」という概念に「何人の子供や孫を持つ」ということが必然的に含まれているなら、神はそれに拘束されることになり「自由がないことになろう」(同 15)。しかも、アダムの概念と彼に起こる出来事との間に「内的な、神のあらゆる自由決定には依存しない関係」(同 29) があることになる、と反論した。――これに対してライプニッツは答える。ここでの話は数学や論理学の場合のような絶対的必然ではなく、その反対も可能であるような事実としての仮定的必然であり[14]、後者は「決して神の自由を破壊しない」(同 20)。なぜなら、神はアダムをその子孫をも考慮に入れて自由に選んだからである。すなわち、神はアダムを創ろうと決心した際、「宇宙の全系列に関するすべての決心を顧慮している」(同 37)。この意味で「アダム」はすべてを含んだ完足的概念であり、アダムと彼の子供の数との関係は確実であり内的であるが、決して必然的ではなく神の自由な決定にもとづいている。この点で、アダムの概念は数学的な球の概念とは異なる、と。

第二は「旅行する私」という例である。アルノーによれば「私が旅行をすることもしないことも私という個体概念には含まれていない」（同33）。なぜなら、私の個体概念に入るものは、それを欠けば私が私でなくなるような私の本質（内的規定）のみであって、あってもなくてもいいもの（外的規定）ではないからである。これはきわめてデカルト的な考えである。──これに対してライプニッツは答える。パリにいてもドイツにいても私は私である。旅行しようがしまいが私が私であることには変わりがない。「主語と述語との結合は最も偶然的な真理の中にも存する。しかし、偶然的真理のこういう理由は傾かせるだけで強制しない（incliner sans nécessiter）。だから私がその旅行をしなくても構わないということは本当である。けれども（神がそれを予見しているなら）私が今後その旅行をするということは確実である」（同46）。要するに「旅行する私」も偶然的真理として私の個体概念に含まれると考えるのである。

第三に、「アダム」の個体概念に「可能的アダム」Adam possible[15]が含まれるという例をアルノーは理解できない。というのも、アダムという個体概念は現実に一つの個別的本性として実現されており、「多くの可能なアダム」は、「多くの私」と同様に不可能であると考えるからである。「純粋に可能的な実体、すなわち神がこれからも決して創造することのない実体などというものは私には全く考えられない。……それは我々が勝手に形づくる想像物である。」（同32）。これは、可能性というものを真なる実在とはみなさない点でデカルトの路線を行くものである。──しかし、ライプニッツによれば「可能的」とは空想物ではない。「可能的なアダム」の概念のなかにも神の自由決定が入っており、その決定が現実となった際に（つまり実際に創造されたときに）それは「現実的なアダム」の原因になる。それら偶然的真理の可能性は、永遠真理のような神の知性に依存しているものの可能性とは異なる（同51）。

以上の議論をデカルトの目線でみるなら、どう評価できるであろうか。第一に、神がアダムを創造する時点でその子供の数を二〇人（アルノーは二〇番目の子供であった）と決定していたならば、たしかに神はそれに縛られるであろう。だが、神には創造時に「二一人の父親であるアダム」を選ぶ自由もあったので、神の自由は損なわれないということは了解されよう。また、完足的概念としてのアダムについては、個を全宇宙との有機的連関の下で捉える見方がデカルトにもあり（『省察』AT.VII, 53）、容易に了解されよう。しかし、アルノーも気づいているように、ある述語が個体概念にあらかじめ書き込まれているとしながら、仮定的必然性は神の自由を破壊しないとする点が問題であろう。必然は必然であり、そこに絶対的／仮定的というスコラ的な区別を設けることができるかどうか、偶然的・事実的なものを必然的と言えるかどうか[16]、が問われるであろう。デカルトの基本はアルノーと同じであり、偶然は必然とは異なる、神は自由（非決定）である、神の決定に依存しない被造物はありえない、と考える。

第二に、私という個体概念を本質レベルで問えば、アルノーの言うように思考することでしかない。だが様態レベルで考えるなら、ライプニッツの言うように、旅行するもしないも私の概念に属するとしてよいだろう。むしろ問題は、偶然的真理の理由が本当に「傾かせるだけで強制しない」のかどうかである。これは偶然と必然とを共に生かそうとする絶妙な言い方だが、曖昧さを免れないだろう。デカルトにも自由を内的な傾向性と見る考え方があるが（同57）、ある理由によって外から傾かせるとするなら、それは一種の強制である（内、外の区別は今は問わないでおく）。そのかぎり、偶然的真理もやはり決定されていることには変わりがないのではないか。さらに、理由律そのものはデカルトも認めているが[17]、それによって神もまた傾けられるとするなら、明らかにそれは神の非決定の自由を侵すことになろう。

第三に、ライプニッツは、可能性は無ではなく神の自由に依存しかつ神の知性に依存すると言う。だが、アルノーはその説明を何度聞いても「事物の可能性とか、神は可能的な無数の宇宙のなかからこの世界を選んだということは、依然として困難と感じる」(GP.II, 64) としている。デカルトも同じ感想を持つだろう。可能的なものは、まだ現実化されていないのであるから本来は無である (『省察』AT.VII, 43)。可能的なものにも神の意志の決定が入っていることは認められるが (『ビュルマンとの対話』AT.V, 160)、神の決定に先だって「その観念が神の知性のうちにあったというようなものはなんら仮想することはできない」(「第六答弁」AT.VII, 432) からである。さらに、ライプニッツは、偶然的真理の可能性は永遠真理とは異なると言うが、デカルトによれば、数学的真理も神の知性ではなく意志に依存している。すなわち、ある善の観念が神に、他のものよりもむしろ一つのものを選ばせたのではない。神が、三角形の内角の和が二直角であることを欲したのは、それとはちがったようになりえないと認識したからではない。逆に、神が三角形の内角の和が二直角であることを欲したがゆえに、今やそのことが真なのであって、それとちがったようにはなりえないのである (同)。そして、神は全能かつ自由であるので、われわれから見て矛盾と見えることさえもなしうる (アルノー宛 1648.7.29. AT.V, 223-224)。これに対してライプニッツは、神が暴君だったらどうするのか (『叙説』二節 GP.IV, 428) と批判したが、神は誠実であるのでその懸念は無用であることになろう。ただ、この永遠真理創造説は当時から異論が多く、アルノーも疑問だったようである。

三　実体とその相互関係

周知のように、ライプニッツとデカルトとでは、実体そのものの理解や、実体間の相互関係の解釈[18]に大きな違いがある。アルノーから見て、ライプニッツの考えに呑み込めない点があったのは自然であろう。問題は二つあり、精神と身体とは相互にはたらき合うよう神によってあらかじめ設定されていること（併起説 hypothèse de la concomitance）、物体の統一原理として実体的形相 forme substantielle を認めること、であった。ライプニッツはそれに詳細に答えているが、この論争は結局もの別れに終わっているように読める。だが、それぞれの立場を遠慮なく語り出しており、歴史的に見てもきわめて興味深い。

まず併起説（実体の相互一致の仮説）である。ライプニッツによれば「神は最初あらゆる実体を創造した時に、あとでそれらのすべての現象が互いに相応じるようにしておいた」（GP.II,71）。それゆえ「各々が自分の法則にしたがって一方は自由に、他方も勝手にはたらいて行けば、同じ現象のなかで互いにうまく合うようになる」（GP.II,58）。この説によって、機会原因説（マルブランシュ）も物理的な相互作用説（デカルト）も退けられている。しかし、すぐにアルノーは疑問を出す。たとえば、われわれが腕を挙げるのは精気が筋を膨らませた結果なのだが、精気をそのように動かしたものは神でもなければ、精神でもないことになってしまう（同65）、と。この反論に対するライプニッツの答えは「表出」exprimer である。「各々の個体的実体は永遠にわたって、それに起こるすべての出来事を含み、その流儀で宇宙全体を表出している」（同70）。精神は創造の時点から、身体の系列と一致するようになっており、精神は身体のなかで行われることを表出する。腕を挙げるときに精気を動かすものは、対象から受け取った印象であり、運動法則による精気や筋そのものの具合である（同71）[19]。かくして、精神は腕を挙げようと思う瞬間に、身体の動きと一致するように設定されている、とするのである。ここで表出とは、心身間の物理的な相互作用ではなく、たとえば身体という他の実体に起こる出来事が精神に判明に表されるということであり、必ずしも分かりやすい概念ではない。アルノーはさらに「精神が身体をより判明に表出する」とは何か、腕を挙げる説明は機会原因説と何ら変わらない（同84）、と詰め寄る。これに対してライプッツは、精神はすべてを同等に表出しているのではなく、自分の身体に対する他の物体の関係に応じて表出している（アルノーにはこの意味での「表出」が理解できなかったと思われる）。併起説とは、あらかじめ定められた各々の本性が自己展開した結果、オーケストラのように調和する（同95）ということであり、機会原因説よりも合理的である[20]、と結ぶ。

次に物体の実体的形相である。ライプニッツの立場は、物体の諸現象は数学的・力学的に十分説明されるが、物体の原理を形而上学的に説明するには実体的形相が必要である（同58）というものである。しかし、物体を延長とするデカルト的二元論に立つアルノーは、これを余計なものと一貫して拒否した。すなわち、物体に実体的形相を入れると心身の二実体は区別がつかなくなる、この形相は可分的としても不可分としても不合理である、大理石を二つに割ったとき実体的形相はどうなるか、多様な部分から成る地球には一つの実体的形相があるのか、混合体はどうか（同66-67）などと畳みかけるように批判した。ライプニッツは、それが難しい問題であることを認めつつ、じっくり考えながら答える。身体はそれだけでは実体ではなく、実体的形相（精神）があってはじめて実体となる。実体的形相は不可分である。大理石は多くの実体の集合体であり、一つの完足的な実体ではない。ただ、地球や動物などが実体であるか否かについては確言できない、と。アルノーはこれに納得せず、物体の統一に実体的形相が必要か、動植物に実体的形相はあるか、物体は統一を持った実体ではなく実体の集合か、などを巡ってさらに論争が延々と続いている。

デカルトから見て、以上の二点をめぐる議論をどう評価できるだろうか。第一に、併起説についてはアルノーが批判したように認められないとするだろう。もとより、ライプニッツは、「各実体が固有の仕方で宇宙の全系列を表出していることから、この仮説は証明することができる」（同47）、と考えている。実体の現在の状態はその前の状態から出て来る帰結にすぎず、心身二現象の表出は相互に対応するよう神によって最初に設定されている、とするのである。しかし、アルノーもそう見ているように、これは機会原因説と本質的に変わらない。マルブランシュの説が「連続的な奇蹟」（同92）に基づくとするなら、（奇蹟の意味は様々に解されるにせよ）ライプニッツの説も「一度かぎり」（GP.III,347）の神の超自然的なはたらきに基づいていることになろう。[21]また、表出という概念もデカルトの目には判明ではない。心の小さな傾きも宇宙の全系列を表出しているとするなら、それは検証できない壮大な仮説であろう。他方、デカルトは心身問題においては神の媒介や予定は考慮しない。そして、精神と身体（物体）とは峻別され、[22]ライプニッツの言う意味での本質的な対応（表出）はないと考える。そして、周知のように、それらは松果腺という一点においてつながっているとする。ライプニッツはこの説を物理的相互作用説として批判し、心身の合一とか相互作用などは「多くの学者がそれらの間の直接の交渉を、理解できないものと認めなければならなくなる」（GP.II,57）と言う。たしかに松果腺説は理解しにくく、それだけでは説明がつかないだろう（たとえば、松果腺において精神と精気とがいかにして直接の相互関係を持つかは不問に付されている）。デカルトもこの説によって心身問題が全面解決するとは思っていなかっただろう。だが、これなら理解できるとしてライプニッツが提案した併起説もまた、問題を合理的に（つまり奇蹟を抜きに）説明しえていないのではなかろうか。

　第二に実体的形相である。ライプニッツが物体を延長実体と見るのを拒否したのは理由あってのことである。物体が石の山のような集合物ではなく、れっきとした実体であるなら、実体的形相が必要であり、デカルトのように「物体を延長から成り立つとするわけにはいかない」（GP.II,58）。物体的実体の本質を延長というだけでは実在性を欠いており、「力」[23]（同98）として再規定される必要があったからである。さらに、彼が大きさ・形・運動などによる物体の機械的説明に満足できなかったのは、それらが判明ではなく、そこから「実体を構成できない」（『叙説』十二節 GP.IV, 436）からであった。しかし、デカルトは実体的形相をやはり駆逐すべしと考える。この点で彼はアルノーに賛成である。ライプニッツの言うように、たしかに物体の根本原理を考えるのに形而上学は必要であろう。ただ、それは神が物質（その本質は延長である）をつくり、それに運動などの自然法則を与えたということだけで十分であり、それ以外に精神的なものを持ち込むことは不要である。「世界をあたかも一つの機械であるかのように、その形と運動だけを考慮しながら記述」（『原理』第Ⅳ部188）しようとしたデカルトにおいて、「実体的形相がいかにして生みだされるのか、いかにして他の物体を動かすのかはどうしても理解できない」（同198）のは当然である。物体については機械的な説明が十分可能である。物体を延長とのみ規定し、そこに力なるものを想定しないからといって、物体的実体が骨抜きにされるわけではない。はじめに神から物質に最初の一撃が与えられていることで、すべてが躍動的に説明されるであろう。たとえば、木材が焼えるということはそのうちに火の実体的形相や熱の性質を認めることではない。木材の部分をなす諸粒子がすばやく激しい運動をするということ（『世界論』AT.XI, 7）にほかならない。こう考えるデカルトにとって、実体的形相はあくまで余計で理解できない想定であった。しばしば指摘されるように、デカルトの物体論のメリットは実体的形相や力などの伝統的概念を払拭した点にある。ライプニッツが大きさ・形・運動は想像的なものを含む（GP.II,58）と言うなら、デカルトには実体的形相もまたきわめて想像的であると見えたはずである。

アルノーは八二歳という長命もあって、デカルト・マルブランシュ・ライプニッツの三人と論争した。ライプニッツも、スピノザ・マルブランシュ・ホイヘンスら[24]と論争した。その点で、この往復書簡は十七世紀当時の論争状況を活写する貴重な記録でもある。

アルノーとの対決は、ライプニッツの提起した議論がすぐには理解されないものであることを示している。アルノーがそれを理解できなかったのは彼が石頭だったからではない。理解できないとは、その思想が従来の問題圏をはみ出しているということでもあろう。自由論で言えば、個体概念、偶然性、事物の可能性がそうであり、実体論で言えば、実体の相互関係、実体的形相である。アルノーが認められなかった部分にむしろ注目すべきである。アルノーの疑問はデカルトのそれにも重なる。疑問とされたまさにその点にこそ、ライプニッツが当時の思想を突破した斬新な着眼があり、そこを評価すべき点であろう。アルノーの批判によって、ライプニッツの自由論は洗練され、併起説や実体的形相は確信の域に達している。ライプニッツはそれを懇切丁寧に何度も説明することで、自らの新思想を整備・発展させ、ここから予定調和や実体的紐帯などの思想が出て来るのである。結果的には、デカルトが提起した問題がこの論争によって深められたことになろう。

しかしながら、アルノーの執拗な反論は、ライプニッツの答弁が必ずしも万人を納得させるものではなかったことを示している。ライプニッツの自由論や実体論の新しさは評価されるべきであるが、なお多くの問題が残されており、デカルトの出した課題が十分解決されているとは言えない。スピノザやマルブランシュも同じ問題を考えているのである。結局、この論争は十七世紀後半の時点で、デカルト的問題の深化と同時にその難しさを具体的に物語っていることになろう。

註

（＊） 本章が参考とした主たる文献は以下の通り。河野与一訳注「ライプニッツ・アルノー往復書簡」（『形而上学叙説』所収）岩波書店一九五〇年。同『新説』（『単子論』所収）岩波書店一九五一。山本信『ライプニッツ哲学研究』（東京大学出版会一九五三年、一九七九年）。竹田篤司訳・酒井潔訳注解説「アルノーとの往復書簡」（『ライプッツ著作集8』）工作舎一九九〇年（＝酒井）。清水富雄他訳『ライプニッツ　モナドロジー・形而上学叙説』（中公クラシックス、中央公論新社二〇〇五年）。C. I. Gerhardt, ed., *Die philosophischen Schriften von G. W. Leibniz*, Berlin, 1879, Hildesheim, 1965; G. Lewis, éd., *Lettres de Leibniz à Arnauld d'après un manuscrit inédit*, Paris, 1952 （=Lewis）; L. E. Loemker, tr., *G. W. Leibniz: Philosophical Papers and Letters*, Chicago, 1956, Dordrecht & Boston, 1976; G. Le Roy éd., *Leibniz : Discours de Métaphysique et Correspondance avec Arnauld*, 1957, 1984, Paris （=Le Roy）; R. C. Sleigh, Jr., *Leibniz & Arnauld: A Commentary on their Correspondence*, Yale, 1990 (= Sleigh).「往復書簡」等のテキスト訳文は原則として河野訳（岩波文庫）に従うが、筆者の判断で微修正したところもある。

（1） *Œuvres de Messire Antoine Arnauld,Docteur de la Maison et Société de Sorbonne*,Culture et Civilisation, Bruxelles, 1964-1967 (Paris,1775)．残念ながら、この全集にはアルノーがラインフェルス方伯に宛てた一六八六年三月一三日付書簡しか含まれていない（II,pp.646-647）。その後二人の間で書簡が交わされたがライプニッツに宛てたアルノーの返事は発見できなかった（同p.752注）と言う。往復書簡の全容は、グローテフェント版一八四六年、ゲルハルト版一八七九―八〇年、レヴィス版一九五二年、ルロア版一九五七年などを俟たなければならない。本邦の河野版一九五〇年、竹田・酒井版一九九〇も高い水準にある。

（2） しかし彼は基本的にはデカルトの路線を継ぐ人であった。スレイも指摘するように（Sleigh,p.35）、アルノーはデカルト批判に対する弁明書（*Examen du Traité de l'essence du corps contre Descartes*,1680）をまとめている。

（3） この論争が始められたのはデカルト死後三六年のことである。彼自身が言うように百歳の長寿が許されたなら（ホイヘンス宛書簡 1637.12.4.AT.I,649）、デカルトは九〇歳になる。

（4）『新説』（GP.IV,471）。
（5）ライプニッツからアルノーへ 1671.11 初旬（GP.I,68-82）。聖体の秘蹟の新解釈を内容とするこの長文の手紙は、通常「往復書簡」とはみなされていない。邦訳がある（『ライプニッツ著作集』第Ⅱ期「哲学書簡」一三二―一六一ページ、工作舎二〇一五年）。
（6）これは G. Lewis, p.9 に負う。
（7）ゲルハルト版は重複する第九および第一三書簡をカウントしないので二六通とするが、実質は二八通である（岩波文庫版ではそのすべてが訳出されている）。ルロア版は全二八通とするが、いくつかの書簡の最後の部分を付録として独立させている。プルナン版（*Œuvres de G.W.Leibniz*, éd.par L. Prenant, Paris, 1972）はすべての付録を独立させて全三〇通としている。
（8）ライプニッツは『認識、真理、観念についての省察』一六八四年についても、アルノーの意見を聞きたいとしている（A.I,4,342）。
（9）ライプニッツは書簡をしばしば手直ししている。たとえば書簡九とその下書き［九］、および書簡一三とその下書き［一三］との間には重要な異同がある。これらについては酒井二五五、二八八―二八九ページを参照。
（10）『新説』（『単子論』岩波文庫、七七―七八ページ）。
（11）発展の流れ図はおよそ次のようになる。『叙説』一六八六年→「往復書簡」一六八六―九〇年→『新説』一六九五年→「デ・フォルダーとの往復書簡」一六九九―一七〇六年→『人間知性新論』一七〇四年→「デ・ボスとの往復書簡」一七〇六―一七一六年→『弁神論』一七一〇年→『モナドロジー』『理性に基づく自然と恩寵の原理』一七一四年。
（12）後半部分は次のようである。「しかし、こういう真理は神および神の造った物の自由意志に基づいているから、確実ではあるが、それでもやはり偶然的である。なるほどこういう真理を選ぶには常にその理由があるけれども、その理由は傾かせるだけで強制はしない」。アルノーはこの部分をあまり考慮していないように思われる。
（13）ルロワはそれを二人の世界観の違いに由来すると解している（Le Roy, pp.24-25）。すなわち主語–述語の関係を、ライプニッツは内的・アプリオリと見るのに対して、アルノーは外的・アポステリオリと見ているとする。卓見であるがそのように明確に分けられない場合もあろう。他方、とくに個体概念には関しないが、「両者には最初から誤解があり、ライプニッツが理性に照らされた検閲を期待したのに対して、アルノーはもっぱら信仰の名の下に彼の形而上学を非難した」（Lewis, p.14）という解釈は背景説明として十分可能であろう。

（14）しかし、アルノーはこの区別を認めながらも、神がアダムを創造しようとしたという仮定だけから、人間の出来事がすべて仮定的必然によって起こるというのはやはりおかしい（GP.II,27）、としている。

（15）アルノーにとって可能的とは「神の決定に依存せずに、それ自身の概念の中に含まれていると考えられるものすべてを有していなければならないはずだからである」（同 29-30）。

（16）スレイは、ライプニッツの形而上学の基本構造はモリナ主義を表現するものとして役立つだろうと結論している（Sleigh, p.187）。たしかに、現実と可能との中間に神が予見する中間的知識 scientia media は、条件的な未来に関する神の知として、偶然的・事実的なものをもカバーするであろう。これについては『叙説』三一節（GP.IV,456-457）に詳しく述べられている。ただ、それは文字通り折衷案であり、必ずしも判明な概念ではない。これによって様々な難問が一挙に解消されるわけではないだろう。モリナ主義に立つイエズス会はジャンセニスト・アルノーの論敵であったはずである。

（17）「それがなぜ存在するかの原因が、どういうものかを尋ねることができないようなものは何も存在しない」（「第二答弁」AT.VII,184）。

（18）周知のように、デカルトにおいて、精神と身体は二つの異質な実体として実在的に区別されるが実際には密接に結合している。これをどう説明するかが難問であった。デカルトの解答は、理論的には松果腺によって相互関係が保たれ、実践的には感覚によってそれが知られる、とするものであった。

（19）以上は第一三書簡の下書きであり、アルノーは見ていない。

（20）ライプニッツによれば、デカルトもこちらに与することになる。「たぶんデカルト氏も、どちらかと言えば機会原因説よりはむしろこの併起説をとっていたであろう。その証拠に氏は、私が知るかぎりでは、それについて自分の考えを述べていない」（GP.II,70）。

（21）ライプニッツは受動的に奇蹟を援用しているだけではない。心身の側に各自の法則に従って発展する能力を認めている。しかし、神の超自然的な力を前提する点ではマルブランシュと五十歩百歩であろう。

（22）心身をこのように区別すること自体について、ライプニッツはデカルトに反対するものではない。問題は区別されたものの相互関係をどう考えるかであった。

（23）「力」の概念を導入した背景には、運動量保存の法則において保存されるものはデカルトの言うような運動量 mv でなく活力 mv^2（m は質量、v は速度）である、とする思想がある（『叙説』一七節（GP.IV,442-444)。

（24）この三人は第二五書簡でも言及されている。

第八章　ガッサンディの生涯とデカルト

ピエール・ガッサンディ（Pierre Gassendi,1592-1655）は十七世紀を代表する哲学者・自然学者の一人で、原子論者として知られている。(1)『省察』の「第五反論」の著者でもあったことから、これまでデカルトの論敵という面から論じられることが多かった。しかし最近では、哲学史においてのみならず科学史的な再評価がなされるようになってきている。(2)ガッサンディがこの時代の重要な哲学者の一人であったことは紛れもないが、ただ、彼がどういう人であったかについては、デカルトの陰であまり知られる機会がないようである。たとえ知られても一般の興味を引くような華やかなものはあまりないかもしれない。ここではガッサンディの生涯をデカルトとの関わりという軸でたどり、両者の交渉の状況をその時代のなかで浮き彫りにしてみたい。これによってガッサンディの人となりと哲学の一端が少しでも身近なものとなれば、本章の意図は達成される。(3)

一　ガッサンディの前半生

ガッサンディは一五九二年、南仏のディーニュ Digne にほど近いシャンテルシエ Champtercier に農家の息子として生まれた。デカルトに先立つこと四年である。同じく農村出身でデカルトの友人メルセンヌとは、ほぼ同世代である。彼が生まれた頃、ヨーロッパ全土を席捲していた宗教戦争の嵐がようやく収まりかけており、フランスはアンリ四世の即位（一五八九年）によって中世的封建国家から近代的絶対主義国家の形成へと向かっている。彼の少年時代、思想界に名を連ねていたのはフランスではM・ド・モンテーニュ（一五九二年没）、P・シャロン、J・ボダンであり、ドイツにはJ・ケプラーが、ボヘミアではティコ・ブラーエがいた。またイタリアにはG・ブルーノ、T・カンパネルラ、G・ガリレイが、イギリスにはF・ベーコンとT・ホッブズがいた。これだけでも、ガッサンディの生まれた時代がいかに変革に富んだ時代であるかが窺えるであろう。ガッサンディはこれらの人から大きな影響を受けることになる。さて、彼は八歳にしてディーニュ学院でラテン語の読み書きを一通り習い、十七歳の時に古都エクスに出て哲学や神学を修めたが、教師も驚く神童ぶりだったという。幼い頃から星を見るのが好きであり、天文学の研究は終生つづいた。二十代なかばでこの俊英はディーニュ学院長（ここで修辞学を教えた）、アヴィニヨン大学神学博士となった。後にはディーニュ教会参事および主席司祭の要職に就いた。かたわらエクスの大学で哲学を講じた。晩年には、パリのコレージュ・ロワイアル（コレージュ・ド・フランスの前身）で数学教授を務めた。この略歴からすぐ気づくことは、デカルトがラフレーシュ学院を出てまもなくいわば世間を捨て、北オランダの地で自由人として孤独な学究生活に入ったのに対して、ガッサンディは南仏の実社会に軸足を置き、教職と聖職とを兼ねていたことである。このことは、前者が厳格な合理論を採り、後者が緩やかな経験論に立ったこととある程度関係があるかもしれない。

　ガッサンディが南仏の町で学びかつ教えたものは、ルネサンス人文学の尊重とアリストテレス＝スコラへの批判とであった。北イタリアが目と鼻の先にあるという地理的条件もあって、パドヴァやフィレンツェなどに芽萌えていたルネサンスの精神は、いち早くガッサンディの知的環境のなかに浸透していたであろう。実際、彼は十五世紀のピコ・デラ・ミランドラの人文学に接し、十六世紀の人文主義者J・L・ヴィヴェスとP・ラムスからはアリストテレス＝スコラに対する批判を学び、前世代のシャロンからモンテーニュ流の懐疑の精神を学んだ。そして後にはガリレイの新科学運動から大きな影響を受けた。その結果、当時の若い知識人の多くがそうであったように、アリストテレス批判に強く傾いた。すなわち第一に、人間の知性はものの本質に達しえず、ただ感覚によって現象を知りうるのみであるとする懐疑主義をとる。ただ、それはピュロンの懐疑論と独断論の「中間の道」を行く、緩和された懐疑主義であった。[4] 第二に、いわゆる普遍なるものは存在せず、感覚に捉えられる具体的な個物のみが存在するとするノミナリズム（唯名論）を採用する。これらはアリストテレスの思想とは根本から相容れない。第三に、それらの根底には、知識は感覚のみによって構成されるべきだとの強い信念がある。感覚から出発して知性の抽象によって確実な知識を構成するというアリストテレス＝スコラの道は拒否されている。こうした批判が処女作『アリストテレス主義に対する逆説的論考』（*Exercitatones paradoxicae adversus Aristoteleos*, 1624）に集大成された。青年ガッサンディは、まずアリストテレス批判者として世に出たのである。懐疑主義、ノミナリズム、感覚主義の三つに、エピクロスの原子論を加えれば、ガッサンディの思想の骨格ができ上がるであろう。

デカルトもアリストテレス＝スコラの学問を批判したことでは人後に落ちず、この点でガッサンディと軌を同じくしている。両者は共にルネサンスの洗礼を受けた近代的精神の持ち主と言えるのである。しかし、デカルトが人文学を不確実として捨てているのに対して、ガッサンディは逆にそれを生涯温存している。たとえば、彼のエピクロス研究がそれである。彼は早くからエピクロスがキリスト教の教理と相容れないものではないと主張し、後にベークマンの支援も得てエピクロスの原子論を復活させた（彼の理解する原子論は、神によって創造された世界の説明原理であり、人間の魂まで説明するものではなかった)。晩年にはエピクロスの生涯や思想の文献学的研究[5]をしている。ギリシアの古典研究を一生の仕事とするということ自体、それは人文主義者の態度であろう。ガッサンディは、エクスの代表的な人文主義者で天文学者のペレスク(N. Peiresc, 1580-1637)の知遇を得た。ペレスクはイタリアでガリレイに学んだが、博物学など多方面の学問を手掛けた人でもある。デカルトにおけるメルセンヌのような存在であり、ガッサンディはこの大先輩の下に多くの学者を知った。自由思想家《リベルタン》[6]でもある人文学者G・ノーデやF・ラ・モト・ル・ヴァイエとも親交を結んだ。デカルトに比べて、ガッサンディは人文主義の空気をより直接的に吸っていたと言うべきであろう。

ガッサンディの前半生を考える場合、彼の自然学とりわけ天文学への熱烈な興味を見落とすことはできない。彼は天体観測を好み、二十代後半から死に至るまで観測記録を書き続けている。後にデカルトと論争することになったのも「幻日《げんじつ》」(複数の太陽が見えること)の観測データにその一因があった。両者が若くして共に自然学研究に情熱を傾けたのはむろん偶然ではない。彼らが時代の子であったからである。この時代の進歩的なフランス人たちは、多かれ少なかれ外来の科学的新気運を敏感に取り入れ消化しようと躍起になっていたと思われる。メルセンヌはガリレイの『機械学』(*Le Meccaniche*, 1599)をいち早く仏訳した[7]。デカルトはそのような新気運に満ちた学校ラフレーシュで少年時代を過ごし、長じては自らも様々な自然学研究に携わった。ケプラーを光学の師と称え、ガリレイの動静にはつねに注目していた。ただ、形而上学を抜きにしたその研究方法については疑問であった[8]。他方、ガッサンディは絶大なガリレイ賛美者であった。彼はガリレイと直接に交信し、ガリレイから望遠鏡を譲り受けている[9]。これはガリレイに関して、デカルトよりも一歩踏み込んだ態度であろう。晩年にはティコ・ブラーエやケプラーの伝記を執筆している。時代背景を考えれば、デカルトとガッサンディがともに自然学を志向したのは新時代の哲学者としてむしろ普通のことであったのであろう。デカルトが『原理』で行ったように、ガッサンディも晩年に自らの自然学の体系化を計った。『哲学集成』（*Syntagma Philosophicum*）がそれである（この著作は完成しなかった）。しかし、ガッサンディにはこれといった科学上の新発想はなく、自然学者としては必ずしも一流ではないとするのがこれまでの定説のようである。しかしながら、科学史的に見て、彼は原子論的な自然観を持ち、絶対空間や絶対時間をすでに考えていた点で、ボイルやニュートンへの道を切り開いたと言えよう。ボイルの粒子説がガッサンディの影響下にあることは周知の事実であるし、ニュートンもガッサンディから影響を受けたと考えられる。「ニュートンはフランスの人々にたびたびこう言った、自分はガッサンディをきわめて公平な賢明な人だと思う、そして空間や持続や原子について彼と意見を全く同じくすることを光栄に思っている、と」(10)とヴォルテールは証言している。哲学史的には、一貫して感覚に基づく経験論を主張した点でロックを準備したことになろう(11)。

さて一六二五年、三三歳のガッサンディはパリに出た。そしてペレスクの仲介によって数学者・自然学者ミドルジュ、メルセンヌ、光学者スネリウスらを知った。彼らはみなデカルトの親しい友人であり、ガッサンディは彼らの口から、無名だが新進気鋭の青年デカルトの名を耳にしたはずである。ちなみに、この頃デカルトはイタリア旅行からパリに帰り、これらの友人たちと交わりつつ特に光学の研究をしている。デカルトとガッサンディがその時会ったかどうかは伝えられていないが、少なくともその頃からお互の存在を知っていたことは確かであろう。一六二八—二九年、ガッサンディはオランダを訪れ、デカルトの友人でもあったH・レネリ、J・ゴリウス、I・ベークマンなどの数学者・自然学者と知り会う機会を得た。とくに同年輩のベークマンとの出会いは大きかったようである。彼はベークマンを「私がかつて出会った最高の哲学者」(12)としているが、ベークマンも自然学者としてのガッサンディに敬意を表し、著書（医学の博士論文）を贈った。それをデカルトはメルセンヌから聞き知っている[13]。ガッサンディは、デカルトがそうであったように、ベークマンと数学的自然学を共同研究したと思われ、その足跡はベークマンの日記に残されている[14]。しかし、ガッサンディにとって最大の収穫は、これまで試みてきたエピクロス研究を原子論的な自然研究にまで広げうることを、ベークマンを通して学んだことである。以後、彼にとってエピクロスの哲学はアリストテレスに代わるものとなった[15]。ちょうどその頃デカルトもパリを去り、ドルトレヒトにベークマンを再訪して旧交を温めている。以後、デカルトはオランダに住みつくことになる。オランダでガッサンディがデカルトと会ったという記録はないが、彼は同邦人の並々ならぬ名声を聞かされたことであろう。ただ、両者の間にはこれといった対抗意識のようなものは認められない。デカルトの書簡中にガッサンディの名が登場するのは一六二九年一二月以降であるが、デカルトはガッサンディの行った太陽の光環や黒点についての観測データに興味を示し、メルセンヌ・アカデミーの一員としてのガッサンディに十分敬意を払っている[16]。他方、ガッサンディも一六三〇年一一月二二日付レネリ宛書簡において[17]、デカルトに対する尊敬の念を表明している。彼らは、それがたとえ社交上のものであったにせよ、互いに「畏友」の間柄であったと思われる。ただ互いに距離を置いて見ているだけで、あまり打ち解けることは最後までなかったようである。

一六三〇年、ガッサンディはメルセンヌを弁護して、バラ十字会の英人医師ロバート・フラッド（R. Fludd）の神秘的汎神論を批判した書をパリで出版した[18]（その執筆はオランダ滞在中である）。その後は中央の学界から身を引き、およそ一〇年の間、郷里の南仏で自然観察やエピクロス研究に打ち込むことになる。他方、デカルトもオランダに転住後、「形而上学の小論文」を纏めたり『世界論』の草稿を書きあげたりして進境著しいが、まだ書物を公にすることはしていない。両者は南と北に遠くパリを離れ、自らの思想開眼を静かに準備しているのである。

二　論争と和解

一六三七年、デカルトの『方法序説および三試論』(*Discours de la Méthode & Essais*)は思想界注目のうちにライデンで出版された。だが、南仏でそれを一読したガッサンディはあまり快く思わなかった。というのは、一六二九年ローマで幻日が観測された折、ガッサンディは翌年すぐそれについて報告論文を書き、そのコピーは友人レネリを介してデカルトの手に渡っている。[19]ところが、同じ幻日現象を論じた「三試論」のなかの『気象学』(*Les Météores*)においてデカルトは、その報告者としてドイツの数学者を挙げるのみでガッサンディの名を挙げていない。[20]この不公平がガッサンディの感情を傷つけたようである。そうとは知らぬデカルトは一六三八年、消息とだえがちなガッサンディの身を案じ、自分の幻日論についてこの南仏の哲学者の所見を求めてさえいる。[21]だが、ガッサンディの方はこの些細な一件を機にデカルトの名声に嫉妬し、次第に悪感情を抱き始めたようである。後年、ガッサンディの不快を知らされたデカルトは一点して開き直り、ガッサンディの幻日論には推論のかけらもなく、自分(デカルト)が彼に負う所は何もないのに彼が立腹するのは解せない、彼の名を挙げなかったのは彼のためにむしろよかったのである、[22]と言葉を極めている。それは、二人は本当の友人ではなかったことを意味している。ともかく、この小さな剽窃事件(?)によって両者の関係に亀裂が生じ、それが「第五反論および答弁」の激しい論調の伏線となった可能性がある。

一六四一年二月、会議のため久しぶりでパリに登ったガッサンディは、早速メルセンヌを訪れ、旧交を温めた

（この頃、若いモリエールに哲学の手ほどきをしたと言われているが疑わしい）。その席でメルセンヌはラテン語で書かれた小冊子を彼の前に差しだした。デカルト『省察』の原稿である。デカルトは一六四〇年三月にそれを脱稿していたが、その出版に先立って諸方の批判を仰ぎ、とりわけソルボンヌの認可を求めて予想される反論をあらかじめ封じておこうとした。同年一一月にはカテルスの手になる「第一反論」と「答弁」とを付した『省察』の原稿が、ホイヘンスを介してパリのメルセンヌの許に送られてきた。デカルトは期待していたソルボンヌの公認は結局得られなかったものの、このミニモ会の修道僧の手で多くの異論提題者を得た。すなわち、一六四一年一月中旬には様々な神学者や哲学者（メルセンヌを含む）による「第二反論」を手にし、下旬にはホッブズの「第三反論」の原稿を受け取っている。またアルノーの「第四反論」については三月末に答弁を書き送り、別の神学者や哲学者による「第六反論」をその年の六月に落手している。デカルトは持ち前の速筆を駆ってこれらの異論に矢継ぎ早に答えて行ったのである。

さて、ガッサンディの目の前の原稿である。メルセンヌは彼の一存でガッサンディにその論評を書くよう打診していた。当時ガッサンディは公の会議出席や亡き友ペレスクの伝記の執筆で多忙を極めていたが、幻日の一件以来、かねがねデカルトに一矢を報いたく思っていた矢先でもあるので、結局その仕事を引き受けた。そして少なくとも一六四一年三月にはすでに筆を起こしている。ガッサンディは『省察』の推論にことごとく異を立て、これまた驚異的な速さで長文の批評を書きあげて五月にメルセンヌに提出した。これが「第五反論」である。その原稿はすぐにオランダのデカルトの許に届けられた。メルセンヌはそれがデカルトの気分を害するのではないかと心配していたようである。しかし、最近発見された手紙によれば、デカルトは次のように言っている。「ガッサンディ氏の反論を受け取ったところです。まだ十分に読んではいませんが、……彼の文体や考えは読者に好まれるでしょう。……私の答弁は私が意味するところを読者に分かってもらい、氏がいかに私の言いたいことからかけ離れているかを理解するのに役立つことでしょう。……氏の反論のなかには私を煩わせるものは全くなにもありません。氏の言葉遣い以外には考慮することは全く何もないでしょう。というのも、氏は優雅な文体で自らを表現しておられるので、その点において氏に答えるよう努力しなければならないからです[23]」。ここには礼節を以ってガッサンディに答ようとの誠意と余裕さえ見られる。しかし答弁にとりかかり、反論を細かく読んだデカルトは落胆し、苦々しい思いで筆を執ったことであろう。そして六月には早くもデカルトの答弁がパリへ送られてきている。その時の感想は手厳しいものであった。「私はガッサンディ氏を丁重かつ穏便に扱おうとあらゆる努力を尽くしましたが、氏は私に氏を軽蔑させ、氏が常識なく推論というものをまるで知らないことを示す多くの機会を与えていますので、私は私の正当な権利を強く行使しておいたのです[24]」とデカルトは書き、ガッサンディの意志に反して「第五反論」を公表する手はずを整えた。他方、ガッサンディはデカルトの答弁に憤慨したが、デカルトは批判の手を弛めずに強い調子で言っている、「ガッサンディ氏が私の行った答弁に腹を立てているなら、氏は極めて不当な人だと思います。というのは私が意を用いたのはお世辞にせよ攻撃にせよ、氏のなしたのと同じことを氏にお返しすること以外にはないからです。もっとも「最初の一撃は二つの打撃に値する」という諺を私はつねに心得ておりますが、それは正当な支払いにほかなりません[25]」と。こうした緊張関係の高まりの中で『省察』第一版はガッサンディのものを含む六つの反論と答弁を付してパリで上梓された。一六四一年八月二八日のことである。翌年五月には多少の修正と補足とが加えられて、第二版がアムステルダムで重ねられた。

「第五反論」は他の反論に比して群を抜いて長大である。量的に『省察』本文に匹敵し、かなり長いと思われる「第四反論」の四倍を超える。単に量的に多いだけでなく、第一省察から第六省察にいたるまで、ほとんど逐語的に細密な批判が展開されている。懐疑、コギト、神の存在と本質、世界などの主題が、読者が退屈になるほど細かく論じられ、かつ全面拒否されている。デカルトもいやになって答弁をしていないほどである。しかもこれは単なる印象批評ではなく、デカルトのテキストをしばしば引用した上での批判である。これはガッサンディが少年時代に習ったスコラのやり方である。コギト・エルゴ・スムの解釈など、いたるところにスコラ的論理が駆使されている。そして主張そのものよりも論証の仕方を問題にしている。彼にしてみればデカルトを完膚なきまでに論破したという気分だろう。だが、デカルトは斜に構えてまともに受け答えしていない所がある（量的にも「答弁」は「反論」の半分でしかない）。先述したように「ガッサンディは推論の仕方を知らない」[26]とまで言っている。後世のわれわれがこの反論と答弁を読むとき、それを一体どう受け止めればよいだろうか。十七世紀を代表する二つの知性の渾身のぶつかりあいである。様々な解釈が可能であろう。たとえば、エリザベトは「その学殖において最も高名なガッサンディ氏は、かのイギリス人（ホッブズ）に次いで……理不尽な反論をした」[27]と批評している。他方、若い頃からガッサンディの思想に親しんでいたライプニッツは、「ガッサンディ氏が、神と魂に関するデカルト氏のいわゆる論証のいくつかを拒否したことは正しい。しかし根底においては、デカルト氏の考えは十分に論証されていなかったにせよ、より優れたものだと思う。それにひきかえ、ガッサンディ氏は、魂の本性に関して、一言でいえば自然神学に関して、あまりにも揺れ動いていると思われた」[28]としている。だが、どちらがより説得的か、どちらに与するかはここでは問題ではない。われわれとしては、同じことがらについて人の考えはこうも違って来るものかの見本を見る思いがする。それを感覚主義と知性主義、懐疑主義と理性主義、唯物論と二元論という区分けだけでは説明できないだろう。他人には絶対に譲れない、その人なりのものの捉え方、考え方、ひいては生き方の違いというものが根本にあるように思われる。「肉なる人」、「魂なる人」という周知の呼びかけはその象徴であろう。

ところで、私文書のつもりで書いた「第五反論」が意に反して公表され、しかもそれが「答弁」において皮肉な調子で批判されるのみで満足な答を得ていないのを見たガッサッディは、さらに大がかりな反論を企て、一六四二年三月膨大な『抗弁』（*Instantiae*）を書きあげた。この著作が書物として出版されるのは二年後のことであるが、それ以前に人の知る所となり、オランダにいたデカルトの耳にもその報は達している。しかし、この頃デカルトは無神論者とみなされて非難を浴びるなど、身辺が騒然としており、また『抗弁』に改めて答える必要もないと考え、ただ婉曲に遺憾の意を表したのみであった[29]。ガッサンディとしてはこれ以上、事を荒立てることを好まず、『抗弁』を公にしないまま自然学研究に仕事を移した。デカルトは冷淡な態度を保ちつつも、この自然学者の動静に関心を払っていたようである[30]。

一六四四年二月、『抗弁』は「第五反論」と「答弁」を組み入れて新たに『形而上学論究』（*Disquisitio metaphysica*）としてオランダで出版されるに至った。ガッサンディの弟子で、デカルトをよく思わぬソルビエール（S.Sorbière）のかねてからの要求を断り切れなかったのである。だが、同年七月に出たデカルトの『原理』には予想されたガッリッディへの批判もなく、ガッサンディの敵愾心は消える方向に向かった。たとえば同年一〇月、ボルニウスがガッサンディをけしかけてデカルトの『原理』を材料に自然学批判をさせようとしたのに対し、ガッサンディはその任にあらずと斥けているのである[31]。それにも拘らず、デカルトのガッサンディ批判は少なくとも一六四六年まで続き、同年一月には苦り切った様子で『抗弁』へのかなり詳細な批判をクレルスリエに送り[32]、一二月にはノエル神父に『抗弁』を読んで不愉快であったと洩らしている[33]。なお、一六四五年ガッサンディはパリのコレージュ・ロワイアルの教授になっている。

しかしながら、ガッサンディとデカルトとの不和はそれ以上長く続くことはなかった。ガッサンディとデカルトとの和解の徴しは、『省察』仏訳の頃からすでに見えはじめている。すなわち、クレルスリエはリュイヌ公と共に数年来その仏訳を準備中であったが、デカルトは彼にガッサンディの要望を容れて今度は「第五反論」および「答弁」を仏訳から外すよう依頼している[34]。だが「無用の反論を締め出す」という意図だけからガッサンディの異論を省くのはかえって不穏当だとの進言を受け[35]、デカルトももっともだと思った。結局クレルスリエの賢明な取り計らいで、反論と答弁は耳ざわりな部分の語調を緩和して翻訳され、本来あるべき位置ではなく「第六反論」のすぐ後に付録の形で置かれた。そして巻末には「抗弁」への解答である「一六四六年一月一二日付クレルスリエ宛書簡」が付された。これが『省察』仏訳本（一六四七年春、出版）である。現在のAT版とは順序が異なっている。ガッサンディはそれを見てもう不快には思わなかったという。さらにバイエによれば、一六四八年、セザール・デトレという若い神父（後に枢機卿となった）が仲介の労を取った。デカルトはロベルヴァルやメルセンヌと共に、たまたま病床にあって和議の席に出られなかったガッサンディを見舞い、彼を抱擁した。そしてある種の行きすぎについて互いに詫びたという[36]。その後、ガッサンディ、デカルト、ホッブズの三人はパリのニューカッスル侯（ウイリアム・カヴァンディシュ）の家に招かれ、親しく卓を囲んだと伝えられている[37]。この時デカルトは五二歳で最後のフランス滞在中であった（一六四七年に、デカルトはパスカルにも会い胸襟を開いている[38]）。他方、ガッサンディは五六歳で、パリでコペルニクスやティコ・ブラーエの天文学研究[39]を出すと同時に、リヨンでエピクロスの伝記[40]を発表するなど、精励ぶりは衰えを見せていない。

その後のガッサンディはどうであったか。一六四八年九月メルセンヌが世を去った際、ガッサンディはその業績を讃えてその死を心から悼んだ一文を草した[41]。彼の死によりガッサンディとデカルトとの交わりは仲介者を決定的に失ったことになる。和解が成ったにも拘らず、以後ガッサンディはデカルトを語らず、デカルトもガッサンディを語ることをしていない。同年一〇月、彼は病いを得てそれまで三年間職にあったコレージュ・ロワイヤルの教授[42]を辞してエクスに帰った。南仏に療養してはいても、ガッサンディの研究活動は目覚ましく、せっせと例の天体観測記録をつけるほか、一六四九年にはディオゲネス・ラエルティオス第十巻（エピクロス伝）の訳註、およびエピクロス研究の集成を終えている[43]。他方、デカルトは同年一〇月にストックホルムへ渡り、一一月に『情念論』を出版した。しかし一六五〇年二月、デカルトはこの北の地で客死した。かつての論敵の訃報にガッサンディが何を感じたかは今日何も伝えられていない。

一六五三年、ガッサンディは病い癒えて三年ぶりにパリに姿を現わし、ド・モンモールという人の館に身を寄せた。この人は政治家であったが学芸を好み、毎週デカルト主義のサロン[44]を開いて自然学などを論じるのが常であったという。ガッサンディはデカルトの反対者であったにも拘らず、そこでは当代一流の哲学者と称讃されていたという。彼がこのようなカルテジアンのサロンで評価されていたということは、彼がデカルトに反対しながらも、その思想が穏やかで心が広かったことを示していると思われる。パリの寓居でガッサンディはティコ・ブラーエの伝記その他を書きあげ、とりわけ彼のライフワークともいうべき『哲学集成』の完成に力を注いだ。

しかし、彼の新たな病気はその出版を妨げ、ガッサンディは原稿の上梓を見ることなくパリで客死した。時に一六五五年一〇月二四日、享年六三歳であった。彼はデカルト主義者たちの友情に囲まれて最晩年を過ごし、そのなかで死を迎えたのである。死後『哲学集成』をはじめ彼の全著作は、弟子ソルビエールの手で次々と刊行され、一六五八年リヨン版『ガッサンディ全集』(45)として後世に永く伝えられる所となった。

註

(1) ガッサンディの名が初めて日本の文献に現われるのは、高野長英『西洋學師ノ説』一八三六年においてである。数学者・天文学者として紹介されている。「其後千七百年ノ初、「フランス」国ノ都「パレイス」ニ、数学ノ教師ニ、ペトリュス　ガセンジ、トイフ人アリテ、コーペルニキュスノ説ヲ尊信シ、勉メテ此学ノ真理ヲ説キ、此説ノ世ニ行ル可キ一助トナレリ」(『日本思想大系』五五、岩波書店、二〇八ページ)。本書第一〇章二一四ページを参照。

(2) A. Koyré, Gassendi et la science de son temp, in *Etudes d'histoire de la pensée scientifique*, 1980; S. Murr éd., *Gassendi et l'Europe*, 1997. 前者の初出は *Actes du Congrès du tricentenaire de Pierre Gassendi*, 1957 である。後者は科学史も含めたガッサンディ哲学とその全ヨーロッパ的な影響を再検証するものである。

(3) 両者の思想面での違いについては、拙著『真理の形而上学』(世界思想社二〇〇一年)の第三章で述べておいた。なお、本章が典拠とした書物は主として G. Sortais, *La philosophie moderne*. t.I,1922; B.Rochot, La vie, le caractère et la formation intellectuelle, in *Pierre Gassendi 1992-1655* ,*Sa vie et son œuvre*, 1955 である。日本語で読める文献としては次のものがある。野田又夫「唯物論と二元論」(『デカルトとその時代』筑摩書房一九七一年、初出は一九五〇年)、F・ボルケナウ「ガッサンディ」(『封建的世界像から市民的世界像へ』元浜清海・山田宗睦他訳、みすず書房一九七一年)、R・ポプキン『懐疑——近世哲学の源流』第五・七章(野田又夫・岩坪紹夫訳、紀伊國屋書店一九八一年)、宗像恵「ガッサンディ」(『哲学の歴史』5、中央公論新社、二〇〇七年)など。

(4) 懐疑論か独断論かという二者択一はパスカルの『パンセ』(B434-L131)にも濃厚に表れている。ガッサンディの観点からするならデカルトも独断論者に見えたはずである。デカルト「第一省察」に見える懐疑の議論は、こうした懐疑論を背景に語られていると読むことができる。

（5）*De Vita et Moribus Epicure*, 1647; *Philosophiae Epicuri Syntagmae*, 1648 など。B・ロショの興味深い解釈によれば、ガッサンディは一六二六年以降、決定的にエピクロス主義者となり、彼の主たる関心はデカルトよりもエピクロスにあった。それが彼をして十七世紀原子論の代表者とし、ニュートンの先駆者たらしめた（B. Rochot, *Les Travaux de Gassendi sur Epicure et sur l'atomisme, 1619-1658*, 1944. Introduction et ch.7）という。

（6）唯物論的な自然学を目指した点で、ガッサンディ自身も自由思想家の一人であったと考えられる。パンタールはこの解釈を強く打ち出した（R. Pintard, *Le libertinage érudit dans la première moitié du XVIIe siècle*, 1943, pp. 477-504）。これには異論もあるようであるが、この方向づけは現在でも継承されている（J. S. Spink, *La libre pensée française de Gassendi à Voltaire*, 1967, 1ère partie; A. Staquet, *Descartes et le libertinage*, 2009, pp.60-62, 99-100, 168-182）。理性によって明確に捉えられないものを学問の研究対象としない点では、デカルトも自由思想家の一人であると言える。

（7）M. Mersenne, *Les Mécaniques de Galilée*, 1634.

（8）メルセンヌ宛 1638.10.11. AT.II,380.

（9）コルビウス宛 1643.4.13. AT.III,646.

（10）Voltaire, *Eléments de la philosophie de Newton*, I-2（野田又夫『デカルトとその時代』七三ページ）による。

（11）R. Specht, A propos des analogies entre les théories de la connaissance sensible chez Gassendi et Locke, in Murr éd., *Gassendi et l'Europe*, pp.237-243.

（12）ガッサンディよりペレスクへ 1629.7.21. この引用は B. Rochot, La vie, le caractère et la formation intellectuelle, in *Pierre Gassendi 1592-1655, Sa vie et son œuvre*, 1955, p.34 による。

（13）メルセンヌ宛 1630.2.25. AT.I,122.

（14）二人の交流を示す一例にすぎないが、一六二九年三月ベークマンがメルセンヌに宛てて自分がデカルトに『音楽提要』の原案を伝えたと言ったのと同じ趣旨のことを、ガッサンディにも書いている（*Journal de Beeckman*, III, p.123）。ベークマン・メルセンヌ・ガッサンディの三者の交流はそれほど密であったのであり、その科学史的な分析はこれからの課題と思われる。

（15）B. Rochot, *Op.cit.* p.34.

（16）　一六二九―三〇年代のメルセンヌ宛書簡 AT.I,84,97,112-113,122,148.

（17）　A. Baillet, *La vie de Monsieur Descartes*, I. pp.216-217.

（18）　*Examen Philosophiae Roberti Fluddi Medici,* 1630.

（19）　観測を行ったのはC・シャイネルという数学者であった。ペレスクはその写しを在オランダのガッサンディに送り、ガッサンディはそれに基づいて「幻日論」*Parhelia sive Soles quatuor*, 1630を書いた。

（20）　AT.VI,361では「チュービンゲンの数学者」（ウィルヘルム・シッカルト）のみが挙げられている。cf. A. Baillet, *Op.Cit,* II,p.133

（21）　メルセンヌ宛 1638.12. AT,II,465.

（22）　この種の批判はベークマンにも向けられた。本書第四章八四ページを参照。

（23）　メルセンヌ宛 1641.5.27. これは次の論文による（Erik-Jan Bos, Two Unpublished Letters of René Descartes: On the Printing of the Meditationes and the Groningen Affair, in *Archiv für Geschichte der Philosophie*. 92, issue.3, 2010, p.292-295）。本書コラム2、一三一ページを参照。

（24）　メルセンヌ宛 1641.6.23. AT.III,388-389.

（25）　メルセンヌ宛 1641.7.22. AT.III,416.

（26）　ガッサンディは、それを「すべて考えるものは在る」という大前提を欠いた省略三段論法 Enthymena と解している（*Disquisitio metaphysica*, 289b,éd., Rochot, p.85）。

（27）　エリザベトからデカルトへ 1647.12.5. AT.V,97.

（28）　ライプニッツからレモン宛書簡 GP.III, p.621, cité par M. Fichant,La réception de Gassendi dans l'œuvre de la maturité de Leibniz, in Murr éd., *Gassendi et l'Europe*, p.283.

（29）　ディネ宛書簡 AT.VII,600.

（30）　細糸で吊るされた錘の実験や、ガリレイ式望遠鏡による星座観測にデカルトは関心を示した（ホイヘンス宛 1643.11.2. AT.IV,758-759、コルビウス宛 1643.4.23. AT.III,646）。

（31）　G. Sortais, *Op.cit,* pp.13-14による。

（32）　クレルスリエ宛 1646.1.21. AT.IX,202-217.

（33）　ノエル宛 1646.12.14. AT.IV,58-586.

（34）　Avertissement. AT.IX,198-199.

（35）　リヴェからメルセンヌ宛 1644.3.28. AT.IV,110.

（36）　S. Sorbière, *Vita et Moribus Petri Gassendi*（リヨン版『ガッサンディ全集』第一巻の序文）；A. Baillet, *La vie de M.Descartes*, II, pp.341-342 による。G・ロディス＝レヴィス『デカルト伝』邦訳二八〇ページ。

（37）　AT.V,118. この記事は Edmund Waller からの伝聞として登場する（*Aubrey's Letters*, t.II,602）。ホッブズがニューカッスル侯と深いかかわりがあったことからもそれは十分ありえたであろうが、バイエにはその記述はない。

（38）　A. Baillet, *Op.cit*, II, p.381.

（39）　*Instituo Astronomica.etc.*1647. これはコレージュ・ロワイアルでの講義を元にしたものである。

（40）　*De Vita et Moribus Epicuri*, 1647.

（41）　AT.V,231.

（42）　それを聞いたソルビエールによれば、講義は数学そのものよりも数学を使った天文学であった。一六四五年一一月二三日に開講されて以来、学生以外にも多くの聴衆を集めたという（Sortais, *Op.cit*, p.10）。なおガッサンディはパリ滞在中、貴族の子弟たちに私的に哲学を教えたが。その時の学生にフランソワ・ベルニエ（F. Bernier）がいた。ベルニエは熱烈なガッサンディ主義者となり、膨大な *Abrégé de la philosophie de Gassendi*, 8 tomes, 1678 を書いた。

（43）　*Animadversiones in decimum librum Diogenes Laertii. etc*, 1649; *Syntagma Philosophiae Epicuri.etc*, 1649.

（44）　このサロンに出入りしていた顔ぶれには、ロベルヴァル、メルセンヌ、クレルスリエ、ピコ、ソルビエール、ショヴォ（ラフレーシュでデカルトの学友）、ユエなどがあった。このアカデミックなサロンは、人々を「デカルトの学説に馴染ませ、少しずつ彼らにその説をわかち与える」ためにのみ開かれている観さえあったという。その称讃の音頭をとったのはダニエル・ユエであるが、この人は後にデカルト主義から離反した（G. Sortais, *Op.cit*, p.16 に依る）。

（45）　*Petri Gassendi Opera Omnia*, 6 volumes, Lyon, 1658.

第九章　パスカルの精神と西田幾多郎

周知のように西田幾多郎（1870-1945）はフランス哲学にも造詣が深く、とくにパスカルの精神を高く評価していた。ここでパスカルの精神とは、いわゆる幾何学の精神 esprit de géométrie よりもむしろ繊細の精神 esprit de finesse である。それをなぜか西田は気に入っていた。もとより西田はパスカルとは異文化に属する人であり、その思想も根本において相違している。だが、西田のパスカル解釈を通して、われわれはパルカルをより深く捉えることができ、逆に、西田の哲学の根本を知ろうとするときパスカルはそのための重要な材料となりえるのではないか。鋭く本質を切り取る観がある西田のパスカル解釈は、彼が一目でパスカルの精神を見抜いていたことを示しているとも思われる。その解釈は同時に西田自身の思想展開をも反映しており、パスカルの精神を理解することによって、逆に西田の根本精神がより明確になる場合があろう。本章ではこうした点を明らかにしたい。

考察の順序としては、パスカルと西田の書誌学的な関係を概観したのち、根本の共通関心事として人生の問題があることを示す。ついで西田がパスカルについて取り上げた主題として、考える葦、中間者としての人間、サンチマンの三つの論点を、テキストを中心に分析することとする。

一　パスカルと西田

まずパルカルと西田との関係を概観しておく。西田は「私はかねてフランス哲学というものに興味を有っている。あの見方考え方というものは我々にしっくり結合する」（⑱五七九）[1]と言い、「フランス哲学には……私はいつも共鳴する」（⑲六）と言っている。よく登場するのはデカルト、ベルクソンであり、メーヌ・ド・ビランである。だがあまり頻繁ではないが、パスカルもしばしば引用されている。

西田の著作のなかで最初にパスカルが出てくるのは、明治四四年（一九一一）『善の研究』であることは比較的よく知られている。第三編の「善」の第三章「意志の自由」の最後に「考える葦」が出てくる[2]。しかし著作ではないが、それ以前にもパスカルへの言及はある。明治四〇年、第四高等学校教授時代の日記にパスカルの名が登場している。

N

独法三年
Pascal
S.111
6

Pascal
S.320
115

二部三年
Pascal
S.103
5

（「日記」明治四〇年三月、⑰一七八）

プラトンやフンボルトなどと並んでパスカルが出てきているが、これはどういうことであるか。前後の文脈からして、倫理学かドイツ語の試験問題のメモと思われる。「独法」とは何であるか。大学予科第一部（法科及び文科志望者）で法科志願者のうち、ドイツ語を主とする科は「一部独法」と呼ばれ最も権威があったという。「二部」とは工科及理科及農科志望者である。[3] ではS以下の数字はなにか。Sはドイツ語のSeite（ページ）であろう。何のページか調べてみたところ、レクラム版の『パンセ』[4] のページと節の番号と一致することが判明した。これは小さな発見である。次にその内容を掲げ、ブランシュヴィック版とラフュマ版の番号を付しておく。

P[5] S.111. 6「正義とはすでに成立しているものである。したがって、われわれのすべての既成の法律は、それがすでに成立しているという理由で、検討されずに、必然的に正しいと見なされるであろう。」（B312-L645）

S.320. 115「人は耳にしか相談しない。というのは、心無しだからである。[6]」（B30-L611）

S.103. 5「なぜ人は多数に従うのか。彼らがいっそう多くの道理を持っているからなのか。いな、いっそう多くの力を持っているからなのだ。なぜ人は古い法律や古い意見に従うのか。それらが最も健全であるからか。いな、それらが、それぞれ一つしかなく、多様性の根をわれわれから取り除いてくれるからである。」（B301-L711）

法科などの学生向けではあれ、それぞれ含蓄のある文章が選ばれていることが興味深い。ともあれ、西田がパスカルの名を最初に記録に残したのは遅くとも明治四〇年であり、パスカルは、いつでも西田の手の届くところにあったと思われる。この頃の西田の読書日記には、デカルト『哲学原理』（独訳）、ライプニッツ『ヌーボー・ゼッセー』、ベルクソン『時間と自由』などの記載がある。だが、名こそ登場しないが、しばしばドイツ語訳のパスカルに触れていたと言える。

西田の四高教授時代、ブランシュヴィック版の『パンセと小品』一八九七（明治二九）[7]はすでに出ている。この青い小さな本は、F・モーリアックなど多くの知識人が読んだ名編であり、西田はこの版を使用できたはずだが、この版についての記述は昭和一二年になってからのことである。普段はむしろレクラムの独訳を愛用していたようである。ちなみに西田とブランシュヴィック（L. Brunschvicg, 1869-1944）は生まれた年も死んだ年も一つ違いで、全くの同世代である。西田の時代にはブランシュヴィック以外にも、有名なパスカル研究が続々と出ている。ブートルー（E. Boutroux）、ジロー（V. Giraud）、ストロウスキー（F. Strowski）、ブレモン（A. Brémont）、シュヴァリエ（J. Chevalier）、ビュソン（H. Busson）などである。だが、これらのパスカル研究は西田の手元には届いていない模様である。日本のパスカル研究についても読んだ形跡はない。三木清の『パスカルにおける人間の研究』（大正一五）も、由木康『瞑想録・パンセ』の抄訳（昭和一三）も、おそらくあまり読んではいない。要するに西田はパスカルについて文献学的な研究をしていたとは思われない。研究書よりも原典を自分で読み、考えるという、いつもの姿勢あるのみである。これは、厳密な学問的手続きを無視した、ある意味で独断的な研究方法である。しかし西田は自分の哲学を展開したかったのであって、ブランシュヴィックなどとはちがって、実証的研究にはあまり興味がなかった人だろう。

ところでパルカルと西田は、ともに人生について同じ考え方をしていた人と思われる。西田は若い頃、次のような疑問を発している。

N　宇宙一大怪物にして疑惑の中に取り包かれ一事一物解すべき者は豪もなし。……宇宙はあるいは神は、何故に始なく終なきか。……実にデカールトを気取るではないが宇宙間解すべき者一物かあるや。（明治二一、二二年頃、山本良吉宛書簡　⑱五、原文はカナ）

一八歳にして西田は宇宙・人生に対する懐疑の念を表明している。だれに教わったのか、どこで読んだのか、すでにデカルトの懐疑を知っており、それを気取っている旧制高校の若者らしい姿がここにある。これは西田の哲学への出発点とも言えよう。青年時代に感じた人生へのこの疑念は、その後消失するどころか、一六年後に「人心の疑惑」（明治三六）という短い文章において、整然とした形となって現われて来ている。

N　生は何処より来り死は何処へ去るのであるか、人は何の為に生き何の為働き何の為に死するのであるか、これが最大最深なる人心の疑惑である。……わが所謂人心の疑惑と云うのは智識的要求に本づく哲学的問題ではなくて、我等が情意の上において天地人生に対する関係を定めんとする実地の要求より来るのである。（明治三六、⑬八六―八八）

この文章を書いた年、三三歳の西田は京都で禅の修行の仕上げをし、「無字」の公案を透過している。にもかかわらず依然として人生に疑問を呈していることにわれわれは驚く。西田の問題意識の根深さ、懐疑の深さを物語るものであろう。それは理論的な哲学の問題であるよりも情意による実践の要求だという指摘は、『善の研究』を予感させる。こうした西田の懐疑は、その精神においてデカルトよりもむしろパスカルのものである。同じ人生への疑問を、『パンセ』のなかに見出すことは容易である。

P　私はだれがいったい私をこの世においたのか、この世が何であるか、私自身が何であるかを知らない。私はすべてのことについて恐ろしい無知のなかにいる。……私の知っているすべては、私がやがて死ななければならないということであり、しかもこのどうしても避けることのできない死こそ、私の最も知らないことなのである。……（B194-L427）

私は、私がどこから来たのか知らないと同様に、どこへ行くかも知らない。ただ私の知っていることは、この世を出たとたん、虚無のなかか、怒れる神の手中に、未来永劫陥るということで、この二つの状態のうち、はたしてそのいずれを永遠に受けなければならないのかということも知らないのである。これが私の現状である。弱さと不確実さとに満ち満ちている。（同）

人間の盲目と悲惨とを見、沈黙している全宇宙をながめるとき、人間がなんの光もなく、ひとり置き去りにされ、宇宙のこの一隅にさまよっているかのように、だれが自分をそこに置いたか、何をしにそこへ来たか、死んだらどうなるかをも知らず、あらゆる認識を奪われているのを見るとき、私は眠っているあいだに荒れ果てた恐ろしい島につれてこられ、さめて見ると（自分がどこにいるのか）わからず、そこから逃れ出る手段も知らない人のような、恐怖におそわれる。（B693-L198）

これらの文章は、かつて実存主義の理念とされたことでも有名な断章の一部である。[8] パスカルもまた、世界と自己に対する無知、自らの存在の定めなさと弱さ、要するに人間の盲目と悲惨とを痛く感じている。そしてその状態に自ら戦慄を覚えているのである。別の箇所では、人間は真理を知る立場にはないという意味で「懐疑論は真実である」（B432-L691）とも言っている。パスカルにとっても、人生の問題は知的な「哲学の問題でなく、私の全存在に関わること」（B226-L150）であった。西田と同じく、天地人生に対する関係を定めようとして、定められないでいる「私」の実存的状況が顕わになっている。

このようにパスカルは「神なき人間の悲惨」をドラマティックに描き続けた。他方、西田は、家庭の不幸に見舞われていたころ、パスカルの名を記したすぐあとに「実に人生は煉獄でございます」（昭和三、田辺元宛⑲六〇五）と書いている。別の機会には「哲学の動機は人生の深い悲哀でなければならない」（『無の自覚的限定』⑥一一六）とも言っている。こうした悲劇的な人生観は西田の哲学の基調になっているが、それは基本的にパスカルと同じ波長を保っていると想われる。

人間の置かれたこのような状況を突破するのが宗教である。パスカルにおいても西田においても、人生の疑問を真摯に考えようとする同じ姿勢がある。そしてそれは哲学ではなく生命の問題であり、宗教的背景において解決されると考えられている。この点で二人は志を同じくしている。西田は「人生の問題が終結」であると考え、宗教を「哲学の終結」（『善の研究』序、①三―四）と見なした。同様にパスカルも、「信仰に拠らないかぎり確実性はない」（B434-L131）とした。そして理性ではなく心情に感じられる神（B278-L424）を求めた。その神は「哲学者や学者の神でなく、アブラハムの神、イサクの神、ヤコブの神」（『メモリアル』）であり、愛と慰めとを以って「魂と心情とを満たす神」（B556-L449）であった。このパスカルに対して西田は「パスカルの如き、実に深く宗教的というべき人であった」（『哲学概論』⑮一七四）と評し、また、ただ神の前に跪づけと教える「パスカルの語は実に意味深い語と思います」（昭和二、久松真一宛、⑱三三〇）と評している。これらの西田のことばのうちに、パスカルへの深い共鳴を聴き取ることができよう。

要するに、彼らの思想の根底には同じもの（人生への疑問、宗教性）が流れており、西田がパスカルの精神に感じるところがあったのも、そのゆえかと思われる。

二　考える葦

本論に入る。西田はパスカルに関して、少なくとも三つの主題を取り上げている。「考える葦」、「中間者としての人間」、「サンチマン」である。西田の読みにはパスカルの精神を踏まえた鋭く深い理解があり、かつ西田のそのときどきの思想に合わせた解釈があることが確認できそうである。以下これらの主題について検討する。まず、有名な「考える葦」roseau pensant の断章は次のようなものである。

P　人間はひとくきの葦にすぎない。自然のなかで最も弱いものである。だが、それは考える葦である。彼をおしつぶすために、宇宙全体が武装するには及ばない。蒸気や一滴の水でも彼を殺すのに十分である。だが、たとい宇宙が彼をおしつぶしても、人間は彼を殺すものより尊いだろう。なぜなら、彼は自分が死ぬことと、宇宙の自分に対する優勢とを知っているからである。宇宙は何も知らない。
だから、われわれの尊厳のすべては、考えることのなかにある。われわれはそこから立ち上がらなければならないのであって、われわれが満たすことのできない空間や時間からではない。だから、よく考えることを努めよう。ここに道徳の原理がある。……（B347-L200）

この文章は一見すると、考えるという点に人間の尊厳があり、宇宙や物体に対する人間の優位があることを述べているように読める。次の断章に「空間によって宇宙は私をつつみ、一つの点のようにのみこむ。考えることによって、私が宇宙をつつむ」（B348-L113）とあることも、その読み方を支持しているかのようである。だが、実はそう読めるようにブランシュヴィックがこれらの断章を配列したにすぎない。ラフュマ版（1963）による現代の読み方では、ただ思考の偉大さだけを述べているのではなく、人間はあくまで弱き葦であって、偉大と悲惨という矛盾した本性を同時に有していることを言っていると読むべきである。(9) 最新のセリエ版（1976, 2004）でもこれと同じ配列（S.231）になっている。

この断片に対する西田の言及箇所は全部で六つあるが、時代順に三グループに分けられる。それぞれが西田のそのときどきの立場からの解釈であることが興味深い。

第一は、『善の研究』の時代のものであり、意志の自由が論点になっている。

N　人は他より制せられ圧せられてもこれを知るが故に、此抑圧以外に脱して居るのである。更に進んでよくそのやむを得ざる所以を自得すれば、抑圧が反って自己の自由となる。……パスカルも、人は葦の如き弱き者である、併し人は考える葦である、全世界が彼を滅さんとするも彼は彼が死することを、自知するが故に彼を殺す者よりも尚しといって居る。（『善の研究』明治四四、①一一六―一一七）

意志の自由、意識の自由が論じられる場面で、「考える葦」が引かれている。西田によれば、意識の自由というのは、外からの束縛を受けずに、おのれ自らにおいて働く自由、すなわち必然的自由である。それは自然法則を破って偶然に働くのでなく、自己の自然に従うがゆえに自由である。それゆえ他から強制されても、そのことを知る時点ですでに強制を脱している。その必然性を知れば、強制がかえって自己の自由となる。この意味でソクラテスを毒殺したアテナイ人よりもソクラテスの方が自由の人であり、それと同様にパスカルの「考える葦」も人間の意志の自由を言っている、としている（①一一五—一一七）。要するに、自己の自然に従うことに本来の自由があるとしているのであるが、これは真の自己のあり方を把握しようとする純粋経験の立場からの発想であることは言うまでもない。

第二に、『善の研究』から十年後、西田は純粋経験を統合する「自覚」の立場に立ってパスカルを問題とするようになる。

N（1）……自覚作用に至って始めて作用が全然その対象界を超越して己自身の対象界を創造することができ、真に作用の作用たる具体的立場に立つと云うことができる。所謂自然界はそのなかに含まれて、唯その一象面を成すに過ぎないのである。パスカルの、人は万物の中で最も弱い葦に過ぎない、しかし人間は考える葦である、全宇宙が彼を圧殺する時でも、人はおのれの死することを知るが故に、彼は彼を殺すものよりも貴いという如き語も、実に這裡より出で来るのである。（『感情の内容と意志の内容』大正一〇、③二九〇）

（2）全宇宙をもって我を圧殺するも、我は之を知るが故に殺すものよりも尊いとパスカルの言うごとく、道徳的意志においては、自然を超越して自己自身の創造に成る対象界をもつと考えることができる。自然其者がその中において消されるのである。（『法と道徳』大正一一、③五〇七）

（1）で言う「作用の作用」とは、作用しているものがその作用自体をも意識すること、作用が作用自身を対象となし、作用が作用を生むことである。この作用がいわゆる自覚である。自覚によって対象界は自我の所作となり、自己の対象界を創造することができる。自然界は自我の作用の一部と化する。かくして対象界を越えることになる。西田は、この点にパスカルの「考える葦」を重ね合わせている。すなわち、人間は宇宙の優位を知るという作用において、宇宙という自然界を自己の一部として内にとり込んでいる。このとき人間は葦でありながら宇宙よりもまさっている。すなわち対象界を超越しかつ対象界を創造している。これはまさに自覚の立場である。（2）においても趣旨は同じである。人間は物理的意味では自然界に規制されるが、道徳的意味においては、意識によって対象を自由に意味づけ、創造することができる。このとき自然界は私のものとなっている。まさにパスカルの言うごとく、私は宇宙につつまれ、一つの点のようにのみ込まれるが、「考えることによって私は宇宙をつつむ」（B348-L113）のである。作用の作用の立場、自覚の立場。そこでは対象界が統一され、自由に創造される。その象徴が「考える葦」にほかならない。

第三に、最晩年の『場所』の思想においても「考える葦」は登場する。

N（3）パスカルは人は自然の最も弱きものたる葦に過ぎない、併し彼は考える葦である、彼を殺すには一滴の毒にて足る、併し全宇宙が彼を圧殺するとも、彼は死ぬることを知るが故に、彼を殺すものよりも貴いと云っている。斯く人間の貴いと考えられる所以のものが、すなわち人間のみじめなる所以である。人生の悲惨は実に此にあるのである。（『場所的論理と宗教的世界』昭和二一、⑪四二六）

（4）併し我々の自己はかかる世界の個でありながら、パスカルの云う如く、之を越えて之を知る故に、われわれを圧殺する全宇宙より貴い。かく言いえる所以のものは、我々の自己が矛盾的自己同一的に、自己表現的に自己自身を限定する絶対者の自己否定として、即ち絶対的一者の個物的多として成立するものなるが故である。（同、四二九）

（5）我々の自己に平常底という立場があるが故に、常識と云うものも形作られるのであろう。かかる意味において、私はフランスのボン・サンスに興味を有するものである。……我々の自己に最も具体的な立場と云うのは、最も深くして最も浅い立場、最も大にして最も小なる立場である、即ち私の所謂平常底の立場であるのである。パスカルのロゾー・パンサンの立場も、之に他ならない。（同、四五二）

西田は「場所」や「平常底」[10]の思想を説明するものとして、ふたたびパスカルを引いている。筆者の目から見て重要な点は、（3）では、人間には尊さとみじめさとの相反があり、この点に人生の悲惨があると見ていることである。先述したように「考える葦」の章は、ラフュマ版にしたがって人間の偉大と悲惨という正負両面を言っていると読むべきなのだが、西田はラフュマ版などまだない時代にそれを喝破していたことになろう。（4）は、筆者には理解するのが困難であるが、「考える葦」を矛盾的自己同一という重要な思想によって解釈していることは注目してよいであろう。すなわち西田はそこにやはり矛盾を見ているのである。しかし、それゆえわれわれは自己否定的に「いつも絶対的一者に接して」（同、四二九）おり、それは生即死、死即生の意味であるとしている点は、もはやパスカルの域を越えたことであろう。（5）では、人間が最も深いと同時に最も浅く、最大にして最小であるということ、すなわち矛盾というものが人間の具体的な立場であるという主張が重要である。西田が、真の自己の場所は矛盾においてあるとするのは、パスカル解釈として妥当だと思われるが、「考える葦」

の立場が平常底の立場にほかならないとするのは、これもパスカルを越えたことであろう。

要するに、「考える葦」は若い頃から西田が愛好したテーマの一つであり、それを西田は意志の自由、自覚、平常底という自らの立場の発展に沿って、それぞれ解釈していると言える。最後に析出されるのは人間の矛盾という事態である。それらの解釈の当否は別として、パスカルのことばは、西田の思想の深化発展を鏡のごとく映していることになろう。

三　中間者としての人間

「考える葦」に劣らずよく知られた断章で、「人間の不釣合」disproportion de l'homme と題された長いものがある。以下はその一部である。

P　……これ（宇宙全体、自然）は中心がどこにもあり、円周がどこにもない無限の球体である。すなわち、われわれの想像がその思考のなかに自分を見失ってしまうことこそ、神の万能について感知しうる最大のしるしである。（B72-L199）

このように考えてくる者は、自分自身について恐怖に襲われるであろう。そして自分が、……無限と虚無とのこの二つの深淵の中間にあるのを眺め、その不可思議を前にして恐れおののくであろう。……そもそも自然のなかにおける人間というものは、いったい何なのだろう。無限に対しては虚無であり、虚無に対してはすべてであり、無とすべてとの中間である。両極端を理解することから無限に遠く離れており、事物の究極もその原理も彼に対して立ち入りがたい秘密のなかに固く隠されており、彼は自分がそこから引き出されてきた虚無をも、彼がそのなかへ呑み込まれている無限をも等しく見ることができないのである。（同）

これがわれわれの真の状態である。そのためにわれわれは確実に知ることもできず、全然無知であることもできないのである。われわれは、広漠たる中間に漕ぎいでているのであって、常に定めなく漂い、一方の端から他方の端へと押しやられている。（同）

「不釣合」とは、人間が自然のなかで均斉を失っているということである。すなわち、人間は中心のない無限宇宙のただなかにあって自らを失っており、無限と虚無という二つの深淵の間にあってその両極を知りえないまま中間に漂っているということである。自然において中間的存在であることが人間の真の状態であると気づき、その事実に戦慄を覚えている。パスカルは、「この無限の空間の永遠の沈黙は私を恐怖させる」（B206-L201）。西田はこの断章を好み、しばしば言及している。その一文について翻訳の仕方を友人に問い合わせてまで、強い関心を寄せている。なぜであろうか。そこには人間の持つ深い矛盾が顕わになっている点に、西田は大きく共感しているからだと思われる。

N　それ（人格的生命）においては過去と未来とは現在において結合して居ると考えることができる。我々は無限の現在から出て無限の現在に還り行くと考えることができる。そこに真に死することによって生きるという意味があるのである。真に過去未来を包むものは単なる無限大の極限球という如きものではなく

して、パスカルの所謂周辺なくして至るところが中心なるものでなければならない。（『私と世界』昭和八、⑦一三八）

自然は歴史においてあるのである。現象即実在、実在即現象なる真の具体的実在の世界は、絶対の時間即空間、空間即時間なる永遠の今の自己限定の世界でなければならない。パスカルの周辺なくして至る所が中心となる無限の球という如きものである。（『行為的直観の立場』昭和一〇、⑧一五七）

宇宙は中心も周辺もなく無限であり、そのただなかに人間は置かれているとパスカルは考えた。これに対して西田は、その無限において時間と空間との一致を見ようとしている。それは過去・未来を含んだ無限の現在であり、生も死もそこで一つになるような無限である。それは真の具体的実在であって、そこでは現象と実在、空間と時間も一なるものとなる。まさに永遠の今の自己限定の世界である。注目すべきは、ここではもっぱら空間的であったパスカルの無限が、時間的な要素も入れた無限の理解になっていることである。それは逆に、パスカルとは異なる西田の無限の形而上学の何たるかを明らかにしていることになろう。では、無限における人間存在を西田はどう理解しているか。四つの文章がある。時代順に並べると次のようになる。

N　（1）我々の自己というものは、かかる世界の自己限定と自己否定との間に考えられる個物的なものである。故に、我々の自己はパスカルのいう如く、いつも無限と無との二つの深淵に臨んでいると考えられる、全体と無との間にあると考えられるのである。（『弁証法的一般者としての世界』昭和九、⑦三二一）

（2）我々の人格そのものが深き自己矛盾でなければならない。唯我々は自己自身を否定して現実の世界の底に絶対者の声を聞くことによってのみ生きるのである。我々から絶対者に到る途はない。神は絶対に隠された神である。我々が行為によって物を見るという方向へ、どこまで行っても神に撞着するのではない。パスカルの云う如く、内と外と結びつく、唯我々は跪いて祈るあるのみである。（同、⑦四二六―四二七）

（3）我々人間はいつも自己矛盾的存在である。パスカルの云うごとく、人間はいつも両極端の中心にあるのである。彼は云う、この岸へかの岸へと押し戻されつつ、我々は無辺の中間に浮び、果しもあらず漂いまようと[11]（Pensées72）。我々の生きる方向は、唯、弁証法的に物を見て行く、即ち行為的直観的に創造し行くにあるのである。（『実践と対象認識――歴史的世界においての認識の立場』昭和一二、⑧四二八）

（4）パスカルは神においては相反する両端が結び付いて居る、人間は両端の間にさ迷うものであると云う。而して神を離れる時、人間は自愛と回避とに陥ると考えている。（同、⑧四三九）

（1）では、無限と無とが世界の自己限定と自己否定と「翻訳」され、その中間に自己があると理解されている。西田の場合、自然よりも弁証法的な世界が問題である。（2）は、人格そのものが深い自己矛盾であること、だから自己を否定して絶対者の声を聞くこと、「隠れたる神」にただ跪くべしと教える。これはパスカルの精神にきわめて近いものである。（3）によれば、人間が両極の中心に位置するとは、人間の本質には相矛盾するものがあり、人間そのものが自己矛盾的存在であるということである。パスカルは「不釣合」と言うのみで、「矛盾」とは一言も言っていない。西田がこの断章の根本には人間の矛盾の自覚があると看破していることが興味深い。（4）によれば、神においては両端がつながっているが、人間はこの中間地帯をさまよっているとする。西田は、中間者としての人間というパスカルの発想に関心をもち、そこに自己の矛盾的存在を見ている。そして絶対矛盾の自己同一に真の実在があるとしている。この点に西田の理解の独自性があると認めることができる。西田はパスカルのテーマに触発されながら自分の思想を深め、それを解釈に盛り込んでいるのである。ここから逆に、西田の言う矛盾とは、単に白黒同居といった概念の矛盾を言うのではなく、二つの対立項の中間にあってそのいずれをも取れない人間の分裂的状況を示唆していることが分かる。

ところで、パスカル自身はこうした人間の悲惨を救うものとして、キリスト教の神があることを示唆した。「隠れたる神」Dieu caché と言われるが、神のしるしは全心で神を求める人には隠されていない（B194-L427）。賭けによって神の存在を選び取り、みずから跪くことによってイエス・キリストを介して信仰を受け取るのである（B279-L588）。この超自然的な「愛の秩序」（B793-L308）において人間の矛盾が解かれ、「神と共にある人間の至福」が実現することになる。だが西田は、人間から絶対者にいたる道はないと考える。これはパスカルとの決定的な相違であろう。西田の場合は、（2）が示すように「自己を否定して現実の世界の底に絶対者の声を聞くことによってのみ生きる」のであり、（3）が言うように「弁証法的に物を見て行く、即ち行為的直観的に創造し行く」のみである。だが、それは具体的にどういうことか、若き日の「人心の疑惑」はこれで解けているのか、人間の救いになっているのか。筆者にはまだ分からないことが多いが、少なくともこれが西田の最終的な生き方であったと思われる。

四　サンチマン

西田はフランス哲学について、次のような感想を漏らしていたことが知られている。

N　一体フランス哲学にはデカルト以来深い直観の考があり、それはドイツ哲学にはないものにて私はいつもそれに共鳴するので御座います。(三宅剛一宛、昭和一三、⑲六)

コンテキストのうえでは、G・バシュラール（おそらく新刊の『科学的精神の形成』昭和一三年）を読んだあとでそう言っている。これは短いながら、フランス哲学についての西田の考え方を、総論的に率直に語っているものとして印象的である。ドイツ的な論理や概念ではなく、フランス的な直観というものに西田は共感を覚えている。この直観（直感）が、ここに取りあげるサンチマン sentiment にほかならない。パスカルの言うサンチマンとは何か、それを西田はどう評価しているであろうか。

まずパスカルにおいて、幾何学の精神と繊細の精神との周知の区別がある。幾何学の精神は、だれの目にも明らかな原理によって推論し、秩序立った証明をする。繊細の精神は、目に見えない細かい原理を感じ、それらを一度に一目で直感する。これは二種類の相容れ難い精神であって、繊細な人が幾何学の精神を持つことは稀であるし、逆に幾何学者が繊細な精神を持つことも珍しいと言う（B1-L512）。パスカル自身はその稀な例であったろう。サンチマンは言うまでもなく後者に属する。この区別に対して西田は言っている。

N　デカルトといえば合理主義的哲学の元祖である。併し彼の省察録 Meditationes などを読んでも、すぐ気付くことは、その考え方の直感的なことである。単に概念的論理的でない。直感的に訴えるものがあるのである。パスカルの語を借りて云えば、単に l'esprit de géométrie でなくて、l'esprit de finesse というものがあると思う。フランス哲学の特色は後者にある。（『フランス哲学についての感想』昭和一一、⑫一二六―一二七）

西田は幾何学の精神よりも繊細の精神を高く評価している。概念や論理よりも直感を重要視している。常識的に見れば、デカルトはむしろ概念的・論理的であり、繊細の精神よりも幾何学の精神の持ち主かと思われる。しかし西田は、合理主義の哲学にも何か直感的に訴えるところがあると見ている。たしかにドイツ哲学などとは根本的にタッチが違うところがある。たとえば『省察』に登場する錯覚や夢の例、蜜蠟の比喩の鮮やかさは、直観（直感）的に人を説得するに十分だろう。さらにデカルト自身、「コギト・エルゴ・スム」は三段論法による演繹ではなく、精神の単純な直観によって知られる（「第二答弁」）と言っていることも想起される。西田の指摘するようにフランス哲学の特色が繊細の精神にあり、デカルトでさえも例外でないとするなら、パスカルはそれを輪にかけた繊細の人であり、サンチマンの人であろう。ところで、サンチマンは理性でなく心情 cœur に関わる。パスカルの言う心情に耳を傾けよう。

P　心情は理性の知らない、それ自身の根拠をもっている。（B277-L423）

心情にはそれ自身の秩序がある。精神にはそれ自身の秩序があり、それは原理と証明とによるが、心情

にはそれとは別なものがある。（B283-L298）

神を感じるのは心情であって、理性ではない。信仰とはこのようなものである。理性にではなく、心情に感じられる神。（B278-L424）

われわれが真理を知るのは、理性によるだけでなくまた心情によってである。われわれが第一原理を知るのは、後者によるのである。……第一原理の認識は、推理がわれわれに与えるどんな認識にも劣らず堅固なものだからである。これらの心情と本能とによる認識の上にこそ理性の認識は、よりかからなければならない。……神から心情の直感によって宗教を与えられたものは、非常に幸福であり、正当に納得させられている。（B282-L110）

パスカルの主張の特徴は、人間の認識原理として心情というものの重要性を示した点にある。理性には立派な根拠があり、原理と証明という整然とした秩序があることはだれしも認める。これに対してパスカルは、心情による認識は理知ではなく情知にすぎないが、それ自身の根拠と秩序とが確固としてあり、理性の認識が心情に依存している場合さえある、としている。(12) 神は理性でなくまさに心情に感じられるものである。デカルト的な神の存在証明をパスカルは評価しない。神の認識は、精神という門からではなく、心情の門から入ってくる（『幾何学的精神について』p.185）。それは心情の直感（サンチマン）において与えられるべきものであった。

これに対して西田はどう言っているか。

N　デカルトの自覚は単に知的であった。それは形而上学的真理として用いられた。……これに反しパスカルにおいては理知に対して情知の権威が立てられた。かれはそれを学的知識の如くに直覚的と考え、その上に人間的事実の知識が立てられた。（『人間学』昭和五、⑫二四）

デカルトの理知に対して、パスカルの情知を大きく認める。これが西田の基本的なスタンスである。デカルトの精神はやはり知的・形而上学的である。しかしパスカルの言う心情も学問的認識になりうる。人間的事実の知識、直覚的知識として重要である、と西田は見ている。それはどういうことか。西田はさらに詳しく論じている。

N　（1）パスカルの人間論という如きものは真に我々の深い自覚の事実に基づいたものである。自己自身を直観したものである。デカルトの cogito の意味を真の自覚の立場に深めたと云い得るであろう。無論、それは対象認識という意味においての知識ではない。Connaissance par le cœur である、sentiment の事実である。（『場所の自己限定としての意識作用』昭和五、⑥一一三）

（2）デカルトの自覚は知的自覚であったと云い得る、所謂デカルト哲学はこの方向を選んだ。しかしデカルトの自覚からメーン・ドゥ・ビランの j'agis, je veux, ou je pense en moi l'action という方向に進むこともできるであろう。かかる自覚の方向に踏み出したのがパスカルであった、フランスの哲学にはかかるサンチマンの哲学の流れがある。……自愛というものが考えられ、それからサンチマンの哲学が基礎付けられるであろう。（同、⑥一一四―一一五）

（3）対象的限定そのものの背後に直にパスカルがサンチマンによって自己自身の底に見た自己矛盾が見られたのである。……メーン・ドゥ・ビランがその人間学において論じて居るような、フランスにおけるサンチマンの哲学は自覚的事実の独立性を把握しながらも、その認識論的意義が明でない、それは単に心理学的と言われても致し方がない。（同、⑥一一五）

（4）私はフランス哲学独特な内感的哲学の基礎はパスカルによって置かれたかに思う。その「心によっての知」connaissance par cœur は、「サン・アンチーム《ママ》」sens intime としてメーン・ドゥ・ビランの哲学を構成し、遂にベルグソンの純粋経験にまで到ったと考えることができる。メーン・ドゥ・ビランはパスカルが賞賛すると云った ceux qui cherchent en gémissant という様な哲学者であった。」（『フランス哲学についての感想』昭和一一、⑫一二七）

西田によれば、デカルトにせよパスカルにせよ、その哲学は、ともに自覚に基づいている（自覚の立場は昭和五年のこの時期にも維持されている）。デカルトのコギトは、（2）にあるような知的自覚である。対象認識という意味での客観的知識である。しかしパスカルの人間論は、（1）に言うように、コギトがより深められたもので「真の自覚」の立場に達している。すなわち対象をただ客観的に認識するだけではない。われわれの深い自覚の事実、自己自身の直観を踏まえている。それは知的自覚ではなく、（2）に示唆されているような行為的自覚である。これによってパスカルは、（4）が説明するように、サンチマンの哲学へと踏み出し、心情と内的感覚によって内感的哲学の基礎を置いた。ただ、（3）が言うように、その哲学の認識論的意義が明らかでないと西田は批判している。

ところで、われわれにとって重要なことは、（3）にあるように、サンチマンによって自己自身の底に自己矛盾が認められる、ということである。真の自覚、自覚的事実とは、自己の本質的矛盾を知るということであろうか。それが心情のサンチマンによって捉えられる。これはデカルト的知性のよくするところではなかったであろう。西田はデカルトにも敬意は表しているが、感心するところまでは行っていない。しかるに西田が理解するパスカルは、知的自覚でなく行為的自覚の方向に踏み出しており、より深い自覚の事実（人間の矛盾）を見出している。デカルトが知性でとらえた「コギト」よりも、パスカルがサンチマンでとらえた「人間の矛盾」の方が、真の自覚の立場に深められている。その点に西田は深く共鳴していると思われる。このことは、西田の言う自覚というものが、知的に分析されるべきものでなく、生における人間的事実として直感されるべきものであることを、逆に示していることになろう。

要するに、幾何学的精神よりも繊細の精神、理性よりも心情、推論よりもサンチマン。この点に西田は感心したと思われるが、そういうものに感心すること自体が西田のサンチマンを物語っている。概念や論理だけでなく直感や心情をも大事にすること、これは西田自身のことでもあろう。剛気な感のある西田もまた根本においてサンチマンの人であり、繊細の精神の持ち主ではなかったか。

パスカルと若い西田は世界と人生への疑問を共有しており、彼らの思想の根底には宗教性が流れている。それゆえ西田は、パスカルの精神に共鳴できるものを最初から持つていたと思われる。パスカルの主題のうちで西田が取り上げたのは、考える葦、中間者としての人間、サンチマンの三つにまとめられる。そして、考える葦の断章には偉大と悲惨との矛盾が認められ、中間者の断章には二つの深淵の狭間に置かれた人間の矛盾がある。それらの矛盾は理性や論理によってではなく、心情のサンチマンによって、繊細の精神によって、はじめて深く自覚されるとされる。結局、西田はパスカルの根本には人間本性の矛盾の自覚があり、それが様々な場面において様々な仕方で語られている、と解釈していることになる。この解釈はパスカルの実証的研究が進んだ今日においても、なお当たっていると言えるであろう。

こうした西田のパスカル理解は、彼自身の捉えにくい思想を、逆に具体的に明らかにしてくれている。たとえば純粋経験、自覚、場所、矛盾的自己同一といった抽象的な概念が、パスカル解釈において具体的な形をとって説明され、展開されているのである。西田の思想は、パスカルに触発されながら自己発展していった点があるとも言えるであろう。よく指摘されるように、西田の哲学の背景には宗教性があり、日本人のサンチマンや精神性（それは繊細の精神と言うべきであろう）が込められている。それゆえに奥が深く、論理や概念だけではなかなか見透しにくい面がある。安易な比較研究をすべきではないが、以上に見たように、西田の解釈を介してパスカルをより深く捉えることができると同時に、パスカルの精神を通して西田の根本精神がよりよく映し出される、という面があろう。本章はその一端を示したのみであるが、フランス的な精神から見た西田解釈というものも、ありうるのではなかろうか。

註

（1）西田からの引用（しばしばNと記した）は岩波版全集（昭和四〇―四一年）からとし、⑱五七九とは第一八巻五七九ページを意味する。

（2）塩川徹也はフランスでの学会発表でこのことに触れている。塩川徹也『パスカル考』（岩波書店二〇〇三年）二八七―二八八ページ。

（3）『金沢大学五十年史・通史編』金沢大学創立五十周年記念事業後援会二〇〇一年、一九、二三ページ。

（4）筆者の見た版は次のものである。*Blaise Pascal, Gedanken mit den Anmerkungen Voltaires.* Aus dem französischen von Heinrich Heffe.Eingeleitet von C.Bahlen.Leipzig.1929. この独訳は、章と節の分け方が恣意的であり、『パンセ』のどの版を典拠としたかは筆者には分からない。なお西田が使用したのは一九〇七年であり、当然このレクラムではないが、ページ付けなどは変わっていないと思われる。
（5）Pはパスカルからの引用を示す。「B312-L645」とは、『パンセ』のブランシュヴィック版三一二節、ラフュマ版六四五節を意味する。
（6）人間は自分の心で考えないで、他人の意見ばかりを拠り所とする、ということか。
（7）*Blaise Pascal, Pensées et Opuscules*, publiés par Léon Brunschvicg, Classiques Hachette, 1897.
（8）本書第十二章二六四―二六七ページとも重なる。
（9）この点に関しては次の拙著で詳しく論じておいた。『真理の形而上学』（世界思想社二〇〇一年）一八三―一八七、三一九ページ。
（10）「平常底」（「平常的であること」）とは「絶対矛盾的自己同一の立場からは、大事も小事もここに一つでなければならない。すべてがそこからそこへである」ということであり、宗教的立場をあらわす」（上田閑照編『西田幾多郎哲学論集Ⅲ』岩波文庫四一〇ページ）。
（11）この部分は、西田が落合太郎にその訳文を求めた部分である。⑱六〇七。
（12）心情の持つ根拠とか秩序とは、根源的な直感、本能的インテリジェンスということだろう。たとえば、すべてが夢だとする懐疑論に対して「自然的直感」sentiment naturel によってわれわれは夢を見ているのではないと言うことができる。懐疑論の行き過ぎに対して「自然が無力な理性を支えて、こんなところまではめをはずすのを防ぐ」（B434-L131）のである。さらに心情は、理性では証明できない第一原理をも根拠づける。「数は無限である」と直感するのは心情によってであり、この原理の上に数学的証明が組み立てられる。「原理は直感され、命題は結論される」（B282-L110）。この意味で理性の認識は心情に依存するのである。心情が認識するものは共通概念 sensus communis などであって、心情は単なる主観的な感じや気分などとは次元を異にする。なお、心情については拙著『真理の形而上学』二二一ページ以下において詳しく論じておいた。

コラム3　老子とスピノザの哲学

一九二二年の秋、一冊の風変わりな本がイギリスで出版されて話題を呼んでいた。それは『論理哲学論考』（*Tractatus Logico-Philosophicus*）と題され、著者はオーストリアの無名の小学校教師ウィトゲンシュタイン（L. Wittgenstein 1889-1951）であった。彼はこの書によって学位を与えられ、ほどなくして母校ケンブリッジ大学の教授に迎えられた。その後、彼の哲学は現代思想に大きな影響を及ぼすことになるのだが、何よりもこの書の与えた最初の一撃は世界を震憾せしめたといっても過言ではない。それを「哲学の革命」と評することもできよう。

では、いったい何が革命的であったのか。著者自身の言によれば、この本の核心は「およそ言いうるものは明晰に言いえ、語りえぬものについては沈黙せねばならない」（同書、序文）ということにあるという。これまで哲学者たちは語りえぬものについていかに多くをムダに語ってきたことか。むしろ明晰な形でことばにしうるものにのみわれわれの思考を限り、その埒外のものについては学問的探究を断念すべきではないか。上のテーゼはこうした新鮮な反省を促すものであったがゆえに、新しい哲学の方向を指し示す羅針盤として世の注目を集めた。そればかりではない。この命題は発言者の意図とは別に増幅され、あらゆる形而上学の全面否定を宣言するものとして、一時期、分析哲学の金科玉条とさえなったのである。ともあれ、ウィトゲンシュタインの与えた衝撃は、語りえぬものについて曖昧な思弁を弄することが深遠な哲学だとする浅薄な風潮に対して、ロゴスの学としての西洋哲学の本流を再確認させたことになるであろう。そして、その衝撃の余波は現在もなお続いている。

ところで突飛な話だが、ウィトゲンシュタインのこの命題を、かりに紀元前中国の古典『老子』に突きつけてみるとどうであろうか。明らかに老子は語りえぬものについて多くを語っているように見える。昔、白楽天も訝ったように、老子は「知る者は言わず、言う者は知らず」（五六章、小川環樹訳、中央公論社一九六八年）と書いておきながら、沈黙するどころか自ら五千余話を語っているのである。これを老子の矛盾とすべきであろうか。あるいは、所詮『老子』は論理に対して大らかであった古代中国人の哲学的詩篇にすぎないのであろうか。そしてそれは現代の厳密な西洋的な論理にもはや耐えないものなのだろうか。

たしかに『老子』は一見すると摑みどころのない書物である。たとえば「道」という概念の枠組みをはっきりさせようと勇んで読みにかかっても、冒頭から「道の道とす可《べ》きは常の道に非ず」（一章）といわれ、「道は隠れて名無し」（四一章）と諭されると、およそことばによる理解の方法を断たれた感がある。さらに道の存在を問題にしようとすると、「天下の万物は有より生ず。有は無より生ず」（四〇章）という有名な文章に行き当たり、しかもその無がどうやら道の存在の在処を示すらしいのである。論理学に少しでも心得のある人なら、無を前にしてそれこそ有無を言わせず途方に暮れてしまうであろう。このように、『老子』はいわば水のごときであって、しっかり摑もうとすればするほど指の間からするりと抜け落ちるといった感触がある。これに対して、西洋的な頭で東洋思想を理解しようとするからそうなるのだという意見がある。つまり、西洋には有の論理があり、東洋には無の論理あるいは有無を超越した論理があるとするのである。しかし、それは思考方法の違いであって、論理そのものには東も西もないはずである。『老子』のすぐれた注釈者、正弼《おうひつ》をはじめとして中国人また、『老子』の整合的把握に頭を悩ませてきたのではなかったか。

しかしながら、見たところ摑みどころがないからといって、この書が論理的脈絡を欠いているとは思われない。よく読めば、神秘的表現の奥にもしっかりとした論理があり、強靭な主張があることに気づくであろう。たとえば「知者不言」云々は矛盾というべきものではなく、ことばによっては十分に語り尽くしえないのを承知で、直観された真理をあえてことばにしたにすぎないのではないか。「無」にしても、たんなる有の否定（無）ではなく、あるなしという現象とは別の実在を指示しているに相違あるまい。ことばはもとより不完全だが、老子はことばを捨てていない。そして、いやしくもことばになったものは、そのかぎりにおいて論理の追求を許すはずである。たとえば「道」と名づけられるものの本体についいては、文字通り何も知りえないし語りえないであろう。しかし、道がおよそどのような様相を呈しているかについては、老子は詩的な比喩や独特の表現を通して様々な角度から語っている。これは西洋哲学でいえば、実体（神）そのものは知りえないが、その諸属性（神の性質）にいろいろな論理的規定を与えることができるということであろう。『老子』に少なくともこうした論理の脈絡がある限り、それは洋の東西を問わず万人によってたどりうるであろう。

さらに、ウィトゲンシュタインの命題について言えば、たしかに老子は語りえぬものについて語ったかもしれないが、だからといって間違っているとか、現代哲学から批判されるべきだということには決してならない。というのも、その語り口は、よく読めば必ずしも曖昧な思弁ではなく、明晰な思考と論理とを秘めているからであり、しかも現代の哲学者と同じぐらい「名」とか「言」とかに注意深い配慮がなされているのである。要するに、『老子』には、学問的批判に耐える論理があり、しかも現代人の心に迫る説得力がある。それが古典というものだろう。それだけではない。かのウィトゲンシュタイン自身の真意は、実は語りえぬものを無意味として切り捨てることにあったのではなく、むしろ語ることによって逆に語りえぬものの存在（それは「神秘」であるがたしかに在るとされる）を暗示することにあったようである。老子も道を「玄《げん》」としていた点を考えあわせると、この二人はまるで両極端に位置する異色の思想家のようでありながら、彼らの語りの背景には「語りえぬもの」が共有されていたと思われる。

以上のように、老子とウィトゲンシュタインとは必ずしも背反しないわけだが、西洋哲学全体を見渡してみると、このオーストリア人よりももっと老子に親しいと思われる思想家は少なくない。古くは、しばしば指摘されるようにプロティノスやストア哲学が考えられる。プロティノスは西洋神秘主義の源流であって、万物の超越的根源たる「一者《いっしゃ》」から実在の世界が「流出」したとする。この一者は老子の「万物は一を以って生ず」（三九章）を連想させるし、流出は「道は一を生ず。一は二を生じ、二は三を生じ、三は万物を生ず」（四二章）という万物の生成過程を髣髴させる。またストア哲学の「自然に従って生きる」という理想は、老子の無為自然とよく比較されるところである。しかし、それ以上に老子に親近性を持っていると思われるのはソクラテス以前の哲学者として知られるアナクシマンドロスである。この人は紀元前六世紀にミレトスで活躍したと伝えられているので、『史記』老子伝が正しいとするなら老子と同時代の人ということになる。アナクシマンドロスによれば、万有の始源《アルケー》は不生不滅の「無限なるもの《ト・アペイロン》」であり、そこから天や世界が生じ、それが万物を包括し、万物の舵をとる。始源を無限者とするわけは、もしそれを水や火などの四元素だとすれば相対立するものによって滅ぼされてしまうので、そういう対立を超え、しかも諸要素の対立がそこから出てくるような無限なるものを立てる必要があったからだ（アリストテレス『自然学』Γ巻）と言う。まず老子の「道」が万有の始源にほかならないことは、「古始《こし》」（一四章）や「万物の宗《そう》」（四章）という表現からして明らかである。もっとも、「始源」ということばで両者がどこまで同じ事柄を理解していたかを検証する手段をわれわれは持たない（ハイデガーなどは、アナクシマンドロスが問うていたアルケーは自然の第一原理ではなく存在そのものだと解している）。次に、始源を無限なるものとする点についても老子は深く同意するであろう。「道は大なり」（二五章）、「道なるは乃《すなわ》ち久し」（一六章）、そして「道は常にして名無し」（三二章）ともいわれる。かように限定を受けない無尽蔵の「道」から万物が生じ、万物はそれに依存し秩序づけられる、と老子も考えている。「万物之を恃《たの》んで以って生ず……」（三四章）がそれを示している。このように、この二人の先哲は異なった文明圏にあって、気脈相通じる点がはなはだ多いと思われる。

近世以降で老子との比較思想を問題とするならば、ドイツ神秘主義、ルソー、ヘーゲルなどを挙げうるであろう。このうち、ルソーは文化・文明が進歩するにつれて自然状態が損なわれ、人間が不自由になってきていると指摘し、今いちど素朴な原始的生活形態に戻って社会の在り方を見直そうとした。その標語が有名な「自然に帰れ」（このことば自身はルソーの著作には見出されない）にほかならないが、これは同時に、文明の進歩をそのまま善と認めた百科全書派への痛烈なアンチテーゼにもなっている。ここからして、無為自然を説いて孔子の作為的倫理を暗に退けた老子を誰しも容易に連想するであろう。しかしルソーはあまりにも近代的であり、メンタリティーまで同じとは思われない。他方、老子の対立の統一という考えをヘーゲルの弁証法に擬することもあるようであるが、ヘーゲル自身は東洋を停滞した社会とし、老子についてもほとんど理解を示していない。ただ、万物の根本である道（理性）を無とか無規定とか否定的にしか表現できなかったのはまだ原始の段階に留まる（『哲学史講義』序論）とのみ記している。だが、このような比較思想には実は限界がある。なにしろ時代も違うし思想の背景が違っている。影響関係も実証的に追跡できない。単に思想が表面的に似ている、似ていないというだけのことであれば、比較にはさして学問的意味はない。たとえ類似点を見出しても相違点の方がはるかに多いであろう。

しかし、そうした困難にもかかわらず、ここでどうしても老子との思想的コントラストを見ておきたい哲学者がいる。それがスピノザ（Baruch de Spinoza,1632-1677）である。スピノザは自らの哲学を整然とした幾何学的な秩序において表明したが、老子の場合はそれをいわば霧に包んで暗示したにとどまる。しかし、二人は思想的にもメンタリティーの上でも深い所で根本的に一致しているともいえる。そのことを検討することによって、スピノザの哲学の特色と老子の独自性とを少しく明らかにすることができるであろう。

まず、スピノザの哲学の要点を簡単に見ておく。スピノザは十七世紀オランダの哲学者で、哲学史的にはデカルトの合理主義を徹底させた人とされるが、ユダヤ系ということもあってその思想には独特なものがある。主著『エティカ』（一六七五年）によれば、スピノザの根本問題は神である。神の在り方を最も端的に示すのが「すべて在るものは神の内において在り、神なしには何ものも在りえずまた考えられもしない」（第一部定理十五、岩波文庫一九七五年）という命題である。この神はキリスト教のように世界の外に超越した人格神ではない。万物の内在的原因として純論理的に考えられた神である。他方、万物は神の表れでもあるので「神即自然」といわれ、また神は万物を生むので「能産的自然」ともいわれる。この独自な神概念を論理的に支えているのが実体論である。実体とはそれ自身において存在するものと定義される。つまり、存在の原因を他に持つのではなく自らがその原因（自己原因）であり、しかも他の一切のものの原因となるものである。このような実体はただ一つしかなく、それをスピノザは神と呼ぶ。神は唯一無限なる実体なのである。ところで、実体は無限に多くの属性と様態（世界の現象）とを必然的に含んでいる。逆に言えば、万物は無限に多くの仕方で神的本性（実体）の必然性から生じてくる。かくして、万物は実体のうちに存在の根拠を持つゆえに「神なしには何ものも在りえ」ず、また実体は万物を潜在的に含むがゆえに「すべて在るものは神の内に在る」のである。このように、スピノザはすべてを神の内からの必然的表出であり展開だとする。だから、すべてが神であるといった汎神論とはいささか趣を異にすると思われる。ところで、スピノザの意図は人間の最善の生き方がこの神との合一にあることを示すことであった。単に偶然的と思われる現象の世界も、「永遠の相の下に」観るならば、神によって決定されていることが分かるであろう。合一とはすべてを神との必然的な関係の下に観ること、あるいは神の目ですべてを観ることであり、そこに最高善（「神への知的愛」）があるとされる。およそ以上のことを、スピノザは主著の副題が示す通り「幾何学的秩序によって論証」しようとした。ユークリッドを範として、明晰な概念と徹底した論理で以って一分のスキもない演繹体系を構築しようとした。かくして彼は神という不可知のものについて、人間理性に可能な限り明確な規定を与えたことになろう。

もはや明らかであろうが、老子の道はスピノザの神、つまりキリスト教の神ではなく、あくまで実体的原理としての神に相当すると思われる。さきほどの定理を書き換えて「すべて在るものは道の内において在り、道なしには何ものも在りえずまた考えられもしない」とするなら、『老子』の中の一句としても通用しそうである。実体という言い方はむろんそこにはないが、道は「独り立って改《か》わらず」（二五章）とは道が自己原因であることであろう。また道は「万物の奥なり」（六二章）、「万物を衣養《いよう》す」（三四章）とは、道が他の一切のものの原因になっていることであろう。しかも道は無限であり、「一」（三九章）なのであるから、道はスピノザのいう実体にほかならないと解釈することができよう。

さらに、老子は道がこの現象的世界に内在する原理だとしている。たとえば「周行して而も殆《つか》れず、以って天下の母為《た》る可し」（二五章）とは、道が万物の中にあまねく浸透していることと解される。また「道は善く貸して且つ成す」（四一章）とは、道が万物の内にあってそれを物として成就させていることを指すのであろう。その場合、道の内在は必然であって、逆に万物は道の必然的な展開であるとされる。すなわち、「道は之を生じ……常に自ら然り」（五一章）、かつ「万物の自然を輔《たす》ける」（六四章）がゆえに、万物は道によって自らしかるべき展開を遂げるのである。「自然とは道に内在する必然の力である」（大濱皓『老子の哲学』勁草書房一九六二年）と解するなら大そうスピノザ的である。最後に神との合一という理想については、老子でいえば常なる道に帰一し、無為自然という「命《めい》に復する」（一六章）ことと翻訳できよう。このことからして、老子もまた「永遠の相の下に」すべてを観ようとしていたと考えられる。両者は共に政治に強い関心を寄せながら仙人のように高潔であったというが、そもそも人生に感じる所を根本において同じくしていたといえよう。このように老子の道をスピノザ的神概念によって解釈する余地は十分にあると思われる。けだし道にせよ神にせよ、ある一つの原理から出発して世界を説明しようとするなら、同じタイプの存在論が生じるのは当然かもしれない。

しかし、ここで両者の同一性と同時に差異性を明らかにしておくことは有益であろう。第一に、有と無の区別である。老子の「有は無から生ず」という命題を、スピノザはおそらく「無からの創造」と解するであろう。しかし老子は有無という相対的な限定を超えたものを無と呼び、それがまさに創造であるとした。有・無という現象がそこから出てくる根源を「無」と呼んでいると思われる。だが、スピノザにはそういう無の発想はない。神はむしろ「絶対に無限な有」であって有の極ともいうべきものである。かりに有無を超えた実在を認めるにしても、少なくともそれを無とは呼ばないであろう。なぜなら、無とは文字通り存在しないことなのだからである。「非存在として把握される一切のものの本質は存在を含まない」(『エティカ』第一部公理七)のである。有はどこまでも有であり、無はあくまで無である。これがスピノザの立場であり、西洋哲学の根本的考え方である。第二に、思考方法ないし思想表現の仕方の違いである。スピノザの場合は、その仕方は数学的であって、用語の定義から始めて、公理、定理、そして証明に及び、結果として堅固として壮大なロゴスの体系を建てている。そこには、すべてのものを明確に理由づけ整然と秩序づけたいという美意識がある。ことばに対する絶大な信頼がある。これまたきわめて西洋的な思考方法である。しかし老子は違う。ことばを緻密に定義して概念を構成することもしないし、論証を積みあげて論理体系を拵えることもしない。むしろ直観によってことばを選び、事柄をある程度まで象徴的に示して、あとは読み手の想像に任せるという仕方をとっている。これはあえてボカしているのではなく、ことばによる表現がそこで限界を来たしているからだろう。それゆえ物事をあまり単純に論理化することはしない。これを中国哲学の一特色といえるかもしれない。それは実は詩人の方法である。老子の場合、表現はいくらか神秘的だが、選ばれたことばは鋭く本質を突いている。論理よりも直観を重んじる感があるが、論理の無視ではない。およそ直観が通用するのはそれがすぐれて明晰な思考を反映しているからであろう。「すぐれた直観によって到達した言葉は論理の追跡に耐えるだけの緊密さを持っている」（吉川幸次郎『唐代文学抄』弘文堂一九五七年）。老子の道はスピノザの神と同じく知的理解の可能性を開いており、その意味で十分語りうるものと思われる。

第Ⅳ部　デカルトの受容と哲学の諸問題

第十章　近代日本とデカルト哲学

はじめに

日本とデカルト哲学との関わりは歴史的にどこまで遡ることができるであろうか。日本人が西洋のスコラの学問に最初に接したのは、おそらく十六世紀のコレジヨと呼ばれるイエズス会の学校においてであったであろう。それは大分、天草、長崎などにあり、聖職者養成の一環としてアリストテレス＝スコラの学問が教えられた。教科書の一つであるペドロ・ゴメス編『講義要綱』(1)がその内容を示している。しかし十七世紀はじめにはそれらは廃校になっており、デカルト哲学が紹介されたということはありえないだろう。その頃の日本は鎖国に傾きつつあった。『序説』の出た一六三七年に島原の乱があり、『省察』出版の一六四一年には平戸のオランダ商館が長崎の出島に移され、文字通り鎖国政策が取られた。平戸には図書として、アウグスティヌスの『神の国』やF・ベーコンの『随筆集』があったことが知られている(2)。デカルトの新刊書が持ち込まれたとしても不思議ではないが、それが日本の知識人の耳に達したとは考えにくい。十八世紀の新井白石『西洋記聞』(一七一五年)にもデカルトの名はない。

十九世紀の江戸末期になって、ようやくデカルトに触れた二つの文献が登場する。第一は高野長英である。長英は蘭方医として多くの医学書や理化学書を訳述したことでも知られるが、彼の『聞見漫録』（一八三六年、天保七年）のなかに「西洋學術ノ部」(3)と称する文書があり、タレスからニュートンまでの自然哲学史をスケッチするなかで、デカルトについて次のように記されている。

「レネ　テル　カルテス」トイフモノ起コリテ、「コーペルニキュス」ノ説ヲ崇ビ、其説ヲ裨益シタリ。但シ、旧染ノ存スル所、免ル、コトヲ得ズシテ、其論、真偽相半バスト雖モ、世人千古ノ學風ヲ棄テ、、実學ノ真理ニ入ルハ、此人ノ力ナリ。著書頗ル多シ。諸學科ニ渉ルト雖モ、就中、数學・究理學ハ殊ニ勤メタリ。其天學ヲ論ズルノ条ニ、天ニ真ノ空ナシ。恒星ハ太陽ニシテ、各其游星ヲ存ス。然レドモ、其間ノ一箇流体アリテ、此運動ニ従テ、運天ヲナスト云ヘリ。是レ未ダ旧圏ヲ脱セザルノ所ナリ。（『日本思想大系五五　渡辺崋山、高野長英、佐久間象山、横井小楠、橋本佐内』岩波書店一九七一年、二〇八ページ）

「レネ　テル　カルテス」とはルネ・デカルトのことである。これは当時のオランダの科学書（不詳）を元に長英がまとめたものと考えられている。いわゆる地動説、真空、渦動説などが話題になっており、デカルトは古い学問を打ち破って実学を提唱するも、まだ旧思想を脱していないとの評価である。科学思想史の一コマとしてデカルトを短く紹介したものにすぎないが、これが日本の文献に最初に登場するデカルトである。

第二は福沢諭吉の『西洋事情』（一八六六年、慶応二年）である。その「文學技術」の章には次のようにある。

此時に當てフランシスコ・バーコン、デス・カルテス等の賢哲世に出て、もっぱら試験の物理論を唱へて古來の空談を排し、千六百六年には伊太利《いたりや》の學者ガリレオ、初て地動の説を建て、千六百十六年には英國の醫師ハルフキー、人身體血液運行の理を發明する等、世の學風漸く實際に赴く。（『福沢諭吉全集』第一巻、岩波書店、一九五八年、三〇二ページ）

デス・カルテスとあるのがデカルトである。これはなんらかの英書にもとづく科学技術史の略述であると考えられている。デカルトは、ベーコン、ガリレイ、ハーヴィとならんで、空理空論でなく実理の学を推進したとの評価がなされている。長英の場合と似た内容になっていることが注目される。これらはいずれも短い言及にすぎないが、デカルトはベーコンとともに古来の風を破り、西洋近代の学問を切開した人として取り上げるに値すると考えられたのであろう。

デカルトの名が本格的に登場するのは、明治になってからのことである。最も初期の言及は西周「生性發蘊《はつうん》」（一八七三年、明治六年）に見出される。

而彼レノ紀元千五百年代ニ至リ、英ノ馬孔《ベーコン》、法ノ垤加爾多《デカールト》カ出テ、新哲學ノ興リシヨリハ、性理ノ論モ、精微ヲ極メタリ、中ニモ、垤加爾多《デカールト》カ疑ヒヲ以テ入學ノ門トシ、萬象皆疑フヘクシテ、一ツモ實ナリトシテ、取ルヘキ物ナシト雖モ、其之ヲ疑フノ主ナル、自己ノ獨知《コンシアンス》ニ至テハ、自ラ其眞ニ存スルヲ知テ、一ツモ疑ヒヲ容ル可ラスト、此自己ニ存スル獨知ヲ主トシテ、説ヲ立シヨリ……。（大久保利謙編『西周全集』一、宗高書房一九六〇年、三二一ページ）

この記述は G. H. Lewes, *The Biographical History of Philosophy*, 1857 によるものとされている。ルイスの書は、古代から十九世紀までの浩瀚な西洋哲学史であり、明治初期の日本で珍重されたようである。西はこれによって西洋哲学史を概観するなかで、デカルトのコギトにはじめて触れている。だが原書のデカルトの章（三六六—三八三ページ）とは必ずしも一致せず、エッセンスを一部要約したものと思われる。

明治の後期において、デカルトは夏目漱石の『吾輩は猫である』（一九〇六年、明治三九年）でも言及され、

> デカルトは「余は思考す、故に余は存在す」といふ三つ子にでも分る様な眞理を考へ出すのに十何年か懸つたさうだ（『漱石全集』第二巻、岩波書店一九五六年、二三ページ）

と批判的に語られる。漱石がコギト・エルゴ・スムの真意をどこまで理解していたかは疑問であるが、それが小説にまで取り上げられるほどにポピュラーであったことが分かる。漱石は東京大学での講義をまとめた『文學評論』（明治三八—四〇年講義、明治四二年出版）でも、「十八世紀における英国の哲學」と題して、ジョン・ロックを論じるなかでデカルトの生得観念説を取り上げている。

> デカルトはオーソリチーを棄て、理性に從はねばならぬと唱へた人である。……デカルトは一方に於て吾人は吾人の心中に於て天賦観念《インネートアイデア》があり得ると云ふ事を假定した。吾人が若し物をあるが儘に知り得るならば——經驗と獨立して眞理を認むることが出來るならば——其智識は誰にも同じでなければならぬと斷じた。此論法を引つくり返せばかうなる。各人に同じき者は経驗と獨立した者である。例へば数學の第一原理の如

きは普遍で絶對な眞理で、全く經驗から独立した者である。だから哲學者も數學者の様に自分の取扱ふ問題に就て公理とも云ひ得べき争ふべからざる者を發見して、夫れから出立したならば、數學程に精密な學問が出来るだろう。――是れがデカルトの考である。そこでデカルトは色々な推理の末、三つの實在を得た。即ち、神《ゴッド》、心《ソール》、物《マター》である。（『漱石全集』第一九巻、五五―五六ページ）

これはかなり専門的な内容となっており、何らかの英書に基づく分析と思われる。漱石の関心はイギリスの哲学にあったが、デカルト哲学についてもある程度の心得のあった人だということが分かる。明治も三〇年代の後半になると、かなりはっきりしたデカルト像ができつつあることが読み取れる。

本章では明治・大正・昭和期（昭和二五年、一九五〇年まで）におけるデカルト哲学への関心とその背景を、主たる研究書（桑木厳翼、朝永三十郎、野田又夫）を中心に見てゆくこととする。これによってデカルト哲学受容の状況と特徴を明らかにし、日本の哲学研究に与えたその影響を考えたい。資料として末尾にデカルト研究誌年表一八七三―一九五〇年[4]を掲げた。

一　明治期における研究

先述したように、デカルトの名は幕末の頃から、何らかの西洋の書物を元に、近代の実理の学の祖の一人として触れられていた。明治になってからは、おそらく西周が最初にデカルトに言及し、高田早苗、吉田五十穂、井上哲次郎などと続く（「資料・デカルト研究誌年表　一八七三―一九五〇年」を参照）。ただ、それらは単なる言及であって思想の紹介とは言えない。その後、クザン（竹腰与三郎訳）、ボーエン（有賀長雄訳）、フイエ（中江兆民訳）などによってデカルト哲学の概要がはじめて明らかにされた。さらにドイツの哲学史書（シュヴェーグラー、エルドマン、フィッシャー、ヴィンデルバンド）を手本とする概説や哲学史のなかで、デカルトは多くのページを割かれることになった。井上円了、三宅雄二郎、清沢満之、大西祝、中島力造、波多野精一らの書がそれである。明治二一年ごろ、まだ十代の西田幾多郎がデカルトの名を私信に記しているのは、そうした情報源の一つによるものであろう（西田がデカルトを論じるにいたるには、明治四四年の『善の研究』を待たねばならない）。いずれにせよ日本のデカルト研究の特徴の一つは、その出発点からしてドイツ系の歴史的研究の大きな影響の下にあったことである。

だが、およそ明治期の思想において（それ以降においてもそうであるが）、デカルト主義が主流をなすことはなかった。周知のように、西洋思想の移入の主流は、まずベンサムやミルの功利主義、コントの実証主義にはじまり、ついでルソーの民権論、スペンサーの進化論であった。少し遅れてカント、ヘーゲルなどのドイツ哲学がアカデミズムの主流となった。デカルトは小説に引用されるほど知名度は高かったが、時代の思想的中枢には遂になりえなかった。

では、なぜ、どういう背景の下にデカルトが紹介されたか。その理由は、新興の日本は泰西の文明に学ぶ必要があり、それを深く理解するには哲学が必要である。哲学を知るには、旧習を脱して近代学問の最初の種を蒔いたデカルトやベーコンにまず学ぶべし。こういう認識があったからと思われる。かくして明治の哲学者たちの多くがデカルトに言及した。だが実は心ここにあらずであった。というのも、それぞれ自らのヴェクトルがあったからである。西周はコント、中江兆民はルソー、井上哲次郎は東西哲学の融合、大西祝はカント、井上円了は仏教哲学、清沢満之はヘーゲルと仏教に向かっていた。また中島力造はグリーンの倫理学、波多野精一はキリスト教への志向性があり、次に述べる桑木厳翼も、その心はカントと新カント派に向かっていた。要するにデカルトは、哲学史研究の一環ないしは出発点として学ばれる程度であり、デカルト哲学を自分の思想の中心に据える人や、それを規範としてものを考えようとする人はいなかった。この点でデカルト研究は、明治の時点でカント研究などに比べて大きく立ち遅れていた。

むしろ、この時代のデカルト研究の背景には精神的なものがあったと思われる。たとえば中江兆民は、カントやデカルトなどの哲学を有することは実際面での有用性よりも国の「品位」に関わる問題だと考えた。また、まさに日露の開戦時に『デカルト』（冨山房一九〇四、明治三七年）を出版した桑木厳翼は、デカルトが「過渡期より出でて将に新氣運を作らんとするものにして、我國現代に照し頗る適切なるもの」（同書、三ページ）と述べたうえで、戦時に対処するためにも「北欧の冬営に蟄居して陣中よく哲學革新の瞑想に耽れる哲人の業」（同、六ページ）を思うべしとした。桑木は、デカルト哲学は実用からは遠いものだが新生日本を導くものであり、戦乱にあって真摯に哲学するその精神に多くを学びうると考えているのである。

日本におけるデカルトのパイオニア研究が、彼の『デカルト』であることには異論の余地がないであろう。桑木は旧制一高、京都帝大、東京帝大（この書は著者三〇歳、東京帝大助教授時代のものである）で教壇に立ち、明治・大正期を代表する哲学者の一人である。カントおよび新カント派の影響の下に、ヴィンデルバンドなどの翻訳、哲学史、概説書などで広く哲学の啓蒙活動をした。『カントと現代の哲學』（一九一七、大正六年）は著名である。日本の哲学研究を外国に紹介するに功あった人でもある。彼自身の立場はいわゆる文化主義である。『デカルト』は全三〇六ページあり、「序説」「伝記」「著書」の三篇からなる。「著書」（翻訳）が本体であり、

「序説」と「伝記」はその前文のような位置づけである。それらは著者自身も言うように、フィッシャー（K. Fischer, *Geschichte der neuern Philosophie. I. Descartes und seine Schule*）[5]に依拠したものである。「序説」篇ではデカルトの思想が概説され、デカルトには矛盾などがあるが、その研究方法と態度（確実なる自己意識からの出発）に見るべきものがあるとする。とくに「反論と答弁」を概観したのちに、問題点として神と世界、精神と物質、人類と動物という二元論の持つ矛盾を挙げ、一元論に傾かざるをえないとする。そして神と世界というデカルト的二元論 Deus et Natura よりも、スピノザの一元論 Deus sive Natura に優位を見ている[6]。しかし学説に欠点はあるにせよ、デカルトはそれらの問題に淵源する諸説を後に生ぜしめた。すなわちマルブランシュの偶因論、スピノザの一元論、ライプニッツの単子論、ロックの経験論、ラメトリーの唯物論、カントの批判哲学などである。この点でデカルトは近世哲学史上、重要な任務を果したと結論する（この解釈はフィッシャーに従っている）。「著書」編は『方法論』（序説）と『考察録』（省察）の訳である。クザン版一八二四年の『デカルト全集』第一巻によると思われるが、フィッシャーのドイツ語訳一八六三年も参照できたはずである。

著者自ら言うように、これは短時日の内に書きあげたもので、多くの書物を踏まえた十分な批判的研究にはなっていない。ほぼフィッシャーの祖述であり、「デカルトの哲學は矛盾を以って斃れたり」（五七ページ）とするなどの教科書的記述も、フィッシャーによるものと思われる。また学説の内容紹介を、自ら翻訳した『序説』や『省察』からではなく「反論と答弁」から抽出しているのは理解に苦しむ（それもフィッシャーによるものか）。デカルトを近世哲学の先駆者と位置づけるのはよいのだが、とくに認識問題や方法的懐疑に注目しているのは新カント派らしい。この点で「ドイツの歴史的研究の影響は否めない」と自己評価している[7]。翻訳に関して言えば、『省察』がラテン語原文でなく仏訳を元にしているのは、現代の研究レベルからすれば物足りない。

しかしフランスではアダン・タヌリ版全集はおろか、批判的解釈もまだ出てない一九〇四年という時期に、これだけのモノグラフィーが日本で出たこと、また本邦初のデカルトの訳書が出たことは大きいと言わねばならない。明治維新からわずか三七年で、これだけの基礎研究を世に出したことは尊敬に値する。この書は「世界哲学文庫」シリーズの第一巻であるが、これのみに終わった。しかし、それは泰西の思想を真剣に学び取ろうとする明治の意気込みの現われであり、日本語で書かれた最初の啓蒙書として高く評価すべきであろう。また結果的にみれば、日本人は新カント派(8)などのドイツ系の哲学史書を経由してデカルトを知るに至ったことになろう。

二　大正期における研究

大正期以降のデカルト研究については、桑木も指摘するように(本書二三七ページ)、哲学史的研究から次第にデカルト哲学の体系的研究へと重心が移っていることに特徴があるであろう。実際、翻訳などのテキスト研究や伝記的研究が進むにしたがって、ことばや解釈の精度が高まり、学説の理論的・体系的な把握も緻密になってきている。

大正のデカルト文献としては、出隆の訳業と朝永三十郎の研究が大きな収穫であろう。出の『デカルト　方法・省察・原理』(一九一九年、大正八年)はラテン語およびフランス語原典からのテキストの厳密な訳であり、今日でも学問的な意味がある。朝永は桑木の研究書と出の訳を踏まえながら、大正七年ごろからデカルト研究に着手し、数編の堅実な論考を発表している(9)。その成果が『デカート』(岩波書店一九二五年、大正一四年)である。出と朝永によって、日本のデカルト研究の基礎が形成されたと言えるであろう。桑木も言うように、朝永の研究の背景にはドイツ系の歴史的研究の影響がなお残っている。だがそれだけではなく、いわゆる大正デモクラシーの影響があったと考えられる。『近世における「我」の自覚史』[10]で広く世に知られた朝永は、桑木とともに大正デモクラシーの一翼を担う「黎明会」のメンバーであった。出隆はデカルト翻訳の三年後に『哲學以前』[11]（一九二二年、大正一一年）において青年の魂の遍歴と自我の確立を印象的に描き、多くの読者を得ることになる。人格哲学や教養主義が叫ばれたこの時期、偉大な思想家を厳粛な学問的手続きによって正確に理解することが、みずからの人格や見識を高めることになるという意識があった。[12]朝永や出の学問的に厳密な研究姿勢の背後には、一人の哲学者を正確にかつ深く理解すること自体に価値があるとの信念が見える。彼らのデカルト研究は、そうした精神の産物でもあったであろう。

大正期を代表する研究として朝永の『デカート』をとりあげよう。朝永はヴィンデルバンドに学んだ哲学史家であるが、英仏の哲学にも明るい。[13]その立場はカントおよび新カント派の理想主義である。『デカート』は京都帝大教授時代に書かれた書物であり、章立てやページ数からして研究講義の材料であったと思われる。「生活及び著書」と「思想」との二部構成で全四〇六ページからなる。処々にかなり専門的な脚注もつけられている。第一部は伝記が中心であり、デカルトを自己修養につとめる貴族的・保守的精神の持ち主として描いている。これも主としてフィッシャーによるが、パリやオランダでの生活に関しては「書簡」や『序説』を駆使した独自な解釈も含まれる。とくにオランダでの『世界論』の構想とガリレイ裁判による断念、『序説』の生成、オランダでの迫害などの記述は、現在でも資料的に十分通用するであろう。またスウェーデンのクリスティナ女王を評して「勝氣一方にして而かもむら氣なる女王の性格擧止が、気高くして優雅温良なるエリザベートに比してデカルトの趣味に適はざりし」（一〇九ページ）とあるのは、朝永の感想であるにせよ納得させるものがある。

第二部は思想の分析である。方法、形而上学、自然哲学、人性論、倫理説、総括と続く。「方法」の節では、デカルトが「学一般の方法の根本的考査」を行った点に重要性があるとした上で、『規則論』によってデカルトの方法が分析される。そして、認識の限界問題の提起や新数学による新方法の発見などは評価できるが、直観の議論にはカントに比して雑駁な点があるとする。「形而上学」に関しては、懐疑、コギト、神、誤謬、物体などの主題が解釈される。「自然哲学」の節では、物体、運動とその法則、微粒子説などが取り上げられ、その歴史的意義が分析される。「人性論」は機械的身体論と『情念論』の分析である。そして心身二元論を唱えながら松果腺仮説を立てるのは「霊魂を物質的に表象しているので」矛盾であるとする（三〇一ページ）。「倫理説」はストア的道徳論の祖述であるが、快楽を行為の目的とするエピクロスを是認している点に矛盾があり、カントとも異なるとする。最後の「総括および補説」ではゲーリンクスなどのデカルト学派を論じ、スピノザにおいてデカルト哲学の展開が終着するとする。また体系期における認識論的契機として、形而上学の方法は一般から出発する総合ではなく、特殊的事実から出発する分析であり、カントの認識論とは少しく異なるなどの諸論点が補足される。

　これは日本における最初の本格的なデカルト研究であろう。テキストはアダン・タヌリ版を使用しており、現代の批判的研究にも耐えるものである。またデカルトを深く読んでおり、解釈も細かく透徹しているところが多い。桑木の評によれば、この書は「ナトルプの新カント派の解釈を導入している。とくに『規則論』の認識論にカントの先駆をみる。現代フランスの著作に影響されてデカルトの道徳をまとめている」[14]という。たしかにフィッシャーやナトルプによるところもあるが、独自な解釈と思われる点もある。たとえば、（一）神の存在証明は「本具表象」による証明である、（二）神の概念はわれわれの内なる神の活動と解され、「神思惟せらる」

Deus cogitatur と「神存在す」Deus est とは直観によって直接結合される（二一四ページ）、（三）完全性 perfectio という神の論理的概念の必然性を以ってするデカルトの証明はカントの批判によっても効力を失わない（四〇四ページ）、等の指摘は興味深い。著者はカントの認識論を念頭に置く学者でありながらデカルト哲学に関心を寄せ、公平な目でその思想を分析している。哲学史家として厳しい自己制御の下でものを書くことを知っている人であり、それはバランスのよい記述にも現われている。ただ、参照文献はドイツのものが中心であり、フランスのものはミレー（J. Millet）を除いてほとんど参照されていない。この書が著された時期、伝記ではアダン（Ch. Adam）やコアン（G. Cohen）、体系的研究では新カント派のアヌカン（A. Hannequin）やアムラン（O. Hamelin）、その他ジルソン（E. Gilson）やグイエ（H. Gouhier）などの錚々たる研究書があった。それらが全く顧みられていないのは、時代の制約があったとはいえ残念である。

三　昭和期における研究

昭和に入ると、学問的に厳密な姿勢を維持しながらも、自由で独自な背景を持つ研究が数多く出はじめる。[15] 明治・大正の一般研究が、ここに来て一気に特殊化・分節化されるようになったと言えようか。たとえばカトリックの立場に立つ吉満義彦、一貫して自然哲学を問題にする三宅剛一などはその一例である。特徴ある野田又夫『デカルト』（弘文堂一九三七年、昭和一二年）も出ている。また、昭和一四年刊行開始の『デカルト選集』[16] は基礎資料として大きな意味を持つ。昭和一九年の九鬼周造の講義録は秀逸であり、広い影響を与えた。戦中にも研究は続けられており、戦後において出版点数が急に多くなるのはその表れでもあろう。戦後の自由の時代を背景に、その内容は多様である。澤瀉久敬はベルクソンをはじめとするフランス哲学全体の視野に立ち、桂寿一は哲学史的発展を見る。森有正や渡辺秀はキリスト教に立ち、河野伊三郎や小堀憲は数学史の、近藤洋逸は科学史の視点を持つ。その他に、唯物論に立つ研究も出てきている。昭和二四年の『サンス』は、日本のデカルト研究の水準の高さを示す一つの里程標をなすものだろう。

戦前の昭和を代表する研究として野田の『デカルト』を見てみよう。これはデカルト哲学そのものを思想の座標軸に据える点で、これまでにない独自な研究である。野田はカントとドイツ観念論から出発し、デカルトやパスカルなどフランス哲学の研究に新境地を開いた人である。田辺元の弟子であるが九鬼周造や天野貞祐にも学び、西田幾多郎とも師弟関係にあった。この書が書かれたのは著者二七歳、旧制大阪高等学校の教壇に立っていた時代である。全六章三二四ページからなり、全編を通して伝記と学説の記述とが密接な連関を保っている。第一章「修行時代」は、学院を出てからの遍歴時代の伝記であり、そこには「知恵」の実現という目標があったものの、結局は外の世界の否定という懐疑の道をとったことを指摘する。第二章「方法」は、『規則論』と『序説』による方法の分析であり、分析と総合、普遍数学、方法の手続き、直観と演繹などが論じられる。そして形而上学の手続きは、方法的懐疑という自己否定的分析になっているとする（この点に著者の立場はすでに現われている）。第三章「和蘭《オランダ》」は、『序説および三試論』の概要と『省察』出版の状況を記述する。とくに「精神を身体（感覚）から切り離す」という点に重要性があることを示唆する。第四章「形而上学」は、デカルト形而上学の骨子を述べたもので、最も多くのページが割かれている。精神・神・世界の三つの問題が「懐疑による自覚」において内面的に統一されている（一三一ページ）という基本的な見方をまず示す。その上で、懐疑は単なる否定判断でも自由な想像でもなく、意志的な決定によるものである。コギトは自覚的精神の独立存在を言い、精神の根底においてすでに神の誠実があるので[17]、精神の実体化を批判することも循環を指摘することも当たらない、とする。また人間における自発性の自由も神の存在証明も、要するに懐疑による我の自覚に基づいている。さらに、心身合一（感覚的世界）は心身の区別（理論的な分析）と矛盾はしても、神の誠実を根拠とする精神の自覚によって生の場面で肯定されている、とする（この点に独自な主張がある）。第五章「自然学体系」では、主として『原理』によってデカルトの自然学の要点が、連続量としての空間、運動の原因と運動の三法則、宇宙生成論をめぐって分析される。第六章「デカルト・モラリスト」では、まず心身問題に関するエリザベトとのやりとりが紹介され、心身合一が理解されるのは「生」の場面においてであることが再度示される。次に『情念論』の分析がなされ、心身の相互作用を司るものとしての松果腺は「窮策」などではなく、それは自然学的な分析の結果として「外延化しえない内包的身体として残るもの、それゆえにまた理性意志の行為の実現の可能を保証するもの」（二六八ページ）としている。そして、書簡や『情念論』によって道徳を論じて「高邁」の徳に及び、哲学者の生き方の「知恵」を示す。最後にオランダでの迫害とスウェーデンでの客死に触れる。

この書の評価に関しては、なによりも著者自身による評価がある。すなわち「この本の中で解釈上特に問題とした点」は二つある。第一に、精神、神、世界の確証において疑いがはたらいており、疑いがすべての基礎にあるとした点である。そこでデカルトの形而上学の第一原理は、自己の存在だけでなく、神の存在と世界の存在を含めて三つあることになる。第二に、心身問題については「心身合一を、知性とは独立な次元としての感覚的生のあり方として積極的に肯定し、これを基礎として情念や感覚の分析に向かっており、……現代哲学の身体論に近い考えを示していると認めうる[18]」ことである。これに尽きているのであるが、蛇足を付すならば、まず、懐疑を思想の原点とし、意志を強調するのはアランの解釈である。のちに野田は、「アランやデカルトに支えられ、戦争に耐えるのに役に立った」[19]と述懐している。次に、「自覚」や「否定による媒介」は西田の弁証法の影響と思われるが、野田はのちにそれを棄てることになる。さらに、この書は哲学史的にみた発展史的な解釈ではなく、デカルト哲学の精神の内部からする体系的な解釈である。その特徴として、コギトに神の誠実を読み込むこと、心身関係は理論的・形式的には矛盾であるが生の場面で肯定されるとすること、が挙げられよう。最後に、文献に関してはフィッシャーなどの哲学史よりもフランスの最新の研究が多用されており、見識の高さや解釈の精度の高さでは同世代のグイエをも凌ぐかと思われる。

四　デカルト哲学受容の影響

以上のことから日本におけるデカルト哲学の受容について、何が明らかになるであろうか。

日本におけるデカルト研究が、先人たちの研究の上に成立していることは言うまでもない。桑木（一九〇四年）があるのは、井上哲次郎ら明治の先覚者たちによるデカルト紹介があってのことである。朝永（一九二五年）は「原文の解釈、訳法其他に於いて」桑木と出（一九一九年）とを踏まえている[20]。野田（一九三七年）は朝永に多くを教わるところがあり[21]、現在のデカルト研究は野田に負うところが大きい。このようにデカルト研究の連綿たる系譜は明瞭に見て取れる。だが、歴史的に見れば日本人の哲学研究はスピノザ、カント、ヘーゲルに集中しており、とくにデカルトを受容しなくても不都合はなかったようにも見える。それに、デカルト哲学の受容が日本の哲学研究に何らかの影響を与えたかどうかを特定することは難しい。なぜなら、先述したように明治以降の日本の思想家や学者で、デカルト主義に立つ人はほとんどいないからである[22]。

しかし、直接の影響ではないにせよ、デカルト哲学の受容が日本の哲学研究に及ぼした影響のいくつかを指摘することができる。第一に、桑木が指摘したように「哲学の方法と態度」として、自己意識から出発することである。意識や自我に着眼する哲学の仕方は、西田の「意識経験」の立場や、朝永の『我の自覚史』などにも影響があったと考えられる。漱石の「意識現象」や「自己本位」も、あるいはその延長線上に来るものかもしれない。現代日本の現象学もまた、自己意識から出発するデカルトの考え方（それはフッサールの考え方でもあるが）を基本的に受け継いでいるといえよう。第二に、野田が強調している懐疑の精神である。仏教には周知のように「大疑は大悟の基」という考え方があり、日本にはデカルト的懐疑は受け容れられやすい風土がある。西田も哲学の方法としての「懐疑による自覚」や「徹底的な否定的分析」を高く評価している。[23] 若き西田がそうであったように、それは素朴な形において明治・大正の青年たちの人生への煩悶と呼応するところがあったであろう。[24] またそれは思考方法において、ものごとをいったん疑う（否定する）ことによってより大きな肯定を得るとする、弁証法的論理の考え方に通底するであろう。第三に、明晰さ clarté という問題意識の発生と定着である。[25] デカルト哲学には明晰さへの厳格な要求があり、論理の知的な鋭さがある。概念的な思考よりも具体的事象や直観の明証性に訴える場面が多い。そこには基本的に、ことばや思想に単純明快さを求める精神がある。これはベルクソンについても言えるフランス的精神の基本であろう。この精神は九鬼周造や澤瀉久敬によって日本に広められ、それまでの新カント派の哲学一辺倒から、現象学やフランス哲学へと目を向けさせるのに役だった。この意味でデカルト的な明晰さは、日本人の哲学的関心を広げ、今も哲学研究の方法的な基盤をなしていると言える。第四に、デカルト哲学の受容がおのずから科学研究に結びつくことである。[26]『序説及び三試論』『原理』『情念論』において明らかなように、その哲学は、数学、医学・生理学、物理学などの自然科学との密接な関係において語られている。三宅剛一や近藤洋逸の指摘を待つまでもなく、それは科学との関わりにおいて哲学することの重要さを教えており、現代の科学哲学や科学史研究はその延長線上に来るものと位置づけられる。
以上のように、デカルト哲学の受容は日本の哲学研究に多様な影響を与えていると言えよう。デカルト哲学は英米やドイツの哲学とはタッチが異なるし、同じフランスのベルクソンともまた違う。もしその哲学が日本に導入されなかったとすれば、日本における西洋哲学の理解は浅く、概念的で狭いものになっていたであろう。もとより彼の哲学そのものの評価は毀誉褒貶相半ばする。だが明治以来のデカルト哲学の受容は、デカルトが単に実学の祖にとどまらず、日本の哲学研究の重要な源泉の一つをなしていることを物語っていると思われる。

資料・デカルト研究誌年表　一八七三―一九五〇年

一八七三―一九五〇年（明治六―昭和二五年）における主要なデカルト関係書誌を年代順に挙げ、適宜コメントを付した。種別としては、短い言及や紹介、翻訳、訳述、概説、研究がある。歴史的に重要と思われるものは太字で示した。

一八七三年（明治六）　西周「生性發蘊」（決定稿本）

一八七七年（明治一〇）　西周「学問ハ淵源ヲ深クスルニ在ルノ論」『学芸志林』
「仏ニデカールト出ル前ニ英ニベーコン起リ……。」（松本三之介・山室信一編『学問と知識人』『日本近代思想大系』一〇、岩波書店一九八八年、三一ページ）

一八七九年（明治一二） 吉田五十穂『西哲小傳』吉田五十穂

「デーカルト（レネー）ハ佛國ノ有名ナル理學者ニシテ且數學家ナリ、千五百九十六年ツーランニ生ル、光線曲折ノ理ヲ發明ス、其理學説ハ是ニ似タルヲ以テ一時ハ大ニ行ハレタリト雖モベーコン及ビニウトン派ノ理學説、世ニ出デルニ及ンデ複タ之ヲ説ク者ナシ瑞典《スウェーデン》ノ女王クリスチナノ聘ニ應シテ士《ス》篤恒《トックホルム》ニ赴キ、千六百五十年同府ニ死ス」。これは西洋哲学者の人名小辞典である。チャムブル（Robert Cambers, *Encyclopedia*）、ビートン、アップレトンの人名字書からの抄訳という。ツーランはトゥレーヌのことかと思われる。

一八八三年（明治一六） 高田早苗「実物学派ノ問ニ答フ」『明治協会雑誌』

「十七世紀ニ至リベエコン、デカート相並ンデ起リ……。」（『日本近代思想大系』一〇、二六九ページ）

——井上哲次郎『倫理新説』

「昔シデカルト氏総テノ自己ノ意識《コンシオスネス》ニ質シテ明瞭ナル者ハ眞理ナリト思惟セリ……。」（『井上哲次郎集』第一巻クレス出版二〇〇三年、五ページ）

——井上哲次郎・有賀長雄『西洋哲學講義』坂上半七

「獨逸ノカント、フヒヒテ、セリング、ヘーゲル等ノ諸氏ハ皆デカルト氏ノ學風ヲ傳フ即ち形而上學派ノ人ナリ」（巻之一、三ページ）。本の全体は詳細な古代中世哲学史をなしている。近代の部分はない。シュヴェーグラー、ルイス、ユーベルヴェーグなどに依拠するとのことであるが、本邦初の西洋哲学史であろう。

一八八四年（明治一七） V・クザン『近代哲學宗統史』（竹腰与三郎訳）丸善

V. Cousin, *Cours de l'histoire de la philosophie moderne*, 1841-46 の概要を記した英訳書（一八六九年）に基づくもの。デカルトを近代哲学を興した人としてとらえ、懐疑、数学的方法などの点でソクラテスにもまさる（pp.45-48）とする。なお、仏語原本の第三講義（1828.4.29）はデカルト研究に捧げられている。クザンはデカルト全集 *Œuvres complètes de Descartes*, 11 vols, 1824 を編纂した堂々たる哲学史家である。

——Ｆ・ボーエン『近世哲學』（有賀長雄訳）弘道書院
F. Bowen, *Modern Philosophy from Descartes to Schopenhauer and Hartmann*, 1877 の訳。ボーエンは米国ハーヴァード大学の哲学教授でフェノロサの師であった。構成からするとカントとドイツ観念論に重きが置かれている。第一章は十七世紀の哲学の概説である。第二章「でかるとの哲學」は五六ページに及ぶ。われの存在、観念、神などの議論を丁寧に追い、最後に批判として、われの存在と思想とを同一視しているのは無理があるとする。第三章「本然観念の説」では、生得観念や神の観念の生得性の是非が、ロックなどを援用して論じられる。英書の翻訳による最初の本格的なデカルト哲学の紹介である。

一八八六年（明治一九）中江兆民『理學沿革史』（『中江兆民全集』岩波書店一九八六年、第五巻、一九三―二六八ページ）
A. Fouillée, *L'histoire de la Philosophie*, 1875, pp.238-271 の訳。古代から十九世紀までの一般的な哲学通史である。デカルトの学説が七〇ページ余にわたって詳しく紹介されている。その学説は有形実物、無形精神、意欲道学の三大部にわかれるが、三者の関係がはっきりしないと批判する。この時期の最も詳しい翻訳文献の一つである。なおフイエには、これとは別にデカルトに関する著作 *Descartes*, 1893 がある。

——中江兆民『理學鉤玄《こうげん》』（同全集、第七巻）

精神論、意象説、神物一体説などの説明において、七箇所にわたってデカルトを援用。

——井上円了『哲學要領』（前編）（東洋大学編『井上円了選集』一九八七年、第一巻）

「デカルト氏学説」として二ページでデカルトを略述。「天神は物心二者を造出しかつその契合を媒介するものとす。これ氏の哲学の一大欠点なり」（一三五ページ）とする。

一八八八年（明治二一—二二）　西田幾多郎「山本良吉宛書簡」（『西田幾多郎全集』岩波書店一九六六年、第一八巻）

「宇宙ハアルイハ神ハ、何故ニ始ナク終ナキカ。……實ニデカールトヲ氣取ルデハナイガ宇宙間解スベキ者一物カアルヤ。」（五ページ）

一八八九年（明治二二）　三宅雄二郎（雪嶺）『哲學涓滴《けんてき》』文海堂

デカルトからヘーゲルまでを扱う。シュヴェーグラーやフィッシャーに拠る。一七ページからなる「デカルトの學説」の章によれば、デカルトを近世哲学の元祖とする理由は、（現代風に言えば）懐疑、コギト、二元論的世界観にある（九五—九六ページ）とする。原本の F. Schwegler, *Die Geschichte der Philosophie im Umriss*, 1847 は、二元論を克服するのにデウス・エクス・マキナを以ってするなどの欠陥がある（谷川徹三・松村一人訳『西洋哲学史』下巻、岩波文庫二四—二五ページ）としているが、三宅はこれには触れていない。

一八九〇年（明治二三）　清沢満之「西洋哲學史講義」（『清沢満之全集』岩波書店二〇〇三年、第五巻）

真宗大学寮における明治二三—二六の講義。「デカルト氏」は一〇ページ。シュヴェーグラーなどに拠る。「批評」として、本体（実体）は第一であるべきだから、心身という第二本体の説に自家撞着があり、また心物互働の問題は解決を得ていない（一五八ページ）とする。

一八九四年（明治二七）　田中泰麻呂訳編『西洋近世哲學者略傳』哲学館

哲学館（東洋大学の前身）での講義録。何らかの洋書によるベーコンからヴォルテールまでの訳述。「デカルト」の項目は四ページあるが、文字通りのデカルト略伝にすぎない。

――　松本文三郎『近世哲學史』哲学館

同じく哲学館での講義録である。ルネサンスからショーペンハウエルまでを論じる。「デカート」は九ページあり、方法、純正哲学、宇宙哲学、倫理学を概観する。元になった解釈書は不明だが、よくまとまっている。

一八九七年（明治三〇）　大西祝《はじめ》「西洋哲學史」東京専門学校

早稲田大学での明治二九―三〇年の講義。一九〇三年、明治三六年の項を見よ。

一八九八年（明治三一）　**中島力造**『列伝体西洋哲學小史』冨山房

小史と銘打つが、古代から現代（ハルトマン、ヴント）までの広範な哲学史（上下二巻）である。三〇種に上る哲学史家の解釈を参照しながらも、みずから原書を精読し独立の解釈を施したと著者は言う。「デーカルト」（一八二一―二〇四ページ）は十七世紀の仏国哲学者のうちで「二元論派」に分類されている。当時としては珍しいデカルトの写真入りである。学説として、懐疑、自我の存在、上帝（神）、物質的世界、情念、倫理を論じ、最後にデカルトが信神論者（汎神論）、自由論者であることに注意している。

一九〇〇年（明治三三）　加藤玄智『問答體哲學小史』右文館

ソクラテスからヘルムホルツまでの思想の概略を問答体で述べる。C. G. T. Deter, *Kurzer Abriss Cathechismus der Geschichte der Philosophie*, 1883 に拠るという。問90「デーカルトの哲學綱領如何」への答えとして三ページを費やしている。

一九〇一年（明治三四）　**波多野精一『西洋哲學史要』**（『波多野精一全集』岩波書店一九六八年、第一巻）

デカルトの記述は八ページ。K・フィッシャーや中島力造（一八九九）などを参考とし、簡にして要を得た論述となっている。結論として、精神身体間の相互作用と二元論とは矛盾する（二〇八ページ）としている。

――　中江兆民『一年有半』、『続、一年有半』（岩波文庫版）

「カントやデカルトや実に独仏の誇なり、二国床の間の懸物なり」としながらも、デカルトらが精神不滅や唯一神を論じているのは「笑止千万」であり、唯一神説を主張しているのは「推理を本とする哲學者ではなくて、妄信を基とする僧人なるべし」（三一、一一四、一二九―一三〇ページ）と、東洋人の目で批判している。

――　K・フィッシャー・加藤玄智訳『哲學史要』同文館

K. Fischer, *Geschichte der neuern Philosophie*, 1897 の「序論」第二章以下の抄訳。本訳書ではデカルトをカント以前の形而上学として控えめに扱っている（二九一ページ）。フィッシャーの書はエルドマンと共に哲学史の鏡とも言うべき定評のあるものである。その第一巻 *Descartes, Leben, Werke und Lehre* は浩瀚にして緻密なデカルト研究になっている。

一九〇二年（明治三五）　W・ヴィンデルバンド・桑木厳翼訳『哲學史要』早稲田大学出版部

W. Windelband, *Geschichte der Philosophie*, 1878-80 の抄訳。これは概念および問題史を事とするもので、デカルトに関しては方法、本体、因果性を分析している（三一八―三六三ページ）。

一九〇三年（明治三六）　**大西祝『西洋哲學史』**下巻　警醒社書房

先述した早稲田での講義をまとめたもの。「デカルト」は三六ページを占め、精神、神、物体、心身などがバランスよく論じられている。デカルト哲学の不備として、中世的実在論を残す、循環論証、正当な本体（実体）は神のみであり第二義的本体はありえない、心身の相関が十分説明されない、などと指摘される。エルドマン J. E. Erdmann, *Grundriss der Geschichte der Philosophie*, 1865 に拠るが、エルドマンを批判する場面もある。

一九〇四（明治三七）　**桑木厳翼『デカルト』**冨山房（本文参照）

一九〇九年（明治四二）　夏目漱石『文學評論』（本文参照）

一九一一年（明治四四）　西田幾多郎『善の研究』（『西田幾多郎全集』第一巻）

「哲學が傳來の仮定を脱し、新に確固たる基礎を求むる時には、いつでもかかる直接の知識に還ってくる。近世哲學の始に於て……デカートが「余は考ふ故に余在り」cogito ergo sum の命題を本として、之と同じく明瞭なるものを眞理としたのも之に由るのである。併し……デカートが余は考ふ故に余在りといふのは已に直接経験の事實ではなく、已に余ありといふことを推理して居る。又明瞭なる思惟が物の本體を知りうるとなすのは獨斷である。……余が此處に直接の知識といふのは凡て此等の獨斷を去り、唯直覺的事實として承認するまでである（勿論ヘーゲルを始め諸の哲學史家のいつて居る様に、デカートの「余は考ふ故に余在り」は推理ではなく、實在と思惟との合一せる直覺的確實をいひ現はしたものとすれば、余

の出立點と同一になる)。」(四九—五〇ページ)

一九一九年(大正八) 出 隆『デカルト 方法・省察・原理』大村書店

四三二+一二ページから成る。アダン・タヌリ版のラテン語・仏語からの本邦初訳である。本文には処々に原文が入り、適切な訳注もある。巻末の索引に用例が付されており、古典学者らしい緻密な構成となっている。

一九二五年(大正一四) 朝永三十郎『デカート』岩波書店(本文参照)

一九二七年(昭和二) 村松正俊『方法通説』世界大思想全集7、春秋社

『序説』の訳。桑木の報告(一九三七)に紹介されている。

一九二八年(昭和三) 三宅茂『デカルト感情論』世界大思想全集1、春秋社

『情念論』の本邦初訳。桑木(一九三七)に紹介されている。

一九二九年(昭和四) 河野与一「デカルト」『岩波講座 世界思潮』第四冊、岩波書店

一九三六年(昭和一一) 野田又夫「デカルトの形而上学」『哲學研究』第二一巻—一、二

—— 朝永三十郎『デカルト・省察録』岩波書店

全二〇五ページ。『省察』の内容を順を追って緻密に分析し、かつ適切な解釈を施している。日本のデカルト研究の一つの到達点を示すものである。桑木(一九三七)は「デカルトの學說の論理的発展を追う。ドイツの史家の影響あり」と紹介しているが、独自な点も多い。

—— J・マリテン『近代思想の先駆者』岩下壮一訳、同文館

J. Maritain, *Trois réformateurs: Luther, Descartes, Rousseau*, 1925 の訳。カトリックの立場から、デカル

トは天使を受肉させたとして批判する。

一九三七年（昭和一二）　桑木厳翼「日本におけるデカルト研究の現状」

原文は仏文 L' état actuel des études cartésiennes au Japon, in *Travaux du IXe Congrès International de Philosophie*, III, pp.134-139, 1937. パリでの国際哲学会の報告である。桑木（一九〇四）、出（一九一六）、朝永（一九二五）、村松（一九二七）、三宅（一九二八）、朝永（一九三六）を紹介し、傾向が歴史的研究から体系的研究へと移ってきたことを示す。これは Sebba（1964）にも採録されている。

——　野田又夫『デカルト』弘文堂（本文参照）

一九三九年（昭和一四）　吉満義彦「デカルト的思惟の限界」『カトリック研究』七―一〇号

E・ジルソンやJ・マリタンなどに準拠し、カトリックの立場に立って批判的に解釈する。

——　『デカルト選集』創元社

『方法叙説』落合太郎訳、『精神指導の規則』野田又夫訳、『省察』三木清訳、『哲学の原理』佐藤信衛訳、『情念論』伊吹武彦訳、『真理の探究』森有正訳、『デカルト書簡集（上）』佐藤正彰・川口篤・渡邊一夫訳、『デカルト書簡集（下）』渡邊一夫・河盛好蔵・市原豊太訳。日本で最初のまとまった著作集で一九四二年、昭和一七年にほぼ完結したが、『省察』のみは昭和二三年。本邦初訳のものが多く、記念碑的な選集である。

一九四〇年（昭和一五）　三宅剛一「デカルトにおける延長」『學の形成と自然的世界』弘文堂

初出は『哲學研究』第二三巻―一（昭和一三）で、Sebba にも採録されている。

——　川田熊太郎『世界大思想家選集8、デカルト篇』第一書房伝記と学説を紹介し、翻訳したものを編集。三〇〇ページを超える。

—— T. Kuwabara et M. Noda éd., *René Descartes, Discours de la Méthode*, Librairie Hakusuisha. (Collection Signes-Verts)

E・ジルソンの注解と落合訳に基づく『序説』で、学校用の読本である。Kuwabaraとは桑原武夫である。

—— T・H・ハックスリ「デカルト『方法叙説』について」『科学談義』小泉丹訳、岩波書店

一九四一年（昭和一六）佐野次郎「デカルトの医学観」『風と樹木』日本通俗医学社

—— 吉満義彦「哲学者の神——デカルトとパスカル」『文学界』文芸春秋社

一九四二年（昭和一七）F・ストロウスキー「デカルトと学問」『フランスの智慧』森有正・土居寛之訳、岩波書店

一九四三年（昭和一八）森有正『デカルトよりパスカルへ』日新書院

—— ヴァレリー『ポオル・ヴァレリ全集』第九巻、吉満義彦訳、筑摩書房

「デカルト断片」、「オランダよりの帰り途」、「デカルト三〇〇年祭に臨みて」を収める。

一九四四年（昭和一九）**九鬼周造『西洋近世哲学史稿・上』**岩波書店

講義録だがデカルトには五〇ページを費やしている。テキストに即した優れた解説である。

—— アラン『デカルト』桑原武夫・野田又夫訳、筑摩書房

Alain, *Idées: Platon, Descartes, Hegel*. 1931 のうち「デカルト」の章の翻訳。

—— 西田幾多郎「デカルト哲學について」、『思想』二六五号、岩波書店

IV-10 近代日本とデカルト哲学

最晩年の西田の立場からのデカルト批判。懐疑はよいが、コギトの確立にいたって否定的自覚の道を外れているとする。

桂寿一『デカルト哲学研究』近藤書店

一九四五年（昭和二〇年）澤瀉久敬『医学概論』第一部（科学について）、創元社
第四章「フィジィクとメタフィジィク」にデカルトの形而上学と自然学との紹介がある。

一九四六年（昭和二一）小堀憲『数学史抄』秋田屋

一九四七年（昭和二二）野田又夫『近代精神素描』筑摩書房
「デカルト雑考」（昭和九）、「デカルト閑談」（昭和一四）、「デカルトと近代科学」（昭和一五）、「デカルトと現代」（昭和二二）を含む。

澤瀉久敬『仏蘭西哲學研究』創元社
「デカルトの cogito ergo sum の哲學史的一考察」（初出『哲學研究』昭和一七、第二七巻―一〇）を含む。

近藤洋逸「デカルトの幾何学――デカルトの接線」『近代数学史論』白東書林

一九四八年（昭和二三）桂寿一『デカルト哲学の発展』近藤書店

渡邊秀『デカルト 精神の自画像』夏目書店

森有正『デカルトの人間像』白日書院

新福敬二『哲学省察録』蒼樹社

今泉三郎『方法と道徳』小峰書店

239

――T・H・ハックスリ「デカルト『方法叙説』について」『科学と教養』矢川徳光訳、創元社

一九四九年（昭和二四）　河野伊三郎訳『デカルトの幾何学』白水社

『幾何学』の本邦初訳として貴重である。

――野田又夫編訳『デカルト、エリザベトへの手紙』（アテネ文庫）弘文堂

――朝永三十郎『ルネサンス及び先カントの哲学』岩波書店

マルブランシュ、スピノザ、ライプニッツなど十七世紀の哲学者を扱うなかで、デカルトの神が、永遠真理創造説に見られるように、意志的な側面を持つ点に注目している。

――アラン『哲学入門』上　吉田秀和訳、アルス

――『サンス』第六冊「デカルト研究」創元社

高坂正顕「デカルトと實存」、野田又夫「デカルトにおける形而上学と自然学」、桂寿一「デカルト自然学の精神」、小堀憲「デカルトの幾何学」、佐野次郎「デカルトと医学」、前川貞次郎「デカルトと歴史」、竹内良知「デカルトとスピノザ」、近藤洋逸「デカルトとガリレイ」、今井仙一「デカルトとホッブズ」、串田孫一「デカルトの系図」、森有正「デカルト思想の神秘主義的要素」、川口篤「十七世紀フランス哲学思想の潮流」、三宅徳嘉「デカルト年譜（I）」。その他に、邦語文献抄、デカルト片影を含む。戦後の混乱期にありながら日本のデカルト研究の高い水準を示す論文集である。

一九五〇年（昭和二五）『理想』二〇一号（死後三〇〇年記念）

長谷川克彦「社会人デカルト――その個人主義的社会観と生活態度について」、今泉三良「デカルト哲学の一断面――中世的なレアリズムスから近代的なイデアリスムス」、串田孫一「デカルトの背景」、関

戸嘉光「デカルトの夢」、森有正「人間デカルト——一六一九年一一月一〇日の「夢」を繞って」、近藤洋逸「デカルトと科学」。

——『哲學雑誌』六五—七〇五号

山本信「デカルトとライプニッツにおける合理主義」、今道友信「聖アウグスティヌスとデカルト」、桂寿一「コギト——思想と近代合理主義」、串田孫一「RAISONについて」、森有正「デカルトにおける知的啓示について——方法叙説第一部末尾の解釈」、渡辺秀「神の存在の第三証明について」、河野伊三郎「デカルトの幾何学——数学史を背景として」。

——澤瀉久敬『デカルト』（アテネ文庫）弘文堂

——野田又夫『デカルトとその時代』弘文堂

「ルネ・デカルト——近代合理主義成立の一様相」、「復興期の黄昏——カンパネルラのこと」、「一つの生涯——ウリエル・ダコスタ」、「唯物論と二元論——ガッサンディとデカルト」、「デカルトと王女エリザベト」、「幾何学的精神——パスカル考」、「デカルトにおける形而上学と自然学」の七編を収める。

——野田又夫『デカルト　近世的思惟の出発点』有斐閣

——滝沢克己『デカルト「省察」研究』上　乾元社

——森　有正『デカルト研究』東大協同組合出版部

註

（1）『イエズス会日本コレジヨの講義要綱』（*Compendium catholicae veritatis*, 1595）上智大学キリシタン文庫監修・編集一九九七年。拙論「イエズス会「学事規定」とデカルト」(『創文』四八六号、二〇〇六年、二ページ)を参照。

(2) 館長リチャード・コックスの日記による(麻生義輝『近世日本哲学史』宗高書房一九七四年、一七ページ)。

(3) 通称「西洋學師之説」。「哲学者」は「學師」と訳され「カルテシウス」ということばも使われている。

(4) とくにこの期間を選んだ理由は、これまでの研究史の欠を補うためである。一九五一年以降の研究誌には次のようなものがある。T. Tokoro et als., Bibliographie chronologique des publications en langue japonaise sur Descartes et le cartésianisme, 1951-1979, in *Analectica Cartesiana* 1, Amsterdam,1981; 小沢明也「日本におけるデカルトに関する文献(一九七九—九四)」『現代デカルト論集Ⅲ日本編』勁草書房一九九六年 ; T.Tokoro, État des études cartésiennes au Japon (1961-1971), in Bulletin Cartésien, II, *Arichives de Philosophie,* 36, Paris, 1973; M.Kobayashi, Etat des études cartésiennes au Japon (1972-89) in Bulletin Cartésien, XXII. *Archives de Philosophie*, 57, Paris, 1994.

(5) この書はフィッシャーの要約本と思われる。Sebba, *Bibliographia cartesina* ,1964 にその訳書の記述がある(*Descartes and his school.* Transl. from the third German edition by J. P. Gordy, edited by Noah Porter, 1887)。原本はむろん K. Fischer, *Geschichte der neuern Philosophie.1. Descartes'Leben, Werke und Lehre.* 1852 である。これは内容的にはドイツ語による最も包括的な研究であり、伝記の部分は古いがヘーゲルの有名なデカルト解釈を反映している、と Sebba は評している。

(6) 西田幾多郎もデカルトについて同じ見方をしている。「デカルト哲學について」『西田幾多郎全集』第一一巻、一六〇ページ。

(7) 桑木(一九三七)、一三六ページ。

(8) この時期、同じ新カント派の立場からフランスのアヌカンが、デカルト論を含む哲学史を出している A. Hannequin, *Etudes d'histoire des sciences et l'histoire de la philosophie,* 1908.

(9) 「デカートの「規則論」に現はれたる批判論的思考」(『哲學研究』第二巻—一〇、一一、大正六)、「デカートの「規則論」に於ける「直覚」」(同、第四巻—八、大正八)、「デカートの倫理思想とカントの倫理説」(同、第五巻—三、大正九)、「デカート哲學に関する二三の考察」(同、第八巻—三、大正一二)。朝永は同じく堅実な考察の下に『デカルト・省察録』(昭和一一)を出すことになる。

(10) この書に「デカルト」は登場するが、部分的かつ哲学史的記述にとどまる。

(11) この書において「デカルト」は哲学史の知識として数箇所登場するにとどまる。

(12)　この意識はとくに旧制高校における哲学教育によって高められ、大正教養主義を形成したといえよう。これと関連して、大正から昭和の初めにかけて『世界大思想全集』（春秋社）など東西の思想家の伝記が多く出版されている。
(13)　「ルネッサンス及び先カントの哲學」（昭和二四年）。
(14)　桑木（一九三七）、一三七ページ。
(15)　一九三二年（昭和七年）、肥下恒夫、伊藤静雄、保田与重郎らによって文芸同人誌『コギト』が創刊されたが、その題はデカルトの「コギト・エルゴ・スム」に由来する。文学の分野への影響と言える。
(16)　これについて評論家の小林秀雄が、同年「デカルト讃」（原題「自我と方法と懐疑」）と題する短い文章を書いている（『小林秀雄全集』新潮社一九六八年、第三巻、三一三―三一四ページ）。これはデカルトが日本文化のなかで咀嚼されはじめたことを示すものであろう。なお小林は一九三二年（昭和七年）にヴァレリー『テスト氏』の翻訳や評論などをし、デカルトの精神を間接的に紹介している。また一九六四年（昭和三九年）には「常識について」（同『全集』第九巻三一六―三五〇）でデカルトを論じている。
(17)　このユニークな解釈はミヨー（G. Milhaud, *Descartes savant*, 1921）から触発されたと言う（『野田又夫著作集1』白水社一九八一年、六八八ページ）。
(18)　同『著作集1』「あとがき」六九〇ページ。
(19)　『デカルト』（世界の名著・中央公論社一九六七年）付録、大岡昇平との対談「デカルトの考え方」（二ページ）。著者の背景には、デカルトの学問と生への態度決定に学びながら、満州事変にはじまる戦時に自らどう対処して生きるかという隠れた問題意識があったと推察される。
(20)　朝永三十郎『デカート』四ページ。
(21)　野田又夫『デカルト』二ページ。
(22)　福沢諭吉や内村鑑三にはデカルトへの関心は見られないし、デカルトを紹介した中江兆民も先述したようにルソーを好んだ。夏目漱石や西田幾多郎はデカルトに関心を寄せたものの批判的であった。鈴木大拙は仏教が、波多野精一はキリスト教とスピノザが興味の中心であった。九鬼周造は別としても、阿部次郎や和辻哲郎はとくにデカルトに関心を示していない。三木清は『省察』の訳者であるにもかかわらずデカルトの哲学には傾かず、むしろパスカルの生の存在論を愛好した。田辺元はデカルトを重要視し、最新のデカルト文献にも目を通してはいるが、自らの立場はデカルトと相容れないものであった。デカルトをわが事としたのは野田又夫くらいであろう。

（23）「デカルト哲學について」『西田幾多郎全集』第一一巻、一五一—一五二ページ。

（24）高山樗牛「人生終に如何」『二高文学会雑誌』（明治二四年）、阿部次郎『三太郎の日記』（大正三年）、出隆『哲學以前』（大正一一年）などに、その一端を読み取ることができる。

（25）これは澤瀉久敬がフランス哲学の特徴の一つとして示したものである（『仏蘭西哲學研究』創元社一九四七年、三二九—三五八ページ）。

（26）ベルクソンはフランス哲学の特徴として「形式の単純性」と「実証科学との緊密な結びつき」との二点を挙げている（H. Bergson, La philosophie française in *Mélanges*,1972, pp.1183-4）。

第十一章　ことばと人間

人間はものを考える。そして考えたことを、ことば（文字）や絵や身振りなどによって他人に伝える。そこで思考のことばへの変換、内容の理解、他者への伝達という事態が成立し、文化が生じる基礎ができる。それはごく日常的なことだが、学問的にきちんと捉え直そうとするとたちまち多く難問に出会う。そもそも考えるとはどういうことか、ことばとはなにか、理解するとはどういうことか、伝達とは何か、などである。本章では、思考とことば、意味の理解、ことばとコミュニケーション、動物や機械のことば、の四点を問題とする。

一　思考とことば

まず思考とことばという点である。われわれが考えていることをことばにするというのは、どういう事態なのであろうか。頭のなかの思考をことばにする前段階で整理し、その思考内容に沿って一定のことばを選んでいるのか、それとも既知のことばの主導の下に思考を組み立てているのだろうか。要するに、思考がことばを規定するのか、ことばが思考を規定するのか。たとえば日・独バイリンガルの人には、同じことがらをドイツ語で考えるか日本語で考えるかで、ものが違って見えて来ることがあるそうだ。さもありなんと思われる。ドイツ語はものを分析的に明確に捉えるが、日本語の場合は状況の全体を総合的に捉えることが多いからである。このことは、ことばが思考（発想）を規定していることの例になるだろう。逆に、頭で考えていることをことばにしようとするとき、ことばの選択はその人の思考の仕方に大きく限定されることも事実である。たとえば、「春はあけぼの」というような詩人の発する短いことばは、その人の思想を極限にまで凝縮した結果であるといえる。それは思考がことばを規定している例だろう。

われわれがものを考えているとき、ことばになる以前の、何かある気持ちないし思考（それを#で表す）があるとしよう。われわれは通常それを整理して、ことばに直していると考えられる。

→ ことば

#をうまく整理できないときには、ことばにはならない。たとえば、クジラの遊泳を目の前で見たときのような大きな感動は、「ウワァー！」と言う以外にはことばでは言い表せないだろう。#は、こころのうちでまだ形にならない、もやもやしたカオスの状態であって、様々な思考が空間的に乱立している状態である。これに対して、それを時間的な秩序あるロゴスの状態に直す作業が「ことばにする」ということであろう。家に帰ってその感動をメモに書きとめる場合がそうである。音楽であれば、作曲家の内面状態が#であり、楽譜がことばに相当する。それを読み取り演奏することで、聴くものに#が伝わってくる。それはしばしば、ことば以上に迫力がある感動をさそう。他方、戦争などの精神的なショックで失語症になるとき、それはことばを実際に失うのではなく、→の部分が損傷していて連結がうまくいかないということだろう。→がどういう仕組みかは分からない。ま

た#の内実がどうなっているかは文字通りカオスであり、本人でもよく分からないことがある。

ことばになる以前の「思考」（#）と「ことば」の、どちらを重視すべきかについては、二つの立場があると考えられる。

（一）ことばが思考を規定すると考えることができる。ことばになる以前の思考（#）は無意味なカオスである。それは、その人の内面の問題であって、他人には知りえない。それをことば（ロゴス）にしてはじめて公共的になり有意味になる。ことばは思考を整理する機能をもち、形なき思考を限定し、秩序と形とを与える。かくして思考はことばになってはじめて意味を持つ。ことばは思考に左右されない全く恣意的な機構である。ことばは思考を規定しても、思考に規定されるものではない。ことばがあってはじめて世界が思考され、認識されると考えられる。いわゆるサピア＝ウォーフの仮説は、この考え方の延長線上に来る。それは一方で言語決定論（言語構造が思考を左右する）を、他方で言語相対主義（同じことがら、たとえば「雪」、でも言語によって認識を異にする）をとっているからである。また、ことばの限界が思考の限界であり、ことばで明晰に語りえないものを語るべからず[1]としたウィトゲンシュタインもこの立場である。

（二）むしろ思考がことばを規定するのである。ことばになる以前の思考（#）においてこそ生きた真実があり、それがことばにされると、たちまち形式化され限定されてしまう。思考は、ことばがそこから発出する源泉としてことばを決定する。それゆえことば以前の思考は、ことば以上に根源的かつ実在的である。この考え方は、ロゴス以前のカオス状態にことばのエネルギー源を求めるということである（作家の原点にある生き生きしたモチーフも、いったん書いてしまえば一巻の終わりと見なされるのに似ている）。メルロ＝ポンティは、思考はことばの外にはありえないとしながらも、ことばは、ことばになる手前のもの（意識の沈黙）を前提し、そこからことばの形と意味とを受け取るとしている。始元の沈黙状態（それは意識の水面下で、ことばがざわめき合っている状態であるが）こそ、ありのままの真実在であると考えている(2)。

メルロ＝ポンティの見方は魅力的ではあるが、筆者は（一）をとりたい。カオスよりもロゴスに信を置きたいからである。しかし、どちらをとるにしても＃が正確なことばに直っているかどうかは問題である。かりにことばが思考を規定するとしても両者の間には落差があり、ことばにならない思考というものがつねにあるからである。

二　意味の理解

次に、ことばの意味や思考内容の「理解」という問題である。何をもって理解とみなすか、それは個人の内面の問題であり、本当に理解しているのかどうかを決定することは、やっかいな問題である。科学的な「説明」はできても、ものの内面的な「理解」はできないという解釈学の立場もある。

学校の教室などで、先生が「分かりましたか」と言うと、子供たちは「はい分かりました」と答える。だが分かるとは何であるか。一応それは発話された文の意味が了解されることだといえる。だが意味の了解とはどういうことか。これを認知科学で考えるなら、外から聞こえてきた音声情報が、自分のなんらかの認知機構（たとえば概念の枠組）に入り、それと整合するとき意味が分かったと言い、整合しないとき分からないと言うのだろうか。もしそうなら、そのとき大脳ではどういう情報処理がなされているのか。これは脳科学の問題になるであろう。他方、アリストテレスやカントは、人間にはカテゴリー（範疇）という認識の基本になる知的な概念の枠組があって、これでものを捉えていると考えた。実体、原因・結果、関係などがそうである。このように人間精神には、意味を理解する基本ソフトがあらかじめ組み込まれていると考えられる。その延長線上でチョムスキーは、われわれが第一言語（母語）を獲得する際に、ＬＡ（言語獲得装置）なるものがあるのではないかと考えた。[3] ここでは、チョムスキーにならって「言語解析装置」を仮定してみよう。

＃ → ことば → 言語解析装置 → ＃の理解

まず、他人の＃（気持ち・感じ）からことばが発せられる。ことばは単なる雑音でなく、＃の持っていた意味を運んでいる。よく言われるように、ことばは意味を運ぶクルマである。ただしソシュールが分析したように、記号としてのことば（表現するもの）と、概念や意味（表現されるもの）との関係には何の相関もなく、それらは恣意的である。[4] さて、言語解析装置は、音声として入力されたことばの意味を瞬時に分析する。そして、その装置の枠のなかに整合的に入ってくるものを、自分なりに咀嚼して理解する。たとえば英国人の発する「アップル」という音声を聞くと、自分の持つ言語対象表（マニュアル）に照らし合わせて、ただちに「りんご」を理解する。また「明日は学校はお休みです」と先生が言うのを聞いて子供たちが大喜びするのは、明日、学校、休み、という要素を解析装置にかけ、ただちにその意味を読み取るからである。要するに「分かる」とは、この装置と整合することだと考えられる。装置に入力されないものは理解できないし、整合しないものは吐き出されてしまう。コンピュータなら「読めませんでした」と表示される。失語症や酩酊状態などで、この装置が正常に機能しない場合でも理解は成立しない。

もとより、こうした装置は実験的に検証できない仮説であり、何かよく分からない認知機構を言語解析装置と言い換えただけにすぎない。しかし、こうしたブラック・ボックスを想定しないかぎり、入力と出力との電位差を説明できないとチョムスキーは力説した。彼の言うように、そのような装置は生得的であると考えられる。なぜそうなっているのかは人間精神の驚異というほかはないが、こうした機構を通して#の理解が成立すると考えることは十分可能である。

だが、どこまで理解すれば本当に理解したことになるのかという問いは残されたままである。たとえばゴールズワージーの小説『アップル・ツリー』に出てくるりんごは、日本の赤いりんごとは違うかも知れないし、「アップル」が作家のイメージ通りに日本の読者に理解されているかどうかは保証のかぎりではない。およそ、ことばと実在との正確な一対一対応はありえないし、ましてや「りんごの花が咲いていた」という文章の場合、それがどれだけ実在を適切に表現しているかはつねに疑問である。実在の方がはるかに重みがあり、いくらことばを尽くしてもそれを描き切れない、ということがある。ことばと実在の対応関係はつねに問題であり、その間に距離がある以上、ことばの本当の理解、ことばによる実在の真の把握ということには懐疑的にならざるをえない。むろん日常の使用の場面では、それほど深刻な問題になることはないのだが、ことばの理解ということには、本来難しい問題が宿っていることを知っておいた方がよいであろう。

三　ことばとコミュニケーション

ことばとコミュニケーションの問題である。文字もことばもコミュニケーションの手段であり、意思の伝達手段である。社会的動物としての人間にはコミュニケーションが必要である。これなしには人間が人間でなくなるであろう（老人の認知症治療の一環として、仲間との他愛のない会話や動物との触れ合いが推奨されているのは「人間」回復に役立つからである）。人間ばかりではなく、ミツバチのダンスをはじめとして動物もコミュニケーションをしていることが知られている。植物の行っている光合成も、物質の伝達・交換作用であるから、ある意味でコミュニケーションである。生態論的・環境論的に見れば、あらゆる生物が相互コミュニケーションのなかで生きていると言えるかもしれない。コミュニケーションの本来の意味は、同じ情報を共有すること、自分の意思を他人に伝えて互いに意思を交換をすることである。ところで、ここでの問題は、およそコミュニケーションなるものが認識論的に成立するかどうかである。ことばの意味の理解ということ自体がはっきりしないとするなら、ことばの意味内容の伝達ということも疑問に付される。たとえば伝言ゲームは、入力（最初の人）と出力（最後の人）とでは、しばしば理解のズレがある点に着目したゲームである。

（入力）　あした名古屋駅でA君に会う。

（出力）　きのう京都駅でBさんと別れた。

このように最初の発話者のことばが伝達を重ねるうちに、とんでもない結果になって出てくることがある。なぜであろうか。人間は他人のいうことをそのまま理解することをせず、自分の都合や関心によってしか解釈しないからであろう。それが第三者に伝えられると、また別の観点の下で解釈されることになる。かくして誤解が増幅するという構図が形成される。流言蜚語《りゅうげんひご》の伝播などは、こうした人間心理の構図によるものであろう。

さて、意味の伝達はどのようなプロセスでなされるのだろうか。再び言語解析装置のモデルを持ちだすなら、次のような図式になるのではないか。

#
↓（1）
ことば
↓（2）
言語解析装置
↓（3）
#の理解

人が自分の気持ち（#）をことばに置きかえること（1）は、ストレートには成功しないと考えられる。もとより他人の気持ちや感じ（#）は、当人にしか分からない。それはクオリア（感覚質）と言ってもよい。第三者はそれをいくら追体験しても本当は体験できない。「歯が痛い！」というとき、どのように痛いかは当事者にしか分からない。しかし実は当の本人にもそれが正確に分かっているわけではない。「痛い！」は痛みの記号にすぎず、歯痛を余すところなく描写しているわけではない。私的な内的体験は厳密には記述不可能である。そのことをウィトゲンシュタインは、他人には分からないが自分だけ分かっているようにみえる「私的言語」は不可能であると表現した。[5] 当人にも分かっていないからである。したがって#を忠実にことばに置きかえることはできない。ことばはせいぜい#の記号あるいは要約でしかない。

（2）において、他人の発話したことばを私の言語解析装置に入力する作業は不正確であり、しばしば誤解を招きやすい。というのも、それは他人のことばを私のことばに書き直すという翻訳作業であるからである。私の解釈によって切り捨てられる部分や、増幅される部分が出てくる。伝言ゲームの面白さはこの点にある。われわれは、他人のことばを自分色に染め上げたことばに変換しているにすぎない。そうでもしないと他者を理解できないからである。

かくして他人の#を私が理解するということ（３）も原理的に不確定なものとなる。この装置が伝達していることばの意味は、もとの意味を離れて私の意味になりやすい。こうした回路をへた結果、出力としての#の理解は、擬似的なものか、あるいは私の自己移入（感情移入）の産物である。要するに最初の#と最後の#の理解とは相即しないのである。

同じことは外国語の理解（翻訳）についても言える。外国人が日本語が分かるとか、日本人が英語が分かるとはどういうことか。お互いに文字やことばを知り、文法構造を知る。そして簡単な言語対象表を獲得する。それに照らして、「りんご」は「アップル」であり、「ジス・イズ・ア・ペン」は「これはペンです」と知る。しかし厳密な意味での外国語の翻訳は可能であろうか。詩作品は他言語には翻訳できないと十八世紀のディドロは言ったが、二十世紀のクワインは、異言語間の根源的翻訳は不確定であることを証明してみせた(6)。ことばの意味（異言語間の語Aと語Bとの対応）を一義的に確定することが原理的に困難であるからである。それはわれわれのモデルで言えば、（３）のステージでことばをいくら解析しても最初の#の意味を特定することができない、ということである。クワインの理論は、厳密な意味でのコミュニケーションが原理的に不可能であることを示唆している。

だが、以上のことは認識論の上から言えばそうだということであって、日常レベルでのコミュニケーションや翻訳行為までもが成立しないということではない。人間は本来分かりあえる存在だと筆者は信じたい。人間は意思の相互伝達において危うさを持つからこそ、しっかりとコミュニケーションをし、会話をすべきであろう。その重要性を指摘したハーバーマスに反対する人はあまりいないだろう。ところが、現代人は真摯なコミュニケーションをあまりしたがらない。これでは人間の文化に未来はないのではないかと筆者はひそかに懸念している。

四　動物のことば・機械のことば

人間のことばと、動物や機械のことばはどう違うであろうか。人間の人間たる所以の一つは、ことばを使用することだと昔から言われてきた。十七世紀のデカルトは、人間は理性によってことばを自由に駆使し、万事に臨機応変に対処できる点で、動物や機械からはっきり区別されると考えた(7)。だが動物については、現代では必ずしも一義的にそうは言えないことが分かってきた。ミツバチが蜜のありかを仲間に知らせるためにダンスをすることは古くから知られている。ダンスの動きの角度と速度によって方向と距離とを示すという驚くべき伝達手段である。イルカやクジラは超音波によるコミュニケーション手段をもち、彼らの音声のパターンは次第に明らかになってきているという（それが何を意味するかは人間には分からないが）。これらの例は本能的動作ではあれ、ある意味で動物の「ことば」と言ってよいのではないか。

さらに、チンパンジーやその仲間のボノボが、記号や絵文字によって「ことば」を習得する実験例が報告されて久しい。彼らは数字や簡単な文章をも理解し、コンピュータを通して人間と初歩的な会話ができるまでになっている（ただし、彼ら自身は「動物」を生きており、人間の与えたことばを少しも必要としていないはずである）。要するに動物には秘めたる言語能力がある。人間は大脳が発達し、のどや舌の生理的構造からして、現在のことばを獲得したと考えられる。これは人間が動物のレベルを超えたことを意味するのだろうか。人間では、視覚、聴覚、臭覚など動物本来の機能が退化してしまっている。それと引き換えに、文字やことばという抽象化によるコミュニケーションの手段を得たのであろうか。いずれにせよ、動物のことばの研究は、人間のことばの起源の解明につながることである。

他方、コンピュータ（人工知能）の言語と人間のことばとの差異はあるだろうか。両者は本質的に同じだという意見がある。コンピュータが入力された有限なデータによって動くように、われわれがことばを話すのも、日本語や英語などすでに獲得された有限な知識にもとづいている。知らないことばや未経験の事態に遭遇すると、機械が立ち往生するのと同様、人間も途方に暮れる。チューリング・テストでコンピュータと人間とが区別できない例が数件報告されている。しかし人間の使うことばは自然言語であって、機械的に構成された人工言語とは、やはり根本的に違うだろう。いかに優秀な第五世代コンピュータ（人間と会話をする受付嬢ロボット）にせよ、それは所詮は機械的にしか動かないが、人間のことばは意志をもって自覚的に発話されている。人間は機械以上に、計算まちがいをするし、書きまちがいもする。ことばを自由にかつ意識的に使う点で、機械とは本質的に違う。意識的とは、いま使っていることばの意味や効果を考えながら使うことだ。それをデカルトにしたがって、「精神的」と言ってもよいだろう。チューリング・テストは現在では十分な判定規準とは見なされていない。機械のことばは電気信号の組み合わせにすぎないが、人間のことばには精神が関わっている。精神とか意識も電気信号の組み合わせにほかならないという物理主義的な考え方もあるが、筆者は、人間精神は機械ではないというデカルトの考えに賛成しておきたい。

素朴な疑問を持つことが哲学の第一歩である。文字やことばの背景にはどういう歴史があるか、そもそもことばとは何か、思考とは何か、ことばの理解とは何か、コミュニケーションは成立するか、動物のことばとは何か。

まだまだよく分からないことが多い。これからの哲学は、大脳生理学や認知科学の成果を取り入れながら、ことばと人間に関わる考察をさらに深めて行く必要がある。ただ、人間の用いる文字やことばには本質的な曖昧さがあり、意味の理解やコミュニケーションの点で困難がつきまとうことは、知っておいてよいだろう。

註

（1）L・ウィトゲンシュタイン『論理哲学論考』序文（藤本隆・坂井秀寿訳、法政大学出版局一九六八年）。
（2）M・メルロ＝ポンティ『知覚の現象学』第一部第六章（竹内芳郎・小木貞孝訳、みすず書房一九六七年）。
（3）N. Chomsky, Recent Contribution to the Theory of Innate Ideas, in S. Stich ed., *Innate Ideas*, 1975. 拙著『デカルト『省察』の研究』（創文社一九九四年、二一三—二一五ページ）。
（4）F・ソシュール『一般言語学講義』第一編第一章（小林英夫訳、岩波書店一九七九年）。
（5）L・ウィトゲンシュタイン『哲学探求』二六九（藤本隆志訳、大修館書店一九七六年）。
（6）W・V・O・クワイン『ことばと対象』第二章（大出晁・宮館恵訳、勁草書房一九八四年）。
（7）『方法序説』第五部末尾（山田弘明訳、筑摩書房二〇一〇年）。

第十二章　西洋哲学における生と死

人がこの世を生きるとはどういうことか、死ぬとはどういうことか。この問題は哲学の究極の問いとして、昔から多くの人が考えてきたことである。ここでは、問題を考える一つの手掛かりとして、西洋の哲学者たちが生と死の意味についてどのような論理的反省を行い、どのような生き方を目指したか、その思索の跡をスケッチしてみたい。取り扱う哲学者は、プラトン・エピクロス、デカルト・スピノザ・ベルクソン・ラッセル、モンテーニュ・パスカル、ハイデガー・サルトルである。その上で生死をめぐる現代の生命倫理の問題にも少し触れてみたく思う。

一　プラトンとエピクロス

古代ギリシアのプラトン（Platon, BC427-347）には「哲学とは死の練習である」（『パイドン』67E、藤沢令夫訳、筑摩書房）という周知の発想がある。すなわち、死とは魂が肉体から離脱することであり、死によって肉体は朽ち果てるが魂は存続すると考える。ところで哲学者たちは、肉体的な条件に煩わされずに純粋に知的な思考を行おうとし、肉体を振り切って純粋に魂だけとなって真理を摑もうと努力する。それゆえ、彼らは生きているうちから肉体から魂を切り離そうとしている、つまり死の予行演習をしていることになる、と言うのである。哲学者はそのようにして日々死と取り組むことによって「死の完成」を目指し、死に臨んでも心くじけることのないようになる、ともプラトンは言っている。死の完成とは、魂が永遠の生を生きることへの確信にほかならないだろう。この発想において、「魂の不死」と同時に「よく生きること」が示されている。肉体から離脱した魂は、永遠不死で恒常的な真実在（イデア）へと赴くとき「もはやさまようことをやめ、その存在とかかわりを持ちながら、つねに恒久不変の在り方を保つ」（同 79D）。つまり人間は死すべきものでありながら、魂のみはイデアと関わるかぎり不死である、とプラトンは示唆している。このような魂の不死の思想は、ギリシアの神話や宗教にすでに見られるが、プラトンはそれをイデア論によって合理化したことになろう。それでは、どのような生き方がよき生であるのか。それはイデアを目指して魂を高めること、に尽きる。つまり、感覚的、物質的、肉体的なものから魂をできるだけ遠ざけ、魂を純粋に保つことによってイデアを見ることに向かって突き進むことである。そのような生き方において、魂の不死が約束される、とプラトンは結論している。不死の思想においては、生と死とは断絶せず、連続したものになる。そして、死を真摯に考えることによってはじめて不死なる生がありうることになる。プラトンはこのような仕方で死を積極的に意味づけるわけである。これは死に対するポジティブな思考の原型であろう。昔、日本の学徒兵が背嚢のなかに『パイドン』をそっと入れて出陣した、という話には現実味がある。

これに対して、ヘレニズム時代の快楽主義の思想家エピクロス（Epikuros, BC341-270）は全く異なる意見を持っていた。彼はメーイケウス宛ての手紙のなかで、「死はわれわれにとって何ものでもない、と考えることに慣れるべきである」として、次のような論を展開している。

死はもろもろの悪いもののうちで最も恐ろしいものとされているが、じつはわれわれにとって何ものでもないのである、なぜかといえば、われわれが存するかぎり、死は現に存せず、死が現に存するときには、もはやわれわれは存しないからである。そこで、死は、生きているものにも、すでに死んだものにも、かかわりがない。なぜなら、生きているもののところには、死は現に存しないのであり、他方、死んだものはもはや存しないからである。（『エピクロス――教説と手紙』出　隆・岩崎允胤訳、岩波文庫、六七―六八ページ）

原子論をとる唯物論者エピクロスにとって、死とは生物の原子的要素への分解にすぎない。「死すべきもの」が死ぬのはむしろ自然であって、死は何でもない一つの自然な現象である。かかる観点から、不死の思想は否定され、死の恐怖も根拠のないものだとされる。そして哲学者は死を恐れもしないし求めもせず、ただ限られたこの生を楽しむのみである。これがエピクロスの人生観である。プラトンの場合とはガラリと違って、ここでは生と死は断絶したものとみなされている。そして、生が有なら死は無であり、無を考えることは無意味だという論理で、死を考えることを拒否している。あるいは死への恐怖を除去しようとしている。しかし、エピクロスの生き方は、死など考慮せずにただその時々を楽しめばそれでよいとする単なる快楽主義では全くない。肉体の苦楽に煩わされずに、心の平静不動な状態（アタラクシア）を保ちつづけることが、最高の快楽であり、そこによい生き方があると彼は考えている。そのためには「隠れて生きよ」とさえ説いている。こうしたエピクロスの考えは、死にあえてネガティブな姿勢をとる思考の典型であろう。

以上のことから、古代ギリシアにおいて、生と死の問いに対してポジティブに向き合う思考と、ネガティブな思考との二つがあったように思われる。この二つは、ある程度の一般化が可能であり、どの時代の人間にもあてはまる二つの精神の類型であるかもしれない。

二　デカルト・スピノザ・ベルクソン・ラッセル

西洋十七世紀のデカルトとスピノザ、そして二十世紀の思想家ベルクソンとラッセルは、死に関してネガティブな態度をとった人と考えられる。エピクロスがそうであったように、死に対して冷淡であり、死に背を向け、生のほうに目を向けているからである。

デカルト（R. Descartes, 1596-1650）は、キリスト者として魂の不死を確信していたが、それゆえにこそ「死を恐れずに生を愛せよ[(1)]」というモラルを抱いていた。死をあれこれ考えるよりも、与えられた今の生を大切にせよというのである。実際、デカルトの哲学は死ではなくもっぱら生に向けられており、彼が理想とした生き方は、自らの理性を十分に活用して、この生を確信をもって自律的に生きることであった。ここで注目されるのは、デカルトが生命や身体を医学的・機械論的に説明しようとしていることである。彼は身体の働きをゼンマイ仕掛けの時計にたとえている。ゼンマイが巻かれ、……「運動を引き起こす物体的原理が内にある場合」が生きている身体であり、「時計が壊れていて、その運動の原理が働きをやめた場合」が死んだ身体である（『情念論』第六節）。その運動の原理が生命ということになるが、デカルトはそれを動物精気という一種の気体化した血液に求めている。このような機械論的生命観をもとに、彼は人体の構造を生理学的・解剖学的に研究して、人間が百歳まで生きるためにはどのような健康管理をしたらよいか、などと考えている。彼自身は健康管理がうまく行かず五四歳で死んだが、しかし彼の生き方は、そのような機械論を踏まえて人間が死を恐れずにこの生を理性的に生きることの尊さを、身を以って教えていることになるであろう。その教えを忠実に守ったのがスピノザ（B. Spinoza, 1632-1677）である。スピノザは言っている、「自由な人間すなわち理性にしたがって生きる人間は死を考えることが最も少ない。彼の知恵は死についての省察ではなく、生についての省察である」（『エティカ』第四部定理六七、畠中尚志訳、岩波文庫）。デカルトもこの言葉に満腔の賛意を表することだろう。

二十世紀フランスの哲学者ベルクソン（H. Bergson, 1859-1941）は、「われわれは一体どこからきて、この世で何をし、一体どこへ行くのか」という非常に重大な問題に対して、哲学は答えなければならない（『心と身体』）と言う。しかし、彼の目はもっぱら生に向けられるのみであって、死は消極的にしか認められていない。晩年の大著『宗教と道徳との二源泉』第二章によれば、生物は本能的に生を目指し、そこにはいわゆる「生の跳躍」がある。ところが人間だけは自分が死ぬことを知っており、死の確信は自然の運動に逆らうことになる。死を思うことは生の運動にブレーキをかけ、気力を喪失させるだけである。死が避けられないものだという知的な思考に対して、自らを守るために宗教が生じてきている、と分析している。ベルクソンの哲学は文字通り「生の哲学」であって、主題は生命や意識など生に直接関わるものだけである。そこでは死は哲学的関心の外にあるか、否定的な役割しか演じていない。

二十世紀イギリスの思想家ラッセル（B. Russell, 1872-1970）も、死に対してネガティブである。彼は死の意識を克服して、生への情熱を奮い立たせようとする。

人間の人生は自然の力に比べて小さいものである。奴隷は時間と運命と死とを崇拝すべく運命づけられている。しかしそれらがどれほど偉大であるとしても、それらについてよく思考することはもっと偉大なことである。そのような思考こそが我々を自由にする。しかし、もはやわれわれはオリエントの奴隷のように不可避なるものの前に頭を垂れることをせず、その不可避なるものを吸い込み、それをわれわれの一部とするようになる。永遠なるものを求めて情熱に身を焼くこと、これこそが解放なのであり、またそれが自由人の信仰なのである。(『自由人の信仰』、世界の大思想『ラッセル』市井三郎訳、河出書房、三一二ページ)

物理的自然に対する人間の思考の優位を言う点でパスカルの「考える葦」を思わせる。しかし、後半の「永遠なるもの」とはパスカルの言う神でもプラトンのイデアでもなく、地上における真理の総体であろう。自らの思考によって不可避なる死を押さえ込み、真理探求に励むこと。そして同じ運命の下に生きる人間との連帯において生きること。それがラッセルの選んだ生き方である。エピクロスと同じく死を考えることを拒否するが、「隠れて生きる」のではない。死にはネガティブだが、現実社会の中でポジティブに生きることの大切さを実践によって自ら示した(彼は平和運動などの渦中に身を置いた人である)。宗教を拒みつつ自由人として社会の理想に生きようとする姿勢には、現代人にとってそれなりの魅力があろう。

三　モンテーニュとパスカル

これに反して、死に対してポジティブな態度をとるのはモンテーニュ(初期)とパスカルである。フランス十六世紀の思想家モンテーニュ(M. de Montaigne, 1533-1592)は『エセー』の著者として知られる。彼はプラトンの「死の練習」という発想を大切にし、それは死を恐れないことを教えていると解釈している。彼は言う。

足をしっかりと踏まえて死を受け止め、死と戦うことを学ぼう。……死に親しみ、馴れ、何よりもしばしば死を念頭に置くようにしよう。そうやって自分を堅固にして行こう」（『エセー』原二郎訳、岩波文庫、第一巻、一五九ページ）。

このように普段から死を思い、死への心構えを怠らないでおくならば、死の恐怖はなくなるだろうというのである。この時モンテーニュは「死を忘れるな」（メメント・モリ）という、昔からの格言を思い浮かべていたのかも知れない。彼は続ける。「私は不断に私の考えを胸にあたためておくから、いつでもできるかぎりの用意ができている。だから死が突然やってきても、死から新しく教わることは何もないと思う」（同）。『葉隠』に出てくる武士道の死生観や、生死一如と看破する禅仏教を思わせるものがある。さらに彼は死が自由につながると主張する。

あらかじめ死を考えておくことは自由を考えることである。死を学んだものは奴隷であることを忘れたものである。死の習得はわれわれをあらゆる隷属と拘束から解放する。（同、一五九―一六〇ページ）

実際、われわれは死を恐れるがゆえに小心翼々として生にしがみつき、生の奴隷となり、自由を失っている。しかし死を考え抜いたものは、生への執着をすでに断っているので、齷齪《あくせく》することなくかえって自由である。死を覚悟して戦に赴いた人は戦地で豪胆闊達に振舞うことができ、生還するとその人にとってあとの人生は付録のように思われる、というようなものであろう。宗教戦争で数々の修羅場をかいくぐってきたモンテーニュには、生きることは「日々是戦い」と思えたのかも知れない。彼はローマの詩人ホラティウスを引用して言う。「明け行く毎日をおまえの最後の日と思え。そうすれば当てにしない日はおまえの儲けとなる」（同、五九ページ）。結局、モンテーニュは死を考えることによって、逆に生の密度を高めようとしていると言えよう。死に対してきわめてポジティブな姿勢である。

しかしこの考え方は、後にネガティブな世界観に変わっている。すなわち、人間の生死は当事者にとっては大問題であっても、実は宇宙の秩序のほんのひとコマを占めるにすぎない。秋になって枯れ葉が散るように、人間も時が満ちれば個体としての生命を終える。それが自然の理であり、人間の生死もそれに従っているまでである。晩年のモンテーニュは、このような自然主義的な死生観の色彩を強めた。そして、大袈裟に「死の練習」をする哲学者よりも、死すべき時には独りで野原に自分の墓穴を掘って、そこで黙って死んで行く近所の農民の方を称えている（同、第六巻、九〇ページ）。これはペストが大流行した当時の痛ましい証言でもある。ともあれモンテーニュの場合は、はじめ死を真剣に考え、死からの自由を貴しとしながらも、後には死を自然の必然として、それに従容として服そうとしている。たいそうストア的である。モンテーニュは死に対してポジティブな要素とネガティブな要素とを兼ね備えた人と言ったほうがよいであろう。

次に十七世紀のパスカル（B. Pascal, 1623-1662）の場合はどうであるか。パスカルの『パンセ』には有名な「考える葦」の断章がある。

人間はひとくきの葦にすぎない。自然の中で最も弱いものである。だが、それは考える葦である。彼をおしつぶすために、宇宙全体が武装するにはおよばない。蒸気や一滴の水でも彼を殺すのに十分である。だが、たとい宇宙が彼をおしつぶしても、人間は彼を殺すものより尊いだろう。なぜなら、彼は自分が死ぬことと、宇宙の自分に対する優位とを知っているからである。宇宙は何も知らない。
だから、われわれの尊厳のすべては、考えることのなかにある。……だから、よく考えることを努めよう。ここに道徳の原理がある。（B347-L200）

ここでは、人間が意識的に思考するゆえに、まさにその点において人間には宇宙にまさる偉大さがあると説いている。これはもはや古典的な人間観であって、ラッセルの人生観もこの点に影響を受けていると思われる。しかし、他方でパスカルは人間の状況は「悲惨」なものであるとも説いている。それはどういうことか。

……沈黙している全宇宙をながめるとき、人間がなんの光もなく、ひとり置き去りにされ、宇宙のこの一隅にさまよっているかのように、だれが自分をそこにおいたか、何をしにそこへ来たか、死んだらどうなるかをも知ら……ないのを見るとき、私は、眠っているあいだに荒れ果てた恐ろしい島へ連れてこられた……人のような恐怖におそわれる。（B693-L198）
私は、だれがいったい私をこの世に置いたのか、この世が何であるか、私自身が何であるかを知らない。私は、すべてのことについて、恐ろしい無知のなかにいる。……私の知っていることのすべては、私かやがて死ななければならないと言うことであり、しかもこのどうしても避けることのできない死こそ、私の最も知らないことなのである。（B194-L427）

ある意味で死は刻一刻とわれわれに迫ってきている。この世を出たとたん、われわれは永遠の無の中に飲み込まれてしまうのか。「魂が不死か否か」は、プラトンと同様パスカルにおいても、人の生き方を左右するヴァイタルな問いになっている。ここでラッセルの言うように、同じ死すべき仲間たちがいるということは、何の助けにもならない。「人はひとりで死ぬ」(B211-L151) からである。人間の置かれた状況は、このように無知で悲惨なものである。ところが人間たちは、それを直視することに耐えられず、無知と悲惨さを慰めるべく、ただ気晴らしをするのみである。だが「それこそは、われわれの悲惨さの最大のものである。なぜなら、われわれが自分自身について考えるのを妨げ、われわれを知らず知らずのうちに滅びに至らせるものは、まさにそれだからである」(B171-L414)。

真摯に真理を求めるパスカルにとっては、自分たちの置かれた状況を見ず、人生の究極的な問いからも目をそらして、ただ気を紛らして生きる人間たちが、空しく惨めな存在と思えたのである。パスカルは、人間は偉大であると同時に、こうした悲惨さをあわせ持った矛盾した存在であり、それゆえ幸福になれないでいると結論している。ところでパスカルの言う悲惨とは、単なる悲惨ではない。「神なき人間の悲惨」とパスカルが捉えていることに注目しなければならない。神を見失った人間はかくも悲惨な在り方のままに放置されている、と見ているのである。パスカルは人間をとりまく死の問題を実存的深みにおいてしっかりととらえ、それに様々な論理的反省を施してきたわけだが、その解決は、結局、人間の悲惨を救うキリスト教の神に求められている。「われわれはイエス・キリストによってのみ生と死とを知る」(B548-L417)。ここにおいて「神とともにある人間の至福」が実現することになる。要するに、キリスト者として死ぬことが大切であって、晩年のモンテーニュのような死に対する「異教的な」気持ちは許せない (B63-L680) のである。

このように、パスカルにおいて生死の問題は最初、哲学的・実存的に問い出され、次第に深められるが、その最終的な解決は宗教にあずけられている。宗教的背景を抜きにしてはパスカルの思想の全貌を捉えることはできないし、彼にとっては全く意味がないであろう。だがパスカルの人間論だけを取り出しても、それは人間存在の本質を鋭く分析したものとなっている。パスカルは、これまでに見たどの思想家よりも、生と死について真剣で奥行きの深い思索を凝らしており、現代のわれわれにも強く訴えかけてくるものを持っていると思われる。究極の答えは宗教性の彼方に置かれているが、宗教の手前においても地上に生きる人間に多くのことを気づかせてくれるのである。

四　ハイデガーとサルトル

では、宗教に解決を求めることをしないとするとき、パスカルの提出した生死の意味についての深い疑問にどう答えうるであろうか。信仰の領域に踏み込まない立場をとるとき、生と死をどのように考えればよいか。

ネガティブな思考に徹して、死のことや宗教のことを一切考えずにおくというのも一つの考え方であろう。ベルクソンやラッセルにならって、死はそれが訪れたときに甘んじて受け入れればそれでよい。それ以前には死のことなど考えずに生に全力投球すべきだ、と考えることができるかも知れない。たいへんサッパリとはしているが、しかしそれではパスカルの疑問の答えにはなっていない。生死の問題に依然として無知であるので、それこそ気晴らしだとパスカルは言うだろう。しかし気晴らしで何が悪い、と開き直ることもできるし、そのような問題には答えないのが答えだと言えるかも知れない。しかし、そう言っている当人は実は問題を避けている。深く考えないままに、この世を生きそして死を迎えることでよいのか、ということになろう。他方、ポジティブな考え方ではどうか。プラトンや初期のモンテーニュのように、死をつねに意識し、死に備えることによって逆にこの生を充実させる生き方である。しかしパスカルは、その生き方の根本に宗教性がないならば、いくら万全を期して真剣に生きてみても所詮「神なき人間の悲惨」からは抜けだせない、と言うだろう。生死の問題の根底には宗教があり、信仰や神を抜きにしてはこの問題は解けないのかも知れない。ニーチェが考えたように、神のない近代の思想はニヒリズムに陥らざるをえないのだろうか。どちらにせよパスカル的問題に答えることは容易ではない。

しかし、パスカルの疑問に応答し、かつ宗教に依拠せずに、人間の生き方を指し示す哲学がありうると思う。実存主義はまさにこうした疑問に答えようとした思想であり、生と死について考えるところが最も深く豊かである。なかでもハイデガーとサルトルは抜きん出ている。この二人においてはポジティブ思考、ネガティブ思考というような形式的な分類は困難であるが、大まかに見てハイデガーは前者、サルトルは後者のメンタリティーの持ち主と言える。

二十世紀ドイツの思想家ハイデガー（M. Heidegger, 1889-1976）は、『存在と時間』において人間存在を「死への存在」と規定している。(2) この規定の仕方そのものが、すでにパスカルへの答えになっている。しかしそれはどういうことか。それは、人間は誰しも死ぬ運命にある存在だという単純なことではない。死すべきものは人間だけでなく、すべての動物、植物、鉱物がそうである。この地球もまた物体としての寿命があり、いずれは分解して宇宙の屑になるであろうことは科学的に分かっている。しかし人間は、自分が死すべき存在であることを了解している唯一のものである。そして死とはパスカルも言ったように「私の死」であり、だれかに代わって死んでもらえるものではない。「代理不可能」である。また死は「最も自己的」であり、「他との交渉を断ち切る」ものである。これらの点で、人間の死は、単なる物体の消滅以上に重いものがある。その意味で死は「実存論的現象」(『存在と時間』第四七節)である。かくしてハイデガーは、人間を「死への存在」、あるいは「死へと関わる存在」としてとらえようとする。

ここで、死とは人間における「確実でしかも無規定的な、追い越し不可能な可能性」(同、第五〇節)である。死が人間に訪れる可能性は「確実」だが、それがいつであるかはっきり特定できない。その意味で「無規定的」である。逆に言えば、あらゆる瞬間に死は可能であり、死は切迫している。そのように人間は死の可能性へと投げ出されている。死に向かって投げられた存在である。人はしばしば死への不安を感じることがあるが、それは、人間がおのれの死へと関わる投げられた存在として実存していることを示している。しかし、ふだん人は自分がその様な「死へと関わる存在」であることを覆い隠し、隠蔽している。つまり、人はいつかは死ぬものだけれど、さしあたって今は自分には関係がないと思っている。切迫するものを見ようとしない。これは死からの逃避にほかならない。ハイデガーは逃避も隠蔽もせず、死に立ち向かっていこうとする。死の実存論的特徴の一つとして、「追い越し不可能」という点が挙げられているが、それは、人間は死を追い越して死の先を行くことはできないということである。しかしハイデガーは、この追い越し不可能性を回避せず、それに向かって自由におのれを解放しようとする。彼は言う。

先駆は、その追い越し不可能性に向かって自由におのれを解放する。おのれに固有な死に向かって先駆しつつ自由になることが、偶然的に押し寄せてくる諸可能性の中への喪失から解放してくれる。このようにして、追い越し不可能性の手前に拡がる事実的な諸可能性を初めて本来的に理解させ、選択させる。(『存在と時間』第五三節、世界の名著『ハイデガー』原　佑訳、中央公論社)

おのれの固有の死に向かって本来的態度を取るとき、人は死に対して自由になることができる。本来的実存はそうした「死への自由」を持つものである。これが彼が最も主張したい点であろう。結局ハイデガーは、人間が「死への存在」であるという実存的状況を、自ら引き受けて生きるべきだと主張しているように思われる。そのことにおいて、本来的自己・自由な自己を取り戻し、真の実存を確立できる、としている。ハイデガーはパスカルと同じく人間の置かれた状況を生き生きと描いているが、しかしハイデガーに神はない。生死の問題の解決を神にあずけるのではなく、さりとて気晴らしに走るのでもない。良心に答えつつ自らが問題を引き受けよ、状況に自らをさらし、未来に自らを企てよと言っている。生死の問題から目をそらすことなく、それを自覚しつつ生きるのが人間の本来の姿であり、死を覚悟して初めて人間は真に生きることができる。ハイデガーはこのようにパスカルに答えているように思われる。このように、ハイデガーは死に対してポジティブな姿勢をとった人と言えよう。

これに対して、フランスの思想家サルトル(J.-P. Sartre, 1905-1980)は、パスカルを強く意識しつつ、ハイデガーの考えを批判している。この人もまた死を実存的にとらえているが、そのトーンにはエピクロスに似た冷ややかな響きがあり、どちらかと言えばネガティブな姿勢である。サルトルは主著『存在と無』において死についての独特な考え方を示している。彼によれば死には二つの見方がある。死を生の終わり(終点)とする見方と、死のはじまり(始発点)とする見方である。死を生の終点とする見方では、死は、人間の生の最後のひとコマであるので、生の系列に属する。人生は生によって限られ、生の向こう側は存在しない。そして「棺を蓋いて事定まる」というように、死によって初めて生の全体的意味が構成されることになる。死は人間化され、内面化される。死は私の個人的な生の現象だが、私は、生に対してと同様、死に対しても責任があることになる。死を人間化するこうした見方は、ハイデガーのものである。他方、サルトルは、死を死の始発点とする見方を取る。死は壁の向こう側にある、非人間的なものである。死は存在の絶対的停止であって、人間存在の無に向かって開かれた扉である。そして、死は人生の意味を与えるものではなく、むしろ意味を除去するもの、はなはだ不条理なものと規定される（『存在と無』松浪信三郎訳、人文書院、第三分冊、二二五―二二九ページ）。

サルトルは、この見方をもとにして、ハイデガーを批判しながら自らの死についての思想を練り上げて行く。批判点は二つある。一つは、死は代理不可能であるという点である。ハイデガーは、私の死は、だれによっても肩代わりされないと述べたが、サルトルはそれを主観の観点から一応認める。しかし、行為の機能、効果、結果という観点からするなら、人に代わって死ぬことがありえる。例えば、祖国の為に死ぬと言う場合がそうではないか、と主張する（おそらくナチスに対するレジスタンスを思い描いているのであろう）。ともかく、私の死がそれ自体で代理不可能だとは必ずしも言えないと考える。他の一つは、死を可能性としてとらえている点である。サルトルによれば、「死は私自身の可能性であるどころか、むしろ、死は一つの偶然的な事実」（同、二五六ページ）である。「偶然的」とは、死はそれをいついつのことと期待している人たちを、期限以前に出し抜けに襲うからである。死は私の可能性ではなく「私の諸可能性の無化」であり、「このような無化は私の諸可能性の外にある」（同、二五五ページ）。このように思いがけなく偶然に訪れたりする死を、単に可能性という概念では十分にとらえきれない、とサルトルは考える。死を偶然的な事実とする立場は、さきほどの「不条理」という思想につながっている。サルトルは言う。

われわれが生まれるということは不条理である。われわれが死ぬということも不条理である。（同、二五九）

サルトルによれば、われわれの生には、パスカルの言うような存在しなければならない特別の理由も必然性もない。われわれは全く偶然に、訳も分らずこの世界に連れて来られたのである。生とは偶然的で無意味な所与にすぎない。同じことが死についても言える。死は生を営んでいるわれわれに突然襲いかかり、理由もなくわれわれをこの世界の外に無理やり連れ出す。死もまた偶然的な所与以外のものではない。われわれは理由もなくこの世界に生まれ、アッという間に訳もなくこの世界から追放される。一体、何をやっているのか分らない。まさに、生も死も不条理なものである。したがって、われわれは生に責任がないのと同じく死にも責任を負うことはない。また、死が人生全体の意味づけをすることもないし、私が死に期待したり、死に逆らって武装することもできない。死は人生の諸問題を何ら解決せず、問題の意味そのものを未決定のままにする（同、二四四ページ）。このようにしてサルトルは、ハイデガーの「死への存在」を「死の不条理性」によって置き換えようとするのである。

では、サルトルはパスカルの生死についての問い対してどのように答えているのか。そして、どのような生き方を目指しているのか。パスカルは、人間の置かれている状況を処刑の順番を待っている死刑囚になぞらえた（B199-L434）、これに対して、サルトルは次のように言っている。「むしろ、毅然として処刑に対する心がまえをなし、絞首台のうえで取り乱さないようにあらゆる配慮を巡らしている一人の死刑囚が、そうこうするうちに、スペイン風邪の流行によってぽっくり連れ去られるような例にわれわれをなぞらえる方が至当であろう」（『存在と無』第三分冊、二二九—二三〇ページ）。不条理の死というイデーこそ、パスカル的問題に対する解答の試みと言える。死は偶然的に訪れるが、必ず訪れ、それを避けることはできない。しかしだからといって、われわれは死に束縛され、死に隷属しているわけではない。自由がある。「死は自由を限界づけるのではない」。われわれは確かに死すべきものであるが、「自由な死すべきものである」（同、二六一ページ）とサルトルは言う。というのも、死は実感されないものとして主観性の彼方にあるからであるが、この主観性のうちに死は場所を持たない。それは死から独立に自己を肯定し、それゆえ原理的には、われわれは企てそのものにおいて死から脱れ、独立していることになるからである。この思想には、エピクロスやラッセルの考えと合い通ずるものがある。結局サルトルが目指したのは、死の不条理性や不可避性を引き受けつつも、独自な生き方を自由に選び、この生を生き抜くということだろう。

ハイデガーとサルトルの死に対する姿勢は異なる。だが、両者は結果的に驚くほど同じ思想に達しており、ともに死からの自由と独立を結論している。死に対する覚悟を持ったり、不条理の死を見つめるとき、人間はすでに自らの死から解き放たれているとするのである。それを単に気晴らしとか無知の証しとは言えないだろう。よく考えられているからである。また人間は必ずしも悲惨な存在ではないだろう。「自由な死すべきもの」であるからである。宗教に立ち入らずに生死の問題を自分の頭で考えようとする場合、このような実存的な捉え方が一つの解答例として浮かび上がって来るだろう。そこに宗教性がないかぎりパスカルは満足しないだろう。だがこれは、あえて超越をせずにこの世における限りにおいて哲学する人間たちの答えとして、それなりに多とすべきではないだろうか。ただ、この議論がなされたのは今から半世紀以上も前のことである。二十一世紀の現在、人間を死に追いやる様々な現象が起こるなかで、「死からの自由」というだけでことが済むのかどうか。現代の殺戮を経験したレヴィナス（E. Lévinas, 1905-1995）は、モンテーニュ、パスカル、ハイデガー、サルトルの考えを受けとめながら、死を絶対的他者と捉えるなど多様で精緻な考察をめぐらしている（『時間と他者』、『全体性と無限』、『神・死・時間』）。本章はもはやそれに触れる余裕がないが、ヨーロッパでは同じ問題意識が連綿と引き継がれているとの印象を強くする。

五　死と生命倫理

以上、われわれは西洋哲学における生死の問題の受けとめ方を、ネガティブ思考とポジティブ思考に分けて考えてきた。そして、古代ギリシアや西洋近世の哲学の伝統が、二十世紀ではパスカル的問題への挑戦という形で、ハイデガーやサルトルの思想のなかに引き継がれていることを確認した。だが、とくに現代の英米哲学では、生と死の問題をこのように正面から取り扱うことが少なくなってきている。というのも、哲学者はなにも人の生き方や死に方まで教える義務も権利も有しないし、生死の意味などは個人で勝手に判断するか、宗教者に任せるのがよかろう、と考える人たちが多くなっているからである。これはほかならぬネガティブ思考の主張であり、現代は死に対してネガティブな考え方に傾いていると言えるかも知れない。

ただ、生命や死の問題は現代の医療現場における倫理の問題に絡んでおり、死の判定にかかわる実際的議論のなかで再び取り上げられるようになってきている。たとえば、人工妊娠中絶や臓器移植に関する脳死の問題について、哲学者としてどう判定するかが問われるようになってきている。根本において生命の尊厳を唱えることはもちろんであるが、具体的な場合について考えて行くといろいろな場合が生じてくる。ある胎児が羊水検査などの出生前診断の結果、ダウン症のような重度の障害を持つことが分かった場合、その子を産むべきか、それとも産まざるべきかという場合がある。死に対してネガティブなスタンスをとる人なら、功利主義的に考えて、その子も親も一生障害を背負って生きなければならず、新たに産まれてくるはずの健康な赤ちゃんをも犠牲にするであろうから、産むべきではないと結論するだろう。しかし生死についてポジティブな思考をする人なら、胎児といえども一個の人間であり、たとえその子に幸せの薄いことが分かっていても、その子の生命を奪う権利はわれわれにないと主張するだろう。また、ある患者が脳死状態に陥った場合、ネガティブな思考の持ち主は、それを以って即「その人は死んだ」と判断し、新鮮な臓器を必要としている多くの患者の命を救うべきだとする。そして、貴重な「生物資源」をむだに棄てておくべきではない、本人や家族の同意さえあればゴーサインを出して問題ない、と考えるだろう。他方、ポジティブな立場の人はもっと慎重であり、人工呼吸器によって呼吸をしている患者でも人間としての尊厳があり、たとえ蘇生不可能ではあってもただちに死者とは判定すべきでないとする。脳死者は体温を保って生きて息をしており、そこにメスを入れることはとうてい認められない、と考える。とくに患者の家族は多くの場合そう感じるだろう。双方ともにもっともな言い分があるので、その是非を軽々には判定できない。しかし現代の欧米のように、生死の議論をぬきにして、患者よりも医者サイドや経営サイドで問題が事務的に処理されて行く傾向にあるとき、生命の尊厳を主張するポジティブな思考もまた重要ではなかろうか。この問題には個人の死生観が絡んでおり、歩み寄ることの難しさは筆者も痛感している。だが、ともに十分に議論をつくし、多くの人が納得できるような方向を提示すべきであろう。

註

（1） メルセンヌ宛 1639.1.9.AT.II,480.

（2） 以下、ハイデガーとサルトルにおける死の分析については、溝口兢一「内なる死」（日本倫理学会論集一九『死』以文社一九八四年）を参照した。

コラム4　老いと西洋思想

「老い」ということで、いつも思い出す風景がある。今から四〇年ほど前、フランスのリヨン大学に留学していた時のことである。冬の日のリヨンは晴天でも寒さが厳しい。大学の前の凍るようなローヌ河畔を、授業を終えた女子学生たちが色鮮やかなミニスカートとセーター姿で、足取りも軽くカツカツと歩く。あれで寒くないのだろうかと思うが、みんな生き生きとして、小鳥のようにおしゃべりをしている。吐く息が白い。それとは対象的に、河岸公園で老人たちが、厚手のコートとスカーフで完全武装して日向ぼっこをしている。白く濁った目をして爬虫類のように黙ってじっと動かない。そんな情景を見て、失礼ながらあの若い女性たちもいずれは老いてみなこうなるのかなと思った。そのとき耳の奥で日本の昔の歌が響いたような気がした。「♪いのち短し、恋せよ少女《おとめ》」と。

周知のように生命倫理学には「生命の質」QOL（Quality of Life）という考え方がある。これはホスピスの用語で、死に赴く者が最後の日々を人間らしく生きる（QOLを高める）ことが大切だというものである。ここではこの考え方を手がかりにして、QOLの向上という角度から「老い」をとりあげよう。そして、昔から西洋の偉人たちは「老い」というものをどう捉え、どう対処してきたかを語りたい。その例として古代のキケロ、近世のデカルト、現代のボーヴォワールの三人の思想家をとりあげる。むろん当時はいまの日本のような高齢社会[1]ではなかったが、老いに対してそれなりの対処とこころの準備をし、社会的な提言をしている。そこから現代人はどういう示唆を得るかを見たい。

西洋古代は高齢社会ではなかった。有名人の死亡年齢を調べてみると、アレクサンドロス大王三三歳、エジプトのクレオパトラ三九歳（自害）、カエサル五六歳（暗殺）。アリストテレス六二歳、ソクラテス七一歳（自害）、プラトン八一歳。なかにはイソクラテス九八歳や、ゴルギアス一〇八歳のような人もいたが、それは例外であろう。一般庶民も入れると、乳児の死亡率が高いので、平均年齢は一八歳くらいと言われている。すさまじい低齢社会である。だが人々はそれなりの老人対策をしていた。そのための社会制度もあったであろうが、思想家たちは個人のレベルで「老い」に対していろいろな心構えをしており、それが記録に残されている。その代表はキケロ（Marcus T. Cicero, BC106-43）であろう。彼はローマの政治家、哲学者であり、文章家でもあった。カエサルをはじめとするローマの政治をつぶさにみてきたが、政敵アントニウスの命によって六三歳で殺害された。キケロ『老年について』（中務哲郎訳、岩波文庫二〇〇四年）は、八四歳になるローマの大政治家カトーが、二人の若者に老年について語るという設定である。キケロによれば、老年が惨めとされる理由に四つある。公の仕事から引き離される（引退）、肉体が衰える（からだの衰弱）、すべての快楽を奪い去られる（欲求の低下）、死から遠く離れていない（死の接近）。そのいずれもが正当でないとして退けられる。

第一に、公の仕事から引き離されるという点については、老人には肉体の力とか機敏さこそないが、深い思慮や見識でもって大事業をなしとげられる。記憶力が衰えるのはその鍛錬を怠った人にかぎられる。若者と交流するなど、常に何かを行うことが大切である。第二に、肉体が衰えることは否めないが、公の仕事や学問には体力はさほど要しない。何ごとも体力に応じて行うのがよく、老人には静かで気負いのない話しぶりがふさわしい。健康に配慮し節制に努め、肉体だけでなく精神をいっそういたわること。肉体は老いるがこころは老いない（キケロ自身は胃が弱かったが、養生と鍛錬に努め、毎日の散歩やマッサージを欠かさなかったという）。第三に、快楽がなくなるというのは俗説である。肉体の快楽はあまりよいものではなく、快楽は精神の目隠しをする。むしろ青年時代の悪徳が取り去られる。たとえば、宴会の馬鹿騒ぎとは無縁になり、友人と節度ある酒席を楽しむことができる。「肉欲や野望などのあらゆる欲望への服役期間が満了し心が自足する。心が自分自身とともに生きるのはなんと価値あることか。研究や学問という糧のようなものがいくらかでもあれば、暇のある老年ほどよろこばしいものはない」。ソロンの言うように「毎日何かを学び加えつつ老いてゆく」のである。心の快楽にもまして大きな快楽はないし、農耕の楽しさもある。他人から尊敬を受けることの楽しさ。これも老年ならではのものである。第四に、死の接近と言うが、青年も老年と同じくらい死に接近している。「成熟こそがよろこばしい。死に近づけば近づくほど、陸地を認めて、長い航海の果てについに港に入ろうとするかのように思われる」。また、老年には期限がないので死を軽んじることができる。老年の方が青年よりも気概に満ち、毅然としている。「死をなにものともせぬよう、若いときから練習しておかねばならない」(2)。

キケロは、このように老年に予想されるマイナス面のすべてを論駁し、逆に老年こそ素晴らしいのだ、と老年のよさをここぞとばかり数え挙げている。老年の心身が青年に比べて安定して充実していることを指摘している。老年であればこそ人生の価値を高めて大切に生きるということ、QOL を高めることの大切さを教えている。これは、老年の一面の真実を言い当てており、定年退職してなお元気な日本の熟年世代にも通じるであろう。しかし無理して老年を美化している面もある。このときキケロは六一歳、死の二年前で、政界引退、弟子の離反、離婚、再婚、娘の死などで、決して老年の幸福を味わっていなかった。キケロも本当は現役バリバリでいたい（元老院に復帰したかった）、死ぬのはいやだ（刺客におびえていた）、本当は青春を取り戻したい（六〇歳のとき一五歳の少女プブリリアと再婚）と思っていたのではないか。しかもキケロの場合、裕福で健康な貴族のみが考察の対象であり、病いを持った老人や貧しい庶民はどうなのか、もっぱら男性の観点からのみで、女性の老年はどうなのか、という疑問もあるだろう。

デカルト（René Descartes, 1596-1650）はフランス十七世紀の哲学者である。この時代の有名人の死亡年齢を見るに、パスカル三九歳、スピノザ四五歳、モリエール五一歳、ベーコン六五歳、ルイ一四世七七歳、ガリレイ七八歳、ニュートン八五歳、ホッブズ九一歳である。平均年齢は二〇～二五歳であったという。デカルトは五四歳で思いもかけず死んでしまったので、キケロのように「老い」についてのまとまった著作は残していない。だが五一歳のとき、まだそう老いを感じていないので、これから哲学の大がかりな勉強をする（『原理』序文 AT.IX-2, 17）と言い、人間が一〇〇歳以上の寿命を得るのも可能（ホイヘンス宛 1637.12.4.AT.I, 649）、と言っている。そして健康の維持と長寿についての考えを表明している。そこにデカルトの QOL を高めるという思想を読み取ることができる。

まず健康の維持ということである(3)。いかに健康を保つか、いかに養生するか、これは現代のいわゆるヘルス・ケアの問題でもある。デカルトは『序説』のなかで、「健康が第一の善であり、この世のあらゆる善の基礎である」（AT.VI,62）と述べている。のちには「健康の維持はつねに私の研究の主要目的だった」（ニューカッスル宛 1645.10.AT.IV, 329）とも述懐している。問題は、健康を維持するにはどうすればよいか、養生の中身である。医学は人間の身体の仕組みを教え、身体の何たるかを教える。精神は身体とは原理的に違うものなので、身体のメカニズムをよりよく知れば、精神は自分の身体を制御することが可能になる。この意味で人間は、自らの「自然の主人にして所有者」（『序説』AT.VI, 62）となりえ、これによって心身の健康はよく維持される、と考える。からだのことをよく知り、こころがそれを適切に制御すればよい、ということである。もっともな説だが、どうやってそれが可能なのか。

その具体例として、弟子エリザベトとの間に交わした手紙を見よう。この女性はハイデルベルクの王女で当時二四歳であった。病気がちであったので、そこには健康や医療の問題が多く含まれている。その一つの例は温泉療法である。血液循環が悪く憂鬱症のエリザベトは、医者からベルギーのスパの鉱泉の飲用をすすめられ、その効能についてデカルトに意見を求めた。彼はその成分を分析して、蒸留液、硝酸、硫酸などを含むので適切であるとの分析結果を出しているが、アドバイスはそれだけにとどまらない。鉱泉をただ飲用するだけではなく、同時に、「精神をあらゆる悲しい考えや、学問についてのあらゆる真剣な思索からさえも全く解放しなければなりません。そして森の緑、花の色、鳥の飛翔など、どんな注意も要しないことがらを眺めるようにしなければなりません」（エリザベト宛 1645.5 または 6.AT.IV, 220）としている。身体面の治療と同時に、情緒を解放して気持ちを楽にするなど、メンタル・ケアが重要であることを教えている。他の例は怒りや悲しみなどの情念の処理である。これも精神と身体との密接な関係が基礎になっている。情念を統御し、自らの力によって精神の満足を得ることが必要だと説く。たとえば不幸な出来事に対しては、あたかも舞台で悲劇の上演を見るかのようにそれを突き放して見るようにすれば、悲しみからさえも満足を得るであろう。精神は情念に動かされはするが身体とは別のものであり、情念は身体レベルのことであるから、身体のメカニズムを知れば、容易に精神によって統御できる。要するに、人間身体の何たるかを医学的に知り、それを精神の力で自由にすることが大切だとするのである。健康の維持について身体のみではなく、精神との相関関係を見ることの重要性を言っている。これによって健康の維持が可能になるとするのである。デカルトはエリザベト三二歳のときに死んでしまうが、彼女はその教えを守って六二歳まで、北ドイツの修道院長として生きた。

次に長寿である。この養生の考え方が長寿を得ることとつながる。病気の予防や治療とならんで、老衰を遅らせるということも医学の役割の一つであった。デカルトは、医学によって老衰の原因を知れば、自然に長生きをすることができ、そのためにはわれわれの生活習慣を改めればよい（ホイヘンス宛 1637.12.4.AT.I, 507）という。それはどういうことか。ものごとを快適に見える角度から眺め、満足は自分の心にのみあると知ること。精神にあまり緊張を強いずに自然を愛でる生活に切りかえること。勉強以外の時間をすべて精神の休息に充て、自然の導くがままに生きること、がそれである。人には自然本来の回復力が備わっており、病気になっても薬などに頼らず、ある程度自然にまかせるのがよい。これが医学の基本であり、養生の秘策である。このことを知れば、人はおのずから自分自身の医者になれるはずである（『ビュルマンとの対話』AT.V, 179）、とデカルトは言う。ローマ皇帝ティベリウスが、三〇歳以降、医者の助けや忠告を求めず、自分の判断で健康を管理していたことに習い、何が害になり何が益になるかは自分が一番よく知っているのであるから、外なる医者よりも内なる自分の自然にしたがって自らの判断で養生するのがよい（ニューカッスル宛 1645.10.AT.IV, 329）、としている。かくして自分自身が自分の最良の医者になることになる。このようにして、老衰を免れ、長寿を得ることができると考えている。だがそれだけではない。デカルトは、長寿の問題を道徳にスライドさせている。「私の道徳の要点の一つは、死を恐れずに生を愛することです」（メルセンヌ宛 1639.1.9.AT.II, 480）と言っている。死を恐れて老衰を遅らせようとあくせくするよりも、むしろ人生を楽しむことに自分の意識を向けかえるのである。長寿を得るための特効薬はないが、もしあるとするなら、それは医学よりもむしろ「死を恐れない」、「生を愛する」という道徳に求められることになる。死を忘れて人生に情熱をそそぐこと。これもメンタル・ケアに相当する発想であろう。

デカルトの考えをどう評価するか。エリザベトは猛反対であった。自分で自分の身体に責任を持つというのはよいとしても、精神によって身体を制御できるものなのか。現実はそんなに簡単ではない。この人生を愛することが本当にできるのか、それができないから相談している。女として生きることが大変なのを理解していない、などと反発している。しかしデカルトは、心身の相互関係を知ること、自らの医者になること、人生に情熱を注ぐことなど、自分の手でQOLを高めて生きることの尊さを教えていることになろう。

二十世紀の思想家には長命な人が多い。メルロ＝ポンティ五三歳、ウィトゲンシュタイン六二歳は若すぎる。サルトル七五歳、西田幾多郎七五歳、ハイデガー八七歳、クワイン九二歳、ポッパー九二歳、ラッセル九八歳、ガダマー一〇二歳。ボーヴォワール（Simone de Beauvoir, 1908-1986）は七八歳まで生きた二十世紀フランス実存主義の文人である。『第二の性』で有名だが、老いの問題についても鋭いメスを入れている。『老い』（朝吹三吉訳、人文書院一九七二年）がそれである。これを書いたのは一九七〇年、著者六三歳のときであった。日本人から見て興味深いのは、姥捨て伝説として深沢七郎の『楢山節考』が紹介され、老人の性を描いた谷崎潤一郎の『鍵』や『瘋癲老人日記』が出てくること、また日本女性の生き方が紹介されていることであろう。すなわち、女性にとって晩年は解放と感じられ、夫、子供への献身から離れて自分自身に帰る例として、日本の上・中流階級の婦人は、しばしば若やいだ老いを享受する。残された最後の幾年かを自由にすごすため、七〇歳で離婚して幸福に暮らす婦人の例を私はいくつか聞いた、としている。

『老い』は日本語にして一〇〇〇ページを超える渾身の大作である。老いについての生物学的・文明論的・社会学的・哲学的分析がなされ、老人の置かれた不当に悲惨な状況を告発するというのが、全編を貫くテーマである。前半は、生物学、文化人類学、歴史学、文学、社会学など、「外からの視点」で、老いを分析している。すなわち、老衰を科学的に研究する老年学の価値は高いが、老いは生物学的事実であるだけでなく文化的事実であり、老化現象は社会的な状況との関係においてである、とする。そして未開社会における老いを考察して、未開社会は必ずしも老人を冷遇しない。ある社会は老人をどう扱うかによって、その社会の原理と目的の真実の姿を赤裸々に露呈する、とする。次いで、老人の置かれた境遇や評価をめぐって、古代から現代までの西欧社会を歴史的・文献的に通覧する。その結果、老人は惨めなものとして描かれる場合が多いと指摘する。(4) 最後に現代社会の場合を取り上げ、年金、住宅問題、救済院（ホスピス）などの調査をもとに、老人の人間性を損なうような社会制度の劣悪さを強調する。たとえば定年退職と核家族とが老人を孤独、無益、陰惨にしていることはたしかだが、それは社会制度がそうさせているのであり、社会のシステム全体を断罪すべき、とする。後半は「内からの視点」で、老いという状況を内面的に把握する。老いは不意打ちであり、だれしも自分の老いをなかなか受容できない。たとえば、老人になっても性愛から浄化されることはなく、嫉妬もあり、夫婦生活は困難である。年を経るにしたがって過去は重くなり、未来は短くなるが、これも悲劇である。日常生活においては、好奇心が衰え、習慣による支えはあっても老いは心の明澄をもたらさない。老人が退屈しているのは、彼の置かれた状況が彼を阻害しているからであり、突破口が見つかれば、彼を閉じ込めていた円環が破れて好奇心を見出すだろう、とする。そして老年を楽しくすごした例（ユゴー）と、みじめな例（トルストイ）とを挙げている。結論として、老化は生物学的に不可避だが、老人は一人の人間として多くの可能性を持つ。社会的仕事を持つなど、生きがいと強い情熱をもち続けることができるような状況に置かれる必要がある。労働力として不要になった人間が見捨てられるような社会全体のシステムを根本からつくりかえねばならない、と力強く結んでいる。

　ボーヴォワールの目線は、定年退職したあまり教育を受けていない労働者にある。老人は社会的に老人にされているという主張は、女性は社会的に女性にされているという『第二の性』の主張と同じである。今の社会システムは老いの根本的な内面の解決になっていないとするが、これは、現代社会は全く老人のQOLを問題にしておらず、逆にQOLが高くない老人は生きるに値しないとでも言わんばかりのシステムになっている、と批判していることになろう。しかしその主張に問題がないわけではない。利潤追求を第一とする資本主義社会が悪い、搾取階級がつくった社会がだめ、というステレオタイプの怒りが先立っている。東欧諸国、旧ソ連の資料も出しているが、社会主義でも老人の苦悩は同じだろう。社会を変えろという理想論のみで、そのためには財源の分配原理をどうするか、社会制度の改革プランなど、具体的な方法が示されていない。二十一世紀の現在では、西欧の老人問題も次第に改善されているであろうが、個人主義の社会であるかぎり根本的には解決せず、そのつけが老人にまわって来ている感がある。家族や地域社会が懸命に老人のケアをしている日本独特のシステムを、彼女に見て欲しいと思う。

以上から、現代人はどういう示唆を得ることができるであろうか。キケロの言うように、本当にやりたいことができるのは老年かも知れない。若いときからそれに値するだけの投資をし、苦労して生きてきたのだから、当然の報酬として老年を充実して、楽しく有意義に暮らしたいものである。フランス語で老年のことを「人生の冬」というが、むしろ「人生の秋」と理解したい。それは、男女を問わずこれまでの努力が、カナダの秋のメープル街道のように、いっせいに黄金色に輝いてQOLが最高になる時期ではないのか。デカルトの教えるように、日頃から自分でQOLを高める努力をすることも重要であろう。ただ自分ひとりの人生を問題とするのではなく、たとえば世のためになる仕事、何らかの社会貢献（ボランティア活動など）が生きがいになる。他人との交わり、地域社会との接触など、何らかの社会的関係において生きることがQOLの高揚にとって大切と思われる。

だが健康な老人の場合はそれでよいが、病気になり動けなくなったらどうするか。生命倫理学が問題にしているのはこの状況でのQOLである。老人の介護は家族では限界がある。ボーヴォワールが指摘するように、QOLを高める社会的基盤の整備は喫緊の課題であり、国としてこれからの超高齢社会へ先行投資をしておく必要あろう。たとえば、経済的負担を気にせずに一般庶民が利用できる老人ケアのシステムやホスピスの充実を、全国規模で推し進めることが重要である。一昔前に比すれば、現在多くの自治体で介護センターやホスピスが格段に整備されてきてはいるが、ベッド数や介護職員数ではまだまだ十分でないようである。そしてその際、西洋風の個人主義的ケアでなく、日本風のきめ細かいサポートを忘れてはならないだろう。

註

（1）国連の統計によれば、国の総人口のうち六五歳以上の人の占める割合（高齢化率）が七％を越えるとその国は「高齢化社会」、一四％を越えると「高齢社会」、二一％を越えると「超高齢社会」と呼ばれる。日本は二〇〇七年に超高齢社会に入った。

二〇一五年一〇月現在では二五・一％であり、世界でもまれなほど高齢化が進んでいる。

（2）この他にも、老年に関して味わい深い名句がちりばめられているのが興味深い。「何らかの終わりが必ずやなければならない。ちょうど木の実や大地の稔りが、時を経た成熟ののちに、萎れたりぽとりと落ちたりするように」。「老年を守るに最もふさわしい武器は、諸々の徳を身につけ実践することだ」。「次の世代に役立つようにと木を植える」。「若者の熱意に取り囲まれた老年ほど喜ばしいものがあろうか」。「人生は知らぬ間に少しずつ老いて行く。突如こわれるのではなく、長い時間をかけて消え去ってゆくのである」。「つかの間の人生も、よく生き、気高く生きるためには十分に長い」。「老年の実りとは、以前に味わったよきことの豊穣なる思い出にほかならない」。「老年にはいわば最後の仕事がある。それが消えてなくなるときには、人生に満ち足りて死の時が熟するのである」。

（3）以下の記述は、拙著『デカルト哲学の根本問題』第一三章「デカルトの医学」に基づいている。

（4）たとえば、「老境もまた楽し」としたソロンに対して「老人なんかになりたくない」とするミムネルモスが、老境に肯定的なプラトンに対してそれに否定的なアリストテレスが対比される。ボーヴォワール自身はキケロには批判的であるが、ユヴェナリスの「年を取るということは、親しい人びとが死ぬのを見ること、喪と悲しみに運命づけられることである」や、サン・テヴェルモン「われ愛するゆえにわれあり」に同感的である。

あとがき

本書を書き終えて、いくらかの達成感に似た感慨が胸をよぎる。これは筆者がこの五十年間歩んできた道の確認でもあるからである。しかし、いろいろ頑張ってみたつもりだがこの程度のことしかできなかったという気持ちの方が先に立つ。その道の途上で出会った人たちの顔もいま目に浮かぶ。京都や名古屋や東京での師友、教えた学生諸君、フランスのリヨンやパリの師友、そしてアメリカ、ドイツ、オランダ、イタリアで出会った友人たちの顔である。学問に対する彼らのきびきびとした姿勢は大きな刺激となった。筆者の歩みは彼らの激励があればこそ可能であったのであり、その有難さを噛みしめている。

いまの日本では、欧米と同じく人文学研究には逆風が吹いていると思われる。直接の実用にはならないからである。しかし人文学は数千年の学問であり、その運用を誤るなら国家百年の計を左右するとさえ思われる。とくに哲学は、古きを温めながらもつねに時代の新しい視野を切り開く役目を担っているはずである。本書がその任を果たしている訳では必ずしもないが、このような雑駁な基礎研究でも何ほどかは世に役立つやもしれぬとの思いがあり、これまで書きためてきた襤褸を改編して世に問うこととした。

私事だが、大学を定年で辞め、古希を越えてこれから何をするのかと人から聞かれることがある。自分にとってはやはりデカルトを読むことしかない。幸いに自由な時間だけはあるので、まだ邦訳のない書簡や、医学・自然学等の著作や断片を訳しながら、少しずつ勉強して行きたいと思っている。そして新たに論文を書きたいとも思っている。佐藤一斎の「老にして学べば死して朽ちず」の言はあまりにも輝いている。自分に出来るのはこれまで通り牛歩を続けることだけなので、「つねに多くを学びながら老ゆ」（ソロン）がしっくりくる。もっとも「多くを忘れながら」の方が実態に近いのだが。

最後に、拙い著書の出版を承諾して下さり、数年来見守ってくださった知泉書館の小山光夫社長に御礼申しあげたい。本書は平成二七年度科学研究費による出版助成を受けたものである。

山田　弘明

二〇一五年　秋

初出一覧

第一章　ポンポナッツィとトマス・アクィナス――魂の不死性をめぐって（『中世思想研究』XIX中世哲学会編一九七七年）

第二章　デカルトの理性（「デカルトの合理主義について（一）――理性の意義と役割」『哲学研究』五三三号、京都哲学会編一九七七年）

第三章　コギトと機械論（『哲学の展開』新岩波講座・哲学一五、岩波書店一九八五年）

コラム1　ストア哲学とデカルト（西洋古典叢書『初期ストア派断片集』月報三九、京都大学学術出版会二〇〇二年）

第四章　デカルト＝ベークマン往復書簡（「デカルト＝ベークマン往復書簡考・上」『名古屋文理大学紀要』九号、二〇〇九年）（「デカルト＝ベークマン往復書簡考・下」『名古屋文理大学紀要』一〇号、二〇一〇年）

第五章　某氏＝デカルト往復書簡（一六四一年七―八月）（「『某氏からデカルトへの書簡』訳解、一六四一年七月」『名古屋文理大学紀要』一一号、二〇一一年）（「『デカルトから某氏への書簡』訳解、一六四一年八月」『名古屋文理大学紀要』一二号、二〇一二年）

第六章　デカルト書簡集とその意義（La Correspondance de Descartes. イタリア・サレント大学におけるI Sessione del Corso Dottorale 2012-2013 での講演（2012.10.23））

コラム2　新発見のデカルト書簡　（「新発見のデカルト書簡――『省察』の構成変更について」『中部哲学会年報』第四三号、中部哲学会編二〇一一年）

第七章　アルノーとライプニッツ　（「アルノーとライプニッツ――神の自由と実体」『ライプニッツ読本』酒井潔・佐々木能章・長綱啓典編、法政大学出版局二〇一二年）

第八章　ガッサンディの生涯とデカルト　（「ガッサンディとデカルト」『人文社会研究』名古屋市立大学教養部紀要、第二一巻、一九七七年）

第九章　パスカルの精神と西田幾多郎　（「西田幾多郎とパスカルの精神」『日本の哲学』第四号、日本哲学史フォーラム編二〇〇三年）

コラム3　老子とスピノザの哲学　（「老子と西洋哲学」『老子の世界』加地伸行編、新人物往来一九八八年）

第十章　近代日本とデカルト哲学　（「日本におけるデカルト哲学の受容一八三六―一九五〇」『名古屋大学哲学論集』第八号、名古屋大学哲学会編二〇〇七年）

第十一章　ことばと人間　（「文字・ことば・人間」『文字を読む』池田紘一・今西祐一郎編、九州大学出版会二〇〇二年）

第十二章　西洋哲学における生と死　（「生と死――西洋哲学の視点から」『生と死の文化史』川崎寿彦・木谷勤編、名古屋大学出版会一九八九年）

コラム4　老いと西洋思想　（「「老い」と西洋思想」『名古屋大学哲学論集』第七号、名古屋大学哲学会編二〇〇五年）

索　引

ア　行

カ　行

サ　行

タ　行

ナ　行

ハ　行

マ　行

ラ　行

ワ　行

山田 弘明（やまだ・ひろあき）

1945年中国・長春市生まれ。京都大学文学研究科博士課程を修了。博士（文学）。現在，名古屋大学名誉教授。
〔主要業績〕『デカルト哲学の根本問題』（知泉書館 2009），（訳書）『方法序説』（ちくま学芸文庫 2010），『デカルト全書簡集』（共訳，知泉書館 2012-16）などがある。

〔デカルトと西洋近世の哲学者たち〕 ISBN978-4-86285-224-3

2016年1月15日 第1刷印刷
2016年1月20日 第1刷発行

著 者 山 田 弘 明
発行者 小 山 光 夫
製 版 ジ ャ ッ ト

発行所 〒113-0033 東京都文京区本郷1-13-2
電話03(3814)6161 振替00120-6-117170
http://www.chisen.co.jp
株式会社 知 泉 書 館

Printed in Japan 印刷・製本／藤原印刷